AI時代の
労働の自律性と
資本の統制

ブレイヴァマンの労働過程論をめぐって

三家本里実

堀之内出版

目次

第9章　AIの導入と労働過程の変容

凡例

- 引用文中の傍点は、すべて原文による強調部分である。
- 引用文中の下線は、すべて筆者による強調部分である。
- 本文中で参考文献の著者を記載する際、翻訳文献を参照した箇所は著者名をカタカナで、原語の文献を参照した箇所はアルファベットで表記している。
- インタビュー中の発言については、筆者注と記載の上で補ったほか、発言者の意図が伝わるよう一部改変した箇所がある。

はじめに

労働の世界における人間の軽視

日本では多くの労働者がじつに多様な労働問題を抱えているにもかかわらず、労働者のほとんどは何もしないか、できないでいる。何十年も前から国内外で問題となっている長時間労働は一向に改善されず[*1]、過労死がいまだに頻発している[*2]。近年では、過労自死の発生に強く影響しているハラスメントも多くの職場で横行している[*3]。職場におけるハラスメントや嫌がらせは、労働者の精神・肉体を壊してしまうことはもちろんのこと、これにとどまらず離職の大きな原因にもなっている。民間の調査[*4]では、ハラスメントを理由に離職した人は推計87万人（2021年）にも上るという。

ここで注目したいのが、推計87万人のうち「何もせず」辞めた人が66・2%を占めたという点である。労働者が職場で直面した不条理にたいして何かしようとする可能性すら、ハラスメントは奪っている。このように、「何もしない」が日本で働く労働者にとって当たり前の選択肢になりすぎており、そもそも自分が何かを変えられるとも思っていない。みずからの労働であるにもかかわらず、「自律的」に決定できると思っていない労働者がほとんどなのである。このような状況から人々を解放するための手掛かりは、どこにあるのだろうか。本書はそれを「自律性」に見出し、これを取り戻す糸口を探っていく。

＊1　週の労働時間が60時間以上、すなわち「過労死ライン」にあたる労働者は142万人におよぶ（総務省統計局「就業構造基本調査」、2022年）。

＊2　過労死等に関する労災請求件数は3486件（2022年度）であった（厚生労働省「過労死等の労災補償状況」、2022年度）。

＊3　パワハラが原因で精神障害を患ったとして、労災を請求する件数は増加傾向にある。また、労働組合をはじめとした各種機関に寄せられる労働相談のうち、パワハラに関するものが上位を占めることが多くなった。

＊4　パーソル総合研究所「職場のハラスメントに関する調査」、2021年。

自律性の源泉とその喪失――「団結」と「生産にかんする知」

では、労働者が自律的に何かを決定する、自律性を発揮するとは、どのような状態を指すのだろうか。端的には、その仕事について熟知しており、さまざまな決定を下すことができる、ということになるだろう。この決定の中身は多岐にわたる。どのくらいの時間働くのか、どのようにその仕事を進めるのか、どの仕事を引き受けるのか、等々である。逆に言えば、自律性の発揮とは、どのくらいまでしか働かないのか、どこまでの指示を受けるのか、どの仕事は引き受けないのかといったことを、労働者自身が決定することにほかならない。労働者の労働条件を決めるのは、たんに賃金がいくらかということだけではない。これらの決定に関与できるかどうかも、その労働者の実存に深く関わっている。

このように、労働を行ううえではさまざまな事項を決定していく必要がある。しかしながら、現代の労働においてはこれらは基本的に会社の側が握っており、労働者が関与することはできないか、非常に限定されたかたちでしか関わることができない。そして、前述の通り、労働者がそもそもこれらを自身で決められるとも思っていない。

それでは、日本の多くの労働者が発揮できずにいる自律性とは、何に裏付けられているものなのだろうか。それは、「団結」と「生産に関する知」である。労働者が個人取引のもとでみずからの労働力商品を販売するのであれば、労働者間で競争が発生し、労働条件を押し下げることになってしまう。それを防ぐのが労働者同士の団結であり、歴史的には労働組合に結実してきた（木下、2021）。その一方で、「生産に関する知」も、労働者が自律性を発揮するうえでは不可欠である。生産に関する知識や技能、経験を持ち合わせていなければ、みずからの労働をコントロールすることができないからである。このように考えると、とりわけ日本では組織率やストライキの発生件数の減少に表れているように、労働者は「団結」しておらず、また、非正規雇用への置き換えとその拡大に象徴されるように仕事のマニュアル化・単純化が進み、労働者は「生産に関する知」を奪われている。「団結」がなく、「生産にかんする知」もない状態にあるからこそ、みずからの労働にたいして自律性を発揮できずにいるのである。

読者のなかには、必ずしも現代の労働において、自律性の発揮は完全には制限されていないのではと疑問に思う人もいるだろう。労働者に一定の権限を与え、そのクリエイティビティの発揮を要請している業種もあるはずだ、と。たしかに、ＩＴ

エンジニアを筆頭に、会社からの垂直的な管理になじまず、労働者が業務上さまざまな決定を下していると考えられる業種も多い。また、これを制度的に補完しているのが裁量労働制といえるだろう（裁量労働制の問題点については、第8章で取り上げる）。実際、専門業務型裁量労働制の対象業務であるシステムエンジニアや建築士、コピーライターなどにたいしては、上記のようなイメージがもたれやすい。

だが、ここで業務に関する自律性を有していると想定される労働者は、果たして「資本の制約」から独立した存在としていられるのだろうか。資本の制約とは、ここではさしあたり、労働者は会社の命令に従い、会社の利益になるモノやサービスを作り出さなければならないという意味で使用する。この資本の制約と労働者の自律性はかち合わないのだろうか。また、歴史をさかのぼれば、中世におけるギルドの職人たちが有していた自律性と、現代の雇用労働者が有しているとされるそれは同じ性質を持つと言えるのだろうか。

こうした問題意識から、本書では、現代の労働者が発揮できずにいる自律性について、「資本の制約」との関係（資本主義的生産関係）において検討していく。これによって、反対に発揮しているとも考えられている自律性についても、それがどのような性質を有するのか、またその表れが何を意味しているのか明確にすることができるだろう。

このことは、資本主義が行き詰まりを見せるなか、その実現が目指され、議論が盛んに行われている「ポスト資本主義」社会を志向するうえでも検討に値する。なぜなら、ポスト資本主義社会、つまり資本の制約がない状態で行われる労働においても、どのように労働を組織するのかという問題を私たちは避けて通れず、あらかじめ構想しておかなければならないからである。いままでは資本によって一方的に組織されている生産を誰かが代わってコントロールする必要があり、それは本来、生産者自身が担うべきことであろう。その際、先に見たようなさまざまな決定を行わなければならず、したがって、自律性の発揮が要請される。こうしてみると、実は自律性の発揮はあらゆる社会の生産・労働に共通する課題なのである。

このように、本書ではポスト資本主義社会における労働を射程に入れながら、現代の労働過程がどのように編成され、労働者がこれにどのように関わっているのかを考察する。さらに、資本主義的生産関係のもとに置かれている労働者が、いかにして資本による統制に抵抗しうるのか、その可能性を探っていく。

世界の労使紛争の焦点としての労働過程

労働者の発揮する「自律性」の性質を検討する本書は、労働過程論の視点から分析を行う。労働過程とは、資本が購入した労働力商品の消費過程であると同時に、労働者にとっては、労働そのもの（労働を行うプロセス）である。資本の制約を考えるうえで、このような労働過程の捉え方は決定的に重要である。なぜなら、どんなに労働者が主体的にみずからのものとして労働を遂行していようとも、その前段として労働力が「商品」として売られ、資本によって消費されるという規定性を私たちに思い起こさせてくれるからである。

そしていま、世界の労働運動は、この労働過程をめぐって闘われていると言っても過言ではない。先に、労働者が弱い立場に置かれている理由を、「生産に関する知」が奪われ、自律性を発揮できないでいるからだと述べたが、それを取り戻そうとする動きが起きているのである。

例えば、近年、ＡＩの導入を通じて労働過程が作り替えられているが、これにたいしてアルゴリズムの開示やその管理権をめぐって労使の対立が激化している。ベルギーのDeliverooで働く配達員たちは、自分たちを支配するアルゴリズムの管理権を求めてストライキを行った。[*5] Uberドライバーたちも、Uberから受け取った連絡や領収書などを自分たちで共有し、Uberが集積されたデータをどう活用しているのか把握しようとしている。[*6] こうした労働運動の経過として、ＥＵのプラットフォーム労働指令案では、アプリ内のアルゴリズムの透明性を労働側に情報提供する規制が導入された。また、スペインのライダー法でも、すべてのプラットフォーム労働者にアルゴリズムの情報開示にたいする権利を認めている。これらの法規制の進行は、当然、その背景に労使の対抗があり、社会的妥協の産物として捉える必要がある。

このような労働過程への介入を求める動きは、先述のUberのような、いわゆる「雇用によらない労働」に限ったものではない。ケアワーカーを中心に世界で頻発するストライキのなかで掲げられた要求内容は、労使紛争の対立点がたんなる賃上げで

＊5　マイケル・ハートは、配達員たちがアルゴリズムの廃止ではなく、管理権を移管させることを要求している点を高く評価している（Means, Sojot, Ida & Hardt, 2020）。

＊6　Jack Shenker, "Strike 2.0: how gig economy workers are using tech to fight back", The Guardian, 31 Aug. 2019. https://www.theguardian.com/books/2019/aug/31/the-new-resistance-how-gig-economy-workers-are-fighting-back

はなく、労働の中身（＝労働過程）に移行していることを物語っている。例えば、アメリカの教員による労働運動は、（移民や貧困への問題関心から）どの生徒を受け入れるのか、教員一人あたりが担当する生徒数を何人にするか、などを争点としている。これらの実例からは、賃上げと引き換えに労働過程への関与を明け渡してきた20世紀型の労働運動とは、まったく異なる次元で階級闘争が展開されていることがわかる（今野、2021）。

だが実は、労働過程における自律性の発揮を求める動きは、いまに始まったことではない。１９６８年の「新しい社会運動」に目を向ければ、何を・どのように生産するのかをめぐって労働者からの異議申し立てが吹き荒れたことが思い起こされる。例えば、イギリスの軍事用航空機部品メーカーのルーカス・エアロスペース社で働く労働者たちは、「社会的に有用な、人間的なニードにこたえる生産」物を作りだすこと、そして「社会的、人間的な価値にてらし」た生産のあり方を求めた（ウエインライト・エリオット、1987）。社会的に有用なものを生産し、人間的なニーズを満たす労働のあり方を追求することは、「『新しい社会運動』の価値を生産過程に導入したものとみることができる」（木下、1997）といえよう。使用価値の視点に立ち、何を、どのように生産するのかを、生産者（労働者）自身が決定しようとしていたのである。

また、自律性といえば、イタリアのアウトノミア運動が想起されるだろう。工場の自主管理運動をはじめとした自主・自律を求める社会運動で、とりわけ労働の場面では、資本の命令にたいする反抗的な態度や機械が設定する労働のリズムを拒否する動きが見られた（ベラルディ、2010）。こうした資本の制約から自律的であろうとする労働者たちの抵抗は、イタリアの知識人たちに大きな影響を与えた。このように、労働における自律性の発揮を求める運動は、１９６０～70年代にもたしかに存在していた。後述するように、資本主義の歴史においては、資本は絶えず労働者の自律性の発揮を阻もうとしてきたのであり、労働者がそれを取り戻そうとするのは当然の流れといえよう。

ハリー・ブレイヴァマンの労働過程論

この資本による絶えざる自律性の剥奪とそれへの抵抗について、いちはやく理論な分析を与えたのがハリー・ブレイヴァマンである。ブレイヴァマンは、その名著『労働と独占資本』において、資本主義的生産において労働過程が帯び、そして箇単には逃れることのできない性質を明瞭に描き出した。そのため、本書は資本主義的生産におけるそもそもの労働過程の性質を把握するにあたって、ブレイヴァマンによる労働過程分析にその大部を依拠している。

第2章で詳述するように、『労働と独占資本』は刊行後、多くの論争を引き起こし、現在においてもいまなお引用され続け、さまざまな批判も向けられている。だが、そのほとんどは、ブレイヴァマンの分析の真髄を捉えておらず、そのために資本主義的に編成された労働過程そのものの理解、そして現状分析に悪影響をもたらしてしまっていると言わざるを得ない。

ブレイヴァマンにたいする一般的な批判としてよく見られるのが、熟練の解体、ないし科学的管理等のマネジメントで知られるテイラー主義の導入によっても、ブレイヴァマンがいうほど労働者階級は均質化していない、というものである。だが、ブレイヴァマンは、労働者から知識や技能が奪われ、彼らが同様に低質化していくことをたんに描き出したわけではない。たしかに『労働と独占資本』の副題には「労働の衰退」とつけられているから、これを主として解明したと捉えられやすいのだろう。だが、本書で明らかにしていくように、ブレイヴァマンは、労働者から熟練が奪われ、みずから労働過程をコントロールすることができなくなるという、まさに「自律性」をめぐる議論を展開していた。そして、このような問題設定は、後述するようにマルクスの理論に依っており、だからこそ鋭い分析がなされたともいえる。資本主義的生産様式のもとで労働がどのように変化していくのか、マルクスが与えた分析の芽を、熟練工としての顔も持つブレイヴァマンが実際の労働現場に対峙するなかで開花させたのである。

このように、本書ではブレイヴァマンの労働過程論を正確に把握することを通じて、現代の労働の変化をその表層の次元ではなく、根底から捉えることを目指す。ブレイヴァマンの労働過程論は、現代の労働過程分析においても依然として有効であり、本書はこのことを証明する書にもなりうる。それは、多くの労働者を苦しめている現代の労働の源泉を探り、労働者自身が自律性を発揮しうる条件を示すことによって成し遂げられるだろう。

序章

第1節　課題と方法

自律性の発揮＝資本への抵抗

これまで述べてきたように、本書の主題は「自律性」である。それは、資本主義社会の労働世界において労働者がこの自律性を発揮することは、すなわち資本に抵抗することを意味しているからである。しかし、資本―賃労働の間に圧倒的な力関係があるために、個々バラバラに労働者が資本に立ち向かったとしても、その効果は極めて小さい。第2章で詳述するように、資本主義社会において、労働者の労働力は「商品」として販売され、これを購入した資本家によって消費される。その際、資本家は自己の価値増殖という目的のために、より有利なかたちでこの商品を購入・消費しようとする。できるだけ安く購入し、できるだけ効率的に、かつ有効に消費することに努める。このとき、労働者の生存条件については、基本的に考慮されない。資本主義的生産において、労働力は欠くことのできない重要な要素であるが、資本家にとっては利潤をあげるための手段であるに過ぎないからである。

このことを前提とすれば、労働者がみずからの労働力を資本家と個人取引をする限り、その労働条件は必ず押し下げられる。だからこそ、先に示した自律性の源泉の一つである「団結」が重要となる。ウェッブは以下のように指摘する。「産業競争制度の下では、労働条件が個人取引に依らず或る共通規則（コモン・ルール）によって決定せらるるに非ざれば、生活標準の低下を防止すること不可能だといふのが、労働組合の根本的信條の一箇條である」（ウェッブ、1920：1969, 389）。

現代社会においては、法律が最低限度の労働条件を保障してはいるものの、それ以上については労使で決定することが想定されている。このとき、労働者は団結することを通じて、この最低限「以上」を獲得していく。したがって、資本主義的生産において、団結が労働者にとって必須であることは疑いの余地がなく、団結しない限り、彼ら彼女らは非常に弱い立場に置かれるのである。

以上のように団結の重要性を踏まえたうえで、本書は自律性の源泉のうち、「生産にかんする知」に着目したい。団結を通じて、労働者たちが資本家と対等な関係になることは重要である。ただし、資本主義的生産関係においては、労働組合の団体交渉を通じてもなお、資本との間にある根源的な力関係そのものを変えることはできないという限界があることを指摘しておかなければならない。なぜなら、仮に労働者たちが団結し、資本と対等に取引を行うことができるようになったとしても、人々が商品や貨幣、資本なしに互いに経済的な関係を取り結ぶことができないことに変わりはないからである。もちろん労働組合として団体交渉を行うことは、資本による搾取を相対化し、支配される度合いを弱めることになる。だが、上記に示したような「生産過程の物象化」（佐々木、2021）——生産過程において労働者ではなく資本が主体となり、労働者が資本の価値増殖のための手段となってしまうという転倒——は、団結をもってしても克服することはできない。

一方、生産にかんする知は、「生産過程の物象化」を乗り越えるポテンシャルを有している。それは、知識や技能、経験を持ち合わせていれば、資本に依存せずとも生産を成り立たせることが可能となるからである。現在の生産のあり方が資本主義を規定していると考えれば、この生産のあり方を改変することのインパクトは大きい。生産者自身が技能や経験にもとづき生産を組織することで、生産過程の物象化を乗り越え、いまとは異なる社会を創造する足掛かりを得ることができるだろう。こうして、生産にかんする知は、資本主義社会に生きる労働者のみならず、あらゆる社会の生産者にとって生産を組織するうえで欠くことができないものなのである。

さらに、資本主義的生産関係を前提としたうえで、生産にかんする知に焦点を当てるのは、これが資本にたいして労働者が「どのように」抵抗するのかに関わるからである。生産にあたって知がどのように編成されているかを見ることは、先に見たように、資本が労働力「商品」をどのように消費するのかに直結しており、より規定的に労働者の存立条件を決定づけている。第2章で詳述するように、資本主義的生産関係においては、生産にかんする知が、労働者ではなく資本の側にあることが決定的に重要となる。労働者が生産にかんする知を保有している場合、資本はその「商品」の扱いを、価値増殖のために全面的に振り向けることができないからである。こうして、生産にかんする知が、労働者の側から資本の側に移行し、労働者は資本に従属せざるを得なくなる。資本からすれば、知を持ち合わせていない労働者は非常に扱いやすい商品となり、このことは労働者が資本にどう抵抗するか考案することも難しくしている。逆に言えば、労働者が生産にかんする知を獲得していれば、資本にたいしてみずからの「商品」としての側面をどのようにして売るのか、決定することができるのである。

このような関係のなかで、資本主義的生産にあたって知を奪われた労働者からは、何らかの意思を持った生身の「人間」としての側面が大きく失われ、ただ「労働力商品」としての側面が前面に表れてくる。だが、当然ながら、前者の側面が完全に失われることはない。資本主義的生産においては、労働者の「労働力」としての側面と、それを保有する「人間」としての側面とがぶつかり合い、だからこそ、さまざまな矛盾が「労働問題」として発生する。この矛盾が如実に表れるのが、労働者が実際に生産を行うプロセスを指す、労働過程なのである。

そして、この矛盾の発生は、潜在的には資本への抵抗の契機でもある。労働力商品所持者である労働者が「人間」としての側面を取り戻そうとすることは、「労働力」としての側面を相対化することにつながるからである。このことはすなわち、資本主義的生産における資本―賃労働関係を捉え返し、この関係を反転させようとすることをも含みこんでいる。このように考えると、労働者が生産にかんする知を取り戻し、これを掌握することは、資本による生産過程の編成という、資本主義的生産関係における大前提を揺るがすことになろう。そのため、本書では自律性の源泉のうち、「生産にかんする知」をめぐって労使の間でどのような対立が発生し、この知がどう編成されているのかを捉えていく。

労働過程から捉えることの意義

すでに述べたように、「生産にかんする知」がどのように編成されているのかに着目する本書では、労働過程論の視点から分析を行う。ここであらためて、労働過程論から問題を捉える意義として二点挙げておきたい。

第一に、労働過程論は、労働者が労働を行うプロセスそのものが、資本主義的生産においては「価値増殖の過程」であることを如実に物語る。第2章で詳述するように、資本主義的生産においては、労働過程こそが剰余価値を生み出す過程であるために、資本にとって最も重要であり、ここでの統制権を獲得できるかが、資本主義的生産関係を維持するためのアキレス腱ともいえる。一方、その労働過程で実際に生産に従事する労働者は、本来的には「つまらない仕事をしたくない」、「意味のある仕事をしたい」と望むだろう。こうした労働者の内発的な欲求は、最大限の価値を獲得しようとする資本との間に大きなコンフリクトを発生させる。できるだけ多くの剰余価値生産を追求する資本は、さまざまな欲求を持つ労働者の「人間」としての側面を考慮しないからである。そして、くり返し強調しておくが、このような労働者の「労働力（商品）」と「人間」としての側面との間の矛盾は、労働過程において表出する。そのため、資本主義的生産において、労働力商品がどのように消費されているのかを特定する労働過程論の視点から分析を行うことが肝要なのである。

第二に、資本主義的生産における労働過程の性質を正確に捉えることを通じて、労務管理の実際の表れから労働のあり方を単線的に評価するような議論を一掃することができるという利点がある。より率直に言えば、労働研究におけるテイラー主義の評価、ないし誤認を正すことになるだろう。ありがちな分析として、テイラー主義の具体的な表れであるストップウォッチの使用やベルトコンベア、あるいはその厳格な使用ばかりに注目するために、そうした運用から外れたものについては、テイラー主義とは異なるもの（非テイラー主義）と結論づけるものがある。[*1] これは、トヨティズムの研究が盛んに行われた日本の労働研究でよく見られる特徴といえるだろう。こうした認識にもとづく研究では、日本企業で働く労働者、とりわけブルーカラーは、作業工程における創意工夫の発揮、QCサークルや「カイゼン」への参加が求められ、「主体的」に労働過程に関わることができたと評価されることも少なくない。[*2]

だが、第2章で詳述するように、テイラーの科学的管理は資本主義的生産の編成においてはさしあたり不可欠なものであり、[*3] このときその表れの強弱如何は些末な違いにすぎない。このような議論は、前章で述べたように、資本主義的生産における労働過程の性質を掴み損なっているがゆえに誤謬に陥ってしまっている。本書では、資本が労働過程の編成にあたって、なぜテイラーの科学的管理を必要とするのか、その前提や必然性について考察していく。

第2節　本書の構成

ここであらためて本書のテーマを示しておくと、資本主義的生産における「自律性」とは何か、ということに尽きる。このテーマにアプローチするために、本書は理論と実証の両面から分析を行う。理論面では、ブレイヴァマンの労働過程分析を再考し、資本主義的生産において労働過程がどのように編成され、そのなかで労働者が「生産にかんする知」

＊1　山田（1993）、大野（1994）など。
＊2　こうした先行研究におけるQCサークルの評価については、第4章第2節第1項で詳しく取り上げる。
＊3　ここで「さしあたり」と表現したのは、近年、労働過程にAIが導入されるなかで、資本主義的生産におけるマネジメントの位置づけが変質していると考えられるためである。すなわち、資本主義的な権力関係のもとで生産を組織するにあたっては、労働者を統制するために資本はマネジメントを必要とするのだが、AIの利用はこのマネジメントを不要にしていると考えられるのである。この点については、第9章で展開する。

からどれほど疎遠になっているのかを明らかにする。これによって、労働者が発揮する（しうる）自律性の性質を特定することができるだろう。この前提のうえで、実証面では、労働者による自律性の発揮の具体的な態様を分析する。業務遂行にあたって、労働者がどれほど・どのような自律性を発揮しているのか、労働者へのインタビュー調査をもとに考察していく。加えて、資本が労働者の有する知、そして自律性の発揮をどのように管理しているのかについても、同様にインタビュー調査から明らかにしていく。これらの分析を通じて、資本主義的生産のもとに置かれている労働者が、「生産にかんする知」をいかにして獲得し、真の意味で自律性を発揮しうるのかを追求することができるだろう。すなわち、労働者が労働過程におけるさまざまな決定にみずから関与し、これをコントロールする道を指し示すことができるということである。

以上を踏まえ本書は、第Ⅰ部を「理論編」、第Ⅱ部を「実証編」とする二部構成となっている。第Ⅰ部では、ブレイヴァマンの労働過程分析を再考し、資本主義的生産における労働過程の特質を理論的に把握する。そして、そこで労働者は労働過程にどのように関わり得るのか、「自律性」概念を通じて捉えていく。理論編の各章の概要を示すと、以下の通りである。

第Ⅰ部の第1章では、ブレイヴァマンの労働過程論の内容に入らずに、これを批判する議論をたどっていく。というのも、ここで取り上げるブレイヴァマン批判の議論が、通俗的なブレイヴァマン理解、ないしテイラー主義理解として広く浸透しているからである。すなわち、「ブレイヴァマンのいうように、すべての労働現場にテイラー主義が導入されているわけではない」という批判である。これは、具体的な労働現場を個別に見ていけば、妥当な指摘だと評価されやすいかもしれない。本章では、いまなお根強く残る批判議論を端的に表すものとして、アンドリュー・フリードマンの「責任ある自律」戦略を取り上げ、これを中心にブレイヴァマンにたいする批判を追っていく。

第2章では、ブレイヴァマン自身の労働過程論をたどり、その意義を再考する。ブレイヴァマンは、マルクスの労働過程分析に依拠して、資本主義的に編成された労働過程におけるマネジメントの必然性を明らかにした。この点を詳らかにしていくことで、ブレイヴァマンがテイラーの科学的管理になぜ重要な位置付けを与えたのかを示すことができるだろう。また、本章を通じて、前章で取り上げた批判議論の妥当性を検証していく。

第3章では、前章でみたブレイヴァマンによるテイラーの科学的管理分析を踏まえて、資本主義的生産における自律性概念を特定し、自律性をめぐる議論の混乱を交通整理していく。本書の冒頭でも問題提起したように、資本主義的生産において労働者が有する自律性とは、どのような性質を持つものとなりうるのだろうか。本章では2つの意味において自律性を用いる。一つは、労働者が自律的に労働過程を統制するという意味における「自律性」であり、もう一つは、資本のマネジメント戦略として、労働者に与えられるものとしての《自律性》である。

第II部は実証編として、第I部で明らかとなった、資本主義的生産における労働過程の特質を踏まえたうえで、労働者が労働過程における統制権をいかにして取り戻しうるのかについて、実証的に考察していく。その際、本書では、情報サービス産業、いわゆるIT産業を具体的な検討の対象とした。ここで、その意義について簡単に触れておくと、近年、非物質的生産が支配的なものとなりつつある社会において、「非製造業」を扱う労働研究のポテンシャルは高いという点である。ネグリ・ハート（2017=2022）は、現代の資本主義社会においては、物質的な財の生産のみならず、アイディアやイメージ、コードといった非物質的な財の生産が中心となりつつあると指摘する。一例を挙げれば、ソフトウェア開発も、電力やシリコンなどの物質を使ってはいるものの、生産のうちの大部分はアイディアや知識・情報など、非物質的なものが占めている。こうした非物質的な生産における労働対象は、人間や知識、アイディアとなる。「看護師の提供するケア、パソコンのトラブル解決でコールセンター労働者が発揮する知性」（ネグリ・ハート、2017=2022：282）など、ここで労働対象となるケアや知性は、本来、個別的なものとしてとどめておくことはできず、オープンな性質を持っている。近年、資本主義的生産のもとで、これらアイディアや知識・情報をどう組織するかがますます重要となっており、それは社会のあり方をも規定することになるだろう。そして、この労働対象の変化は、当然、労働組織のあり方や労務管理に変化をもたらす。

このような産業構造の転換・再編のなかで、これまで膨大な蓄積がなされてきた製造業の労働研究を踏まえたうえで、非製造業の労働過程を詳細に検討することは、ポスト資本主義社会を見据えた今後の労働のあり方を模索する意味でも有効である。とりわけ、ＩＴ産業に関する労働研究は、２０００年を目途に日本ではほとんど見られなくなってしまったが、情報化やデジタル化が叫ばれ、さまざまなネットワークやＩＴ技術は社会インフラとなっている。その労働過程を扱うことは、この社会のあり方を問うことにもつながっている。このような問題意識のもと、実証編では、しばしば「自律性を発揮することができる」とされるＩＴエンジニアの労働過程への関わり方を分析していく。実証編の各章の概要は以下の通りである。

第４章では、第Ⅰ部を受けて新たに浮上した問いを提示し、関連する先行研究を精査したうえで、実証編における仮説を設定する。加えて、製造業との比較を念頭に、情報サービス産業における業務の性質を整理しておく。

第5章と第6章では、情報サービス企業における労働過程編成の特質と技能形成のあり方を明らかにするために、経営者、労働者にたいして行ったインタビュー調査結果を分析していく。主に、経営者からはマネジメントの手法を、労働者からは業務遂行の実態（労働過程への関わり）と技能形成との関係について聞き取りを行った。

第5章では、情報サービス企業の経営者・管理者（5社、計8名）を対象に実施したインタビュー調査の結果をもとに、労働者を具体的にどのようなマネジメント下に置いているのか、また企業がどのような教育訓練の体制を整えているのかについて明らかにしていく。第6章では、ITエンジニア（8社、計19名）へのインタビュー調査の結果をもとに、個々の労働者は業務に関する決定にどれほど関与することができるのか、また、このことと労働者が保有する技能とがいかに関連しているのかについて考察していく。

第7章では、第5章および第6章における考察を踏まえて、労働者の労働過程への関わりを実証的に明らかにしていく。資本主義的に編成されているという強力な規定性を受けた労働過程にたいして、実際に生産に従事する労働者はどのように関わっているのだろうか。その関わりは、当然、管理者によるマネジメントの影響を受けているのだが、労働者の有する技能の性質如何によって変化すると考えられる。より具体的には、労働者がどのような技能を有している場合に、管理者からの命令にたんに服するのではなく、交渉力を有した主体として行動しうるのかについて考察する。

第8章では、ITエンジニアに適用されていることの多い労働時間に関する制度として裁量労働制を取り上げ、自律性との関係でこれを考察していく。裁量労働制は、その導入によって、長時間労働がもたらされる傾向がすでに指摘されており、そのような状況においては、労働者が裁量（本書でいう自律性とほぼ同義として用いる）を発揮して業務を遂行することは、現実的には難しい。しかし、制度の趣旨としては、当該労働者は保有する技能の高さや経験から、みずからの裁量を発揮して働くことができると想定されている。本補論では、約1000人のITエンジニアにたいして実施したアンケート調査の結果をもとに、どのような場合に裁量を発揮できる、あるいは発揮しえないのかについて、これまで検討してきた自律性概念を通して分析していく。また、制度導入による長時間労働化に歯止めをかけるアクターとして、労働組合がどのように機能しうるのかについても触れる。このことは、労働時間規制の観点にとどまらず、本書の主題である自律性の発揮を可能にする土台作りになるともいえるだろう。

第9章では、近年、労働現場への導入が進むAIが、労働過程にどのような変化をもたらすのかについて試論を展開する。主に、本書第2章で見てきた労働過程をめぐる理論に、AIの導入がどのようなインパクトをもたらすのかについて、検討していく。

最後に結論では、自律性の概念を通して、労働者の労働過程への関わりについて検討してきた本書の到達点、および残された課題について示したい。

第 I 部

資本主義的生産における労働過程と自律性

第1章　労働過程論争

本章では、第2章で取り上げるブレイヴァマンの労働過程論に入る前に、これを批判する議論を取りあげる。ブレイヴァマンにたいする批判は主に、彼のテイラー主義理解、ないし位置づけに向けられている。この点をおさえておくことは、次章で展開するブレイヴァマンの労働過程論の意義を理解するための補助線となるだろう。また、ブレイヴァマンを批判する論者は、ブレイヴァマンの労働過程論として一般に理解されている議論を前提にこれを批判しており、しばしば見られる「ブレイヴァマンの労働過程論」を把握するには最適である。そのため本章では、のちの労働過程論争のきっかけとなったブレイヴァマンの労働過程分析のうち、どの点に批判が向けられてきたのかを精査していく。第1節では、労働過程論争における抵抗理論と同意理論を取り上げ、ブレイヴァマン批判の観点からみた両者の相違点と共通点を指摘する。第2節では、ブレイヴァマン批判の最も典型的な論者としてフリードマンを取り上げ、その「責任ある自律」戦略について見ていく。

第１節　労働過程論争とブレイヴァマン批判

１９８０年代から１９９０年代にかけて、ブレイヴァマンの労働過程論にたいする批判から出発した労働過程論争は、大きく抵抗理論と同意理論に分けられる。[*1]抵抗理論の主な論者は、アンドリュー・フリードマンとリチャード・エドワーズである。彼らは、労働者による顕在的・潜在的な抵抗が存在するために、テイラー主義にもとづく管理形態は純粋なかたちでは実現せず、実際にはこれに代わる管理形態が出現せざるをえないと主張する。フリードマンの「責任ある自律」については次節で詳述するが、この戦略は労働者に一定の地位や権限を与えることでモチベーションを喚起するものである。エ

＊1　その後の労働過程論の流れについては、伊原亮司が次のように、端的に説明している。「管理と労働者の関係を捉える分析枠組みは、統制─抵抗から、『同意』の調達へ、さらには『自己規律』へと変化し、Michel Foucaultの議論をベースにした研究が労働過程論の主流になったのである。」（伊原、2016：397）

ドワーズは、労働者から起こる抵抗に応じて、管理の形態は「単純な管理」、「技術管理」、「官僚制的管理」と多様に発展していくと分析する（Edwards, 1978）。こうした認識にもとづくと、労働者がテイラー主義によって客体と化すと捉えるブレイヴァマンの主体論は到底受け入れられず、抵抗理論というその名の通り、労働者は管理に抵抗する主体として捉え直されることとなる。

一方、同意理論の主要な論者はブラウォイである。テイラー主義にもとづく職場においても、労働者は資本による管理と対立するのではなく、むしろそれに同意を与える主体であると捉えられている。それは、彼が参与観察のなかで得た、労働者たちの「メイクアウトmake out」と呼ばれる振る舞いから説明されており、出来高賃金制のもとで労働者たちは工夫や努力によって、目の前の作業をうまくやり遂げようとする（Burawoy, 1979）。ブラウォイは、メイクアウトの実践を職場におけるインフォーマルなゲームと見立て、労働者が自発的にこのゲームに参加することは、その前提となる管理に同意を与えていることだとみなしている。抵抗理論とは異なり、労働者は自らが生産における客体となることを受け入れている「主体」として把握される。

以上のように、労働者を抵抗の主体と見るか、それとも結果的に同意を与える主体と見るかという違いはあるが、労働者はたんに資本の管理下に置かれるような存在ではなく、彼らにも自律的な領域が残されていると把握する点で、両者は共通性を有しているとも考えられる。つまり、労働過程論争におけるブレイヴァマン批判は、彼がテイラー主義を資本主義的生産において支配的な管理形態だと捉え、そのなかで労働は必然的に衰退していくと主張した点に向けられているのである。

例えば、鈴木和雄は「労働低質化の議論にたいして、のちの労働過程論者から広範な賛同や批判が生じたのも、ブレイヴァマンがテイラリズムによる構想と実行の分離にもとづく労働低質化を、労働者を統制するための主要な方法とみなしたからにほかならない」(鈴木、2001：6) と指摘している。また、フリードマンは、「ブレイヴァマンは、資本主義的労働過程において、管理上の権限managerial authorityを行使するためのある特定の戦略を、管理上の権限それ自体と混同させてしまったことで、非難されなければならない」(Friedman, 1977a：80) と述べている。ここでの「ある特定の戦略」とは、テイラー主義を指している。そのうえで、フリードマンはつづけて「テイラーの科学的管理は、管理上の権限を行使するために利用可能な唯一の戦略ではない」(ibid.：80) として、ブレイヴァマンを批判している。フリードマンがこのように主張するのは、実際の労働組織の編成は、労働者の抵抗に直面してテイラー主義通りには実現しないと考えるためである。すなわち、「独占資本主義の到来にともなって、経営者はよりはっきりと、組織された労働者の抵抗に取り組まなければならなくなった」（ibid.：79）からであるという。

トンプソンも、ブレイヴァマンの分析では、労働者の抵抗とそれが労働過程に与える影響が無視されていると指摘する。

問題の根源は、ブレイヴァマンが階級闘争と階級意識の次元を、慎重に排除したことにあると思われる。この方法は、労働における労働者階級の像を「あるがまま」に描くための手段として、ブレイヴァマンが優先したものであるが、労働者の抵抗と組織が、技術と労働過程に与える重要な影響を無視することになったと言わざるをえない。（Thompson, 1989：87）

トンプソンのいう、労働者階級を「あるがまま」に描きだすために、ブレイヴァマンが優先したものとは、「階級の『客観的』な内容に自己の研究を限定し、『主観的』なものを欠落させた」（Braverman, 1998：19）研究方法であった。[*2] ここでの「主観的なものを欠落させた」とは、「現代の労働者階級を、その意識、組織、あるいは活動のレベルにおいて取り扱うことは、本書では企図されていない」（ibid.：18）ことを指している。[*3] たしかに、ブレイヴァマンは自身の分析の射程をこのように「客観的」なものに設定したため、抵抗、あるいは同意する主体として労働者を「明確に」位置づけることはしない。したがって、労働過程論争のうち、とくにフリードマンに代表される抵抗理論は、労働者による抵抗の側面を重視して、その影響を受けた資本家はテイラー主義に限らない管理形態を発展させざるをえないのだから、この点で、テイラー主義にもとづく管理形態を資本主義的生産において支配的なものだと捉えるブレイヴァマンを批判しているのである。

このとき、ブレイヴァマンに対する批判がテイラー主義のどの点に着目しているかは注目に値する。それは、次節で述べるように、資本の側が構想と実行を分離しようとする際の、徹底的な監視や監督といった管理形態の現象面である。つまり、実際の労働組織が、

＊2　このように研究対象を設定したことについて、ブレイヴァマン自身、「多くの読者には、私が主題の最も切迫した部分を省略しているように見えるであろうことは、私も自覚している」(ibid.: 18) と述べている。

＊3　ここでの「意識」とは、労働者階級のイデオロギー的な側面を、また「組織」とは労働組合、「活動」とは労働運動、あるいは社会運動を指していると考えられる。こうした労働組合運動における思想や方針などを扱うのではなく、ブレイヴァマンは、資本主義的生産において労働者が置かれる客観的な状況を示すことに力を注いだ。したがって、彼が、労働者の直接的な意識を顧慮しなかった、あるいは無視したとする見解は全くの見当違いである。後述するように、ブレイヴァマンが自身の労働過程論において、労働者の意識、言い換えれば抵抗の側面を前提としていなければ、テイラーの科学的管理の分析にこれほど重要な位置付けを与えることはなかった。

こうした監視や監督のもとに置かれているのか否かに主眼が置かれている。以上のように、ブレイヴァマンや彼のテイラー主義理解に対する批判は、その硬直性や決定論的な（と考えられている）側面に向けられている。次節では、その典型としてフリードマンの議論を取り上げる。

第2節　A・フリードマンによる「責任ある自律Responsible Autonomy」

先述したように、フリードマンは抵抗する主体としての労働者の存在を重視して、ブレイヴァマンを次のように批判している。

ハリー・ブレイヴァマンは、20世紀資本主義の労働組織は、テイラー主義の原則――それは、なされるべきタスクのすべての局面に先だって、完全な専門特化を通じたマネジメントによって、理念的には、すべての労働者の時間と動きの統制に関与する――に導かれてきたと主張している。こうした見方は、最終的に資本主義的生産様式を転覆するような力としてではなく、その生産様式において協調的な変化を引き起こす力としての労働者の抵抗を無視することから生じる。（Friedman, 1977b：45）

フリードマンによると、ブレイヴァマンは、テイラー主義を資本主義システムにとって不可避的なものとして「誤って」扱ってしまったがために、「労働者の抵抗に応答する、資本主義的生産様式の内部にある変化の兆しを見逃し」（ibid.：44）てしまったという。フリードマンは、労働組織の形成において、労働者の抵抗とそれに応じた資本の対抗圧力とを重視している。ここで組織されるものこそが、「責任ある自律Responsible Autonomy」の戦略である。

責任ある自律の戦略は、労働者が最小の監督のもと、「責任」をもって行動するように、個々の労働者やグループにたいして、彼らのワークタスクの決定をめぐる幅広い自由裁量をゆるすこと、そして労働者を企業の競争目的に同定することによって、管理上の権限を維持することを伴う。（ibid.：48）

この「責任ある自律」戦略においては、資本家が、個々の労働者、あるいはグループにたいして自由裁量の余地を与えるわけだが、たとえそのようにしたとしても、それは資本の競争目的に沿うかたちで付与されている。したがって、資本家が管理上の権限を失うことはない。一方の労働者は、そうした限定されたかたちであれ、決定権を付与されているために、「まるで彼ら自身の必要性、能力や意志を反映して、プロセスに参加しているかのように振る舞う」（ibid.：53）ことができるようになる。こうして資本家は、最小の監督のもとでも、労働者自身が責任を持って行動するように仕向けることができる。こうした戦略は、労働力の可変的な性格から説明することができ、資本家は「労働者に自由裁量の余地を与え、会社のためになるやり方で、状況の変化に適応するよう促すことによって、労働力の適応性を生かそうと試みる」（Friedman, 1977a：6）のである。自律的な要素を与えて、たんに強制するのではない方法で労働者を組織化する戦略である。このとき重要なのは、資本のマネジメント戦略として、労働者に自律性が付与されている点である。

他方、フリードマンは、テイラー主義のテクニックを用いたマネジメントを「直接統制Direct Control」と定義する。

直接統制の戦略は、労働者の圧倒的多数に対して、ワークタスクにおける実行からの構想の分離を最大化すること、管理上の高い地位に密接に結びついている者の手中に構想活動を集中させること、そして、徹底的な監視と金銭的インセンティブを通じた管理上の権限を維持することを伴う。つまり、テイラーの科学的管理の究極の目標で

ある。（Friedman, 1977b：48）

ここでは、ときに高圧的な脅しを伴うような徹底的な監視と金銭的インセンティブによって構想と実行を分離し、構想部分を資本家が独占した状態を作り出すことが、テイラー主義の目標であると考えられている。こうしたテイラー主義にもとづく「直接統制」の戦略は、労働者のスキルと創意を取り除き、資本の側がワークタスクや作業ペースをデザインし、さらには、労働者を機械として扱おうとするものであるから、「責任ある自律」とは対照的な戦略であると位置づけられる。

フリードマンは、以上のようにテイラー主義を捉えたうえで、現実の管理形態がこれとは異なることをもって、ブレイヴァマンを批判している。つまり、労働者はそのような管理には必ず抵抗するはずであるから、テイラー主義が純粋なかたちで顕在化することはありえない。これに代わる管理形態が出現するはずだと主張するのである。

第3節　小括

本章で見てきたように、ブレイヴァマンに向けられた批判の中心は、彼が採用した方法論とそれにともなう主体の位置付けにあったと整理することができるだろう。資本主義的生産において、「構想と実行の分離」の極限形態を表すテイラー主義を絶対視するブレイヴァマンは、実際の労働現場に残存する労働者の抵抗とそれに応じて資本家がテイラー主義にとどまらない管理形態を発展させている現実に、目を向けていないというわけである。

このようなブレイヴァマン理解は、何も彼を批判する論者に限ったものではない。それは、ブレイヴァマンの議論の継承者、ないし支持者が、彼の労働過程論を、労働の衰退degradation of labor、あるいは労働の二極化や脱熟練化を指摘したものであると捉え、この点に意義を見いだしていることに表れている。

例えば、エルウェルは、「ブレイヴァマンの主張の大部分は、利潤を最大化するために、労働力をより効果的に統制し、統合することを系統的に目指した、資本主義経済における仕事の『脱熟練化』に集中している」(Elwell, 2009=2016 : 85) としている。トンプソンも同様に、脱熟練化を指摘したことに、ブレイヴァマンの分析の独自性を見いだしている。

ブレイヴァマンはどのような意味で独自性を有しているのか。それは、本質的には、マルクスの労働過程論を再興し、熟練、技術、労働組織を新たな目で見直して、マルクスの労働過程論を後の歴史的発展に適用する試みに成功したことにある。それによって彼は、資本に仕える科学技術の新たな諸形態の使用を通じて、広範に非熟練化される可能性を概説した。(Thompson, 1989 : 73)

たしかにブレイヴァマンは、自身の分析について、「本書の執筆に際して受けた知的影響は、マルクスによるものである」(Braverman, 1998 : 6) と述べているように、マルクスの労働過程論から非常に大きな影響を受けている。トンプソンがこの点を踏まえていることは注目に値するが、ここでもやはりブレイヴァマンの議論の力点を広範な非熟練化に求めてしまっている。

同様にフォスターも、二極化にその重点が置かれていると説く。

それゆえブレイヴァマンの分析は、何か一般化された抽象的な意味で「脱熟練化」に関するのではなく、労働条件の二極化に関するのである。彼は、全体社会ではなく、労働者階級に影響を及ぼすそれとして、仕事の衰退にとくに関心がある。(Foster, 1994 : 9)

フォスターはこのように述べたうえで、「スキルの相対的な二極化の増大というブレイヴァマンの中心的な仮説」（ibid.：12）と明言している。以上のようなブレイヴァマン理解は、彼を継承する論者も、結局は批判論者と同じ次元でその分析を捉えていることを示している。これまで見てきたブレイヴァマンを批判する論者の主張は、テイラー主義によって労働者が二極化したとしても、労働は完全に衰退するわけではなく、依然として自律的な領域は残されているというものであった。両者の対立点は、二極化という現象、またはその効果を認めるか否かという次元にあるといえるだろう。

それでは、当のブレイヴァマンはどのような労働過程論を展開したのだろうか。次章では、その分析内容を詳しくみていこう。

第２章　ブレイヴァマンによる労働過程分析

本章では、ブレイヴァマンの労働過程論として、資本主義的に編成された労働過程におけるマネジメントの位置付けやその重要性について論じていく。その際、ブレイヴァマンが自身の労働過程分析において重要視したテイラーの科学的管理分析を取り上げ、これを詳細に検討する。第１節では、ブレイヴァマンが労働過程を分析するにあたって強い影響を受けたマルクスの基礎理論とともに、資本主義的生産における労働過程の特質を捉える。これを踏まえたうえで、第２節では、労働過程においてマネジメントが果たす役割と、これを導き出したテイラーの科学的管理について再考する。本章の分析を通じて、テイラー主義に関する通俗的な理解にとどまらない、資本主義的生産における一つの理論を読み取ることができるだろう。

第1節　資本主義的生産における労働過程の特殊性

本節では、ブレイヴァマンの労働過程論を理解するうえで前提となるマルクスの基礎理論として、「資本のもとへの労働の形態的包摂」、および「資本のもとへの労働の実質的包摂」を参照しながら、資本主義的生産における労働過程の特殊性を捉えていく。

第1項　『労働と独占資本』とマルクス

ブレイヴァマンの『労働と独占資本』は、単純明快でありながら、ラディカルな問題設定をとっている。それは、「資本主義社会の労働過程の研究であり、それがどのような独自の仕方で資本主義的所有関係によって形成されるかという問題についての研究」(Braverman, 1998 : 16) である。

ここでの労働過程は、「一般には使用価値を生みだす過程であるが、それがいまや特殊に資本の増殖、利潤の創出のための過程」(ibid. : 36) である。すなわち、資本主義的生産における労働過程は、直接に使用価値を創出することを目的とした過程ではなく、価値増殖と一体となった過程なのである。この点は議論の前提として非常に重要である。なぜなら、このように労働過程が変質することは、労働の性格それ自体が変質することをも意味しているからである。ここでは価値増殖が目的となり、使用価値の生産はそのための手段にすぎない。

いうまでもなく、このような資本主義社会における労働、および労働過程への視角は、マルクスの基礎理論を継承するものである。ブレイヴァマンは、「本書の執筆にさいして受けた知的影響は、マルクスによるものである。読者もわかるだろうが、マルクス以降のいかなるマルクス主義者によって書かれてきたものも、労働過程に関心のある本書の大部分において、ほとんど直接的な役割を果たさない」（ibid.：6）として、マルクス主義を批判しながら、明確にマルクスに依拠した労働過程分析であることを明言している。したがって、ブレイヴァマンの労働過程分析を正確に理解するためには、マルクスの労働過程論を正しく理解しなければならない。さらに言えば、労働研究において「労働過程」を分析の対象とする際にも、これから展開する労働過程への分析視角がなければ、資本主義社会における労働過程を研究したことにはならないだろう。労働過程分析は、たんに労働内容を描写したり、そこでの指揮命令関係をつぶさに観察したりするだけでは不充分なのである。とくに、「資本のもとへの労働の形態的包摂」、および「資本のもとへの労働の実質的包摂」の理解が重要であり、これらの視点を持たない分析は労働過程研究とはいえないだろう。ブレイヴァマン自身はこれらの概念を明示的に使用してはいないが、事実上、これら2

つの概念の理解にもとづいて労働過程を分析している。[*1] したがって、次項から、形態的包摂、ならびに実質的包摂の2つの概念を用いながら、ブレイヴァマンの分析を把握していく。

第2項　「資本のもとへの労働の形態的包摂」

先述したように、資本主義的生産における労働過程は、価値増殖を目的とする過程となり、この目的を追求する資本家によって編成されるようになる。そこで資本家は、剰余価値を獲得するために労働力商品を購買し、雇い入れた労働者を労働に従事させる。それも、可能な限り最大限の剰余価値を獲得しようと努めるのであり、これは資本主義的生産に固有のものである。

資本は唯一の生活衝動を、すなわち自己を増殖し、剰余価値を創造し、その不変部分である生活諸手段で、できる限り大きな量の剰余価値を吸収しようとする衝動を持っている。資本とは生きた労働を吸収することによってのみ吸血鬼のように活気づき、しかもそれをより多く吸収すればするほどますます活気づく、死んだ労働である。
(MEGA II/6, S.239)[*2]

そして、このとき労働者は資本家の指揮命令下に置かれて労働に従事することとなる。

「自由な労働契約」を前提とする、資本主義に独自の新しい諸関係のもとでは、資本家たちは、労働者から、自己の利益に最も役立つ日常の振る舞いを引き出し、自由意志による契約を基礎として労働過程を営みながらも、自己の意志を労働者に押しつけなければならなかった。（Braverman, 1998：46）

資本家は、あくまで「自由な労働契約」によりながらも、「自己の意志」、すなわち価値増殖の追求を生産に従事する労働者に押しつけなければならない。このことは、資本家の指

＊1　形態的包摂、および実質的包摂の概念は、『資本論』第一巻において提示されているが、より詳細な分析はその草稿（『直接的生産過程の諸結果』）においてなされている。ブレイヴァマンが草稿まで確認していたかは定かではないが、マルクスの形態的包摂、および実質的包摂を正確に理解するために、本稿では『直接的生産過程の諸結果』を参照する。マルクスの基礎理論を正確に理解することが、ブレイヴァマンの労働過程論を正しく理解することへの補助線となるだろう。

＊2　以下、Marx Engels Gesamtausgabe（ＭＥＧＡ）からの引用は、部門、巻数、頁数を示す。『資本論』上製版（新日本出版）の訳を参照しつつ、必要に応じて訳を変更した。

揮命令に労働者を従わせることを意味しており、マルクスはこれを「資本のもとへの労働の形態的包摂」と呼んだ。

労働過程は、価値増殖過程の、資本の自己増殖——剰余価値の生産——の過程の手段となる。労働過程は資本のもとに包摂されて（それは資本自身の過程である）、資本家は、指揮者、監督者として、この過程に入る。それは資本家にとっては同時に他人の労働の直接的搾取過程である。私はこれを資本のもとへの労働の形態的包摂と呼ぶ。[*3]（MEGA II/4.1, S.91）

このような資本家と労働者の間の指揮命令関係は現在では当然視されているが、本来的には特殊な関係である。実際に生産に従事するのは労働者であるにもかかわらず、労働者は生産過程における主体ではありえず、最大限、剰余価値を生み出すための従属した存在となり、生産過程における客体として位置づけられるからである。

それ自体として見た労働過程においては、労働者が生産手段を使用する。しかし、この労働過程は同時に資本主義的生産過程でもあり、そこでは生産手段が労働者を使用するのであって、したがって労働は手段としてのみ現れる。すなわち、ある一定の価値量が、したがって一定量の対象化された労働が、生きた労働を吸収して自らを維持し増殖させるための手段としてのみ現れる。こうして労働過程は、生きた労働を媒介した、対象化された労働の自己増殖過程として現れる。そこでは、資本が労働者を使用するのであって、労働者が資本を使用するのではない。そして、ただ労働者を使用する物象Sachenだけが、したがって、資本家のうちに自我を、自らの意識と自らの意思とを持った物象だけが資本なのである。（MEGA II/4.1, S.81f）

現実に労働が行われる際には、労働者が生産手段を直接に用いて生産を行うことに疑いの余地はない。だが、価値増殖のための過程と化した資本主義的労働過程においては、労働者と生産手段との関係は逆転し、労働者が生産手段を使用するのではなく、生産手段が労働者を使っているのである。

　このように、資本主義的生産においては労働者が労働過程の主体となり得ないことは、

＊3　森田成也訳『資本論第一部草稿　直接的生産過程の諸結果』を参照しつつ、必要に応じて訳を変更した。

協業における指揮の面から見ても明らかである。あらゆる社会においても複数の労働者が同時に労働する場合にはその遂行にあたって指揮が必要となるが、これを資本家が独占して担うことも、資本主義的生産に固有のものなのである。

比較的大規模の直接に社会的または共同的な労働は、すべて多かれ少なかれ一つの指揮を必要とするものであるが、この指揮は、個別的諸活動の調和をもたらし、生産体総体の運動——その自律した諸器官の運動とは違う——から生じる一般的諸機能を遂行する。バイオリン独奏者は自分自身を指揮するが、オーケストラは指揮者を必要とする。指揮、監督、および調整というこの機能は、資本に従属する労働が協業的なものになるやいなや、資本の機能となる。(MEGA II/6, S.327)

以上のように、労働過程が資本の価値増殖のための過程となるには、資本家によって労働過程が編成され、かつ彼らの指示通りに労働者が働くという関係が成立しなければならない。このような関係は、労働過程におけるドラスティックな変化をすでに含みこんでいる。つまり、形態的包摂の次元においても、たんに資本家と労働者の指揮命令関係を成り立たせるということ以上の「実質的な」変化が、労働者にはすでに求められているということである。

資本のもとへの労働過程の従属は、さしあたりは現実の生産様式をいささかも変えるものではなく、実際、ただ次のことにだけ現れる。すなわち、労働者が資本家の指揮、管理、監督のもとに入るということである。もちろん、このことはただ、資本に属する労働者の労働に関する限りでのことであるが。資本家は、労働者が決して時間を無駄にしないように、例えばどの一時間においても一労働時間分の生産物を供給するように、生産物の生産のためにただ平均的に必要な労働時間だけを費やすように目を光らせる。（MEGA II/4.1, S.84）

資本家が「労働者がいささかも時間を無駄にしない」ように配慮するのは、労働者に最大限の剰余価値を生み出させるためであり、こうして労働過程は価値増殖過程へと変貌を遂げる。[*4] 当然、このような資本家と労働者の関係は、労働そのものの変質を具体的に表している。すなわち、労働は「資本の労働」となるのである。

しかしながら、資本家が労働者を雇い、指揮命令に従わせるという関係は、容易には成立しない。なぜなら、資本主義の初期の仕事場を「いぜんとして直接に支配し続けたのは、伝統的知識と技能を身につけている生産者」（Braverman, 1998：41）であったからである。熟練職種においては生産に必要な伝統的な知識や技能は労働者の手中にあり、彼らが生産を掌握していた。[*5] 労働者に生産の行く末を委ねるということは、資本家は労働者を自身の指揮命令下に置くことができず、したがって剰余価値の最大化にも失敗していることを意味する。

第3項　「資本のもとへの労働の実質的包摂」

資本家は、大いに役立つ労働力を買うとき、同時に不確定の質と量を買っているのである。彼が買い入れるものは、潜在力においては無限であるが、その実現においては、次のことによって制限される。それは、労働者の主体的状態、彼らのこれまでの歴史、企業の特定の状態とそのもとで労働がなされる一般的な社会状態、そして労働の技術的状況である。実際に遂行される労働は、これらの要因や労働過程の編成や監督の諸形態を含む多くの要因によって影響されるであろう。[*6]（ibid.：39）

生産に関する知識や技能が労働者の側にあり、労働過程が彼らの裁量に任せられている場合、資本家が求めるレベルで生産が実施されるかどうかは常に不確かな状態に置かれる。そこで、このような事態を反転させるために資本家にとって必要となるのは、労働者の有する知識や技能を奪い取り、労働過程にたいする統制control権を全面的に自らのものとすることであった。こうして、もともと労働者の側にあった、生産に必要な知識や技能といった技術的な要素は、資本の側に移行し、それに従属するかたちで作り変えられることとなる。このとき資本は、協業、マニファクチュアによる分業、大工業を通じて、労働者から知を剥奪していく。機械に代表される一つの巨大な生産体系が構築され、労働者はその附属物となる。すると、労働者には必要のある限りでしか知識や技能は分け与えられず、

＊4　さらに踏み込んで考えると、たんに指揮命令関係があるというだけでは、召使い労働と何ら変わらないのである。では、資本主義的生産における労働と召使い労働とを分かつのは、労働者と生産手段との関係の転倒があるか否かである。この関係の転倒がなければ、労働過程が価値増殖のための過程として機能することはほとんど不可能であろう。

＊5　「労働者にとって、技能という概念は、伝統的に熟練の習得――つまり、生産のある特定の分野の遂行に必要な素材や工程にかんする知識と熟達した手先の器用さとの結合――と固く結びついている。」(Braverman, 1998：307)

＊6　この記述からも、ブレイヴァマンが労働者の抵抗の側面を等閑視していたと考えられないことは明らかであろう。

労働者の労働過程への関わりは大きく変容する。

資本主義的生産様式は、既存の全面的な諸技能を組織的に破壊し、自らの欲求に合致した技能や職業を生みだす。これ以降、技術にかんする知識は、徹底的に「知る必要がある」範囲に限って分け与えられる。この観点からすれば、生産過程に関する知識をその関係者全員に一様に分け与えることは、たんに「不必要」であるばかりか、資本主義的生産様式の機能にとって、積極的な障害となる。(ibid.：57)

このように、資本家が労働者から知識や技能を奪い取り、労働過程における統制権を獲得することを、マルクスは「資本のもとへの労働の実質的包摂」と呼んだ。

形態的包摂の一般的な特徴、すなわち、資本のもとへの労働過程――技術的にはどんな様式で営まれていようとも――の直接的な従属は、変わらない。しかし、この基礎の上では、技術的にもその他の点でも独自な、労働過程の現実の性質をも、その現実の諸条件をも変化させる生産様式――資本主義的生産様式が立ち上がる。この生産様式が現れてはじめて、資本のもとへの労働の実質的包摂が生ずるのである。(MEGA

II/4.1, S.104f)

この引用部分から、資本のもとへの労働の形態的包摂と実質的包摂との関係を読み取ることができる。形態的包摂では、資本主義以前から存在する生産様式を資本のもとに包摂することで、資本家の指揮命令下で労働者を働かせるという関係を成り立たせようとする。この形態的包摂を基礎として、そこからさらに資本家が労働者への指揮命令関係をより強固なものとするために、生産にかんする諸条件を変容させる実質的包摂が進められる。ここで重要なのは、労働者から知識や技能を奪い、労働の技術的な様式までをも資本の側が握ろうとする（実質的包摂）ことを通じてはじめて、資本主義的生産様式が確固たるものになるという点である。こうして、労働は実質的にも資本のもとに包摂され、資本家が労働過程を直接に統制するようになる。[*7]

＊7　このように形態的包摂と実質的包摂の関係を位置づけたからといって、両者を段階論的に捉えることは避けるべきであろう。たしかに、形態的包摂は絶対的剰余価値の生産に、実質的包摂は相対的剰余価値の生産に対応する関係にあるが、実質的包摂がなされなければ真に形態的包摂が成立したとはいえず、両者を歴史的な前後関係と見ることは不適切である。

第2節　マネジメントの要請とテイラーの科学的管理

本節では、前節で見た「資本のもとへの労働の実質的包摂」との関係において、マネジメントの機能を示していく。テイラーの科学的管理は、資本主義的に労働過程を作り替えるためにマネジメントが要請されることを明確に意識しており、ブレイヴァマンの労働過程分析において重要な位置づけが与えられている。

第1項　実質的包摂の媒介としてのマネジメント

前節で見たように、生産に関する知識や技能を労働者の手から資本家へと集中させる実質的包摂によって、労働過程における資本家の統制権はより確実なものへと近づいていく。ところが、労働者たちは自身の保有していた知識や技能を簡単に明け渡すことはしないから、この実質的包摂も容易には貫徹しえない。実質的包摂の次元においても、抵抗が生じるのである。そこで、労働者からの抵抗に直面して、それを抑え込むために登場するのがマネジメントである。つまり、労働過程にたいする統制権を労働者の手から資本のもとに移す（実質的包摂）ための「手段」として、マネジメントが用いられるのである。今日、「マネジメント」といえば広く使われている用語であるが、ブレイヴァマンはその由来を次のように説明している。

手を意味するラテン語のmanusから派生した、管理するmanageという動詞は、もともと馬の調教、馬術manègeを馬に仕込むことを意味した。…（中略）…騎手が手綱、馬勒、拍車、にんじん、鞭を用い、馬を生まれたときからの調教によって自己の意志に従わせようとするように、資本家は、マネジメントを通して、統制しようと努めるのである。（Braverman, 1998：46f）

ここで、「マネジメントを通して、統制しようと努める」という両者の関係は非常に重要である。すでに述べたように、労働過程にたいする統制権が労働者の側にある限り、資本家は生産にあたって剰余価値の最大化を労働者に押しつけることができない。そのため、資本主義的生産においては、資本家は必ず労働過程における労働者の働きを統制しようと努めるのであり、これがマネジメントを通して遂行される。前記の引用部分はこのことを示しているのである。こうして、資本家にとってマネジメントは、馬を従わせる際の手綱や鞭のように、労働者を自身の指揮命令に従わせるための一つの手段であることがわかる。

このように見ていくと、次のような関係が浮かび上がる。すなわち、労働過程を統制するための資本による知識の集約は、マネジメントを通じて達成され、この実質的包摂を経由して、資本家は労働者を自らの指揮命令のもとで働かせるという形態的包摂をより確実なものにする。次項にみるテイラーの科学的管理もこのような文脈のもとで捉えなければ、資本主義的に編成される労働過程の性質を正確に把握することはできないだろう。

第2項　ブレイヴァマンによるテイラーの科学的管理の分析

本項で見ていくように、ブレイヴァマンは、テイラーの科学的管理を通して、より具体的に実質的包摂の媒介としてのマネジメントの機能を分析している。

テイラーは、科学的管理以前のマネジメントを「普通のマネジメント」として明確に区別した。そうした「普通の」、初期のマネジメントは、労働者たちを一つの場所に集めて、規則的な労働時間を押しつけ、それを監督することから始まった。労働者が自分好みのペースで労働することを禁止したのである。

作業場への労働者の結集と労働時間の決定。勤勉な、緊張した、あるいは不断の精励を確保するために、労働者を監督すること。精励の妨げになると思われる気晴らし（談笑、喫煙、作業場からの離脱など）にたいする規則の強制。生産ノルマの設定など。これら

> の規則、あるいはそれらの拡張・変形されたもののいずれかに労働者が従うとき、労働者はマネジメントのもとにあるとされる。(ibid.：62)

ところが、テイラーの科学的管理の導入によって、労働者はここから別の次元で管理されるようになる。

> テイラーが、仕事がなされるべき正確な仕方において労働者に指図することが、適正なマネジメントにとって絶対的に必要であると主張したとき、統制概念は、まったく新しい地平に引き上げられたのである。(ibid.：62)

ここでいう「まったく新しい地平に引き上げられた」とは、労働者が規則や指示に従って働くという「普通のマネジメント」の次元から、次のように変質したことを意味している。

> 管理者側が労働者を「統制する」権利を持つということは、テイラー以前にも一般に主張されていた。この権利は、通常、業務を一般に設定することを意味するにすぎず、それを遂行する労働者の方法に、直接干渉することはほとんどなかった。テイラーの

貢献は、この慣行を覆し、それを正反対のものに置き換えたことにあった。彼が主張するには、マネジメントは、それが仕事に関する何らかの決定権を労働者に残しているかぎり、限定され、失敗した企てでしかありえないのである。（ibid.：62）

このように、「普通のマネジメント」によって労働者が統制されている状態は、価値増殖の観点からすると不確実であり、かつ不十分なものであった。労働時間や生産ノルマを設定するといったマネジメントでは、労働者の仕事の「やり方」そのものにはまったく介入していないからである。労働者の方が仕事の遂行方法に関する知を握っている場合、仮に定められた規則を守っていたとしても、資本家は自身が望むだけの成果を得られるとは限らない。例えば、ある商品を1日に100個作るノルマが1人の労働者に課されていたとする。ある労働者は、その商品の効率的な生産の仕方を知っているために、1日に130個作ることができたとしよう。だが、そのやり方を資本家に伝えるか知られてしまっては、ノルマを130個に引き上げられてしまうと考え、命令通りこの商品を100個作り続けた。この場合、資本家は効率的なやり方があることを知らないために、十分な価値増殖を実現することに失敗している。以上のように、一般的な規則を設定したり、命令を下したりするだけでは、資本家は剰余価値を最大化するかたちで生産を組織できないのである。

こうした事情から、統制概念は「それを遂行する労働者の方法に、直接干渉する」という、実質的包摂の次元まで引き上げられる必要があった。そして、テイラーの科学的管理はこの点を追求したために、ブレイヴァマンによって重要視されているのである。

彼（テイラー：筆者注）の「システム」は、最も単純なものから最も複雑なものまで、すべての労働活動の遂行方法に対する統制を、管理者側が実現するための手段である。（ibid.：62）

さらに、次の記述からも、ブレイヴァマンがテイラーの科学的管理に意義を見い出した理由がわかるだろう。

テイラー主義の諸原理の要点を包括的に、かつ立ち入って述べることは、われわれの論述にとって不可欠のことである。そのわけは、ストップウォッチやスピードアップなどのテイラー主義を世間一般に周知させているものごとのためではなく、これらのありきたりなものごとの背後に、まさに資本主義的生産様式の明白な表現にほかなら

ない、一つの理論が存在しているからである。(ibid. : 59f)

ここに明確に示されているように、ブレイヴァマンは、科学的管理における「ストップウォッチやスピードアップ」の手法といった現象面に着目しているのではなく、ここから資本主義的生産関係を成り立たせるために欠くことのできない要素を抽出している。それは、資本家がたんに労働者を雇い入れ、ノルマや規則を設定するだけでは、労働過程が価値増殖のための過程として十分に機能するとは限らないということである。さらにこのことは、形態的包摂はそれ自体では貫徹せず、「資本家にとっては、労働過程にたいする統制権が、労働者の手から自身の手に移ることが不可欠な条件となる」(ibid. : 39)という、実質的包摂の必要性を示している。仕事の「やり方」に介入することができなければ、労働者は自身の保有する知をもとに、資本家の指揮命令に従うことを拒否するかもしれない。だから、資本は労働者の持つ知をはぎ取ろうとするわけだが、この実質的包摂に対しても生じる労働者からの抵抗を抑制するために、マネジメントが機能する。くり返しになるが強調しておきたいのは、テイラーの科学的管理という新たなマネジメントは、このような文脈のもとに位置づけられるということである。この点に、ブレイヴァマンがテイラーの科学的管理を重要視した所以があり、「通俗的」な見解は次のように一蹴されている。

現代の株式会社や、労働過程を遂行している資本主義社会のすべての機関を言い表すのに、科学的管理運動の重要性は、いくら評価しても、しすぎることはない。テイラー主義は、その後の産業心理学、あるいは「人間関係論」によって「取って代えられた」とか、人間の動機付けに関するテイラーの素人的で世間知らずな見解ゆえに、あるいはテイラー主義が嵐のような労働者側の反対を引き起こしたがゆえに、あるいはテイラーと様々な後継者が、労働者だけでなく、ときに管理者側からの反感を買ったがゆえに、テイラー主義は「失敗した」とか、あるいはまた、職長制や奨励給制のようなテイラー主義のある種の特質が、より洗練された方法に切り捨てられたがゆえに、テイラー主義は「時代遅れ」であると考える通俗的な見解――これらすべては、マネジメントの発展における現実的動態の甚だしい誤読を表している。（ibid.：60）

このように、テイラー主義にもとづく管理形態が現実に出現しているかどうかがここでの主題ではない。テイラーは「労働過程とそれにたいする統制の組織化の基本原理を取り扱った」（ibid.：60）のであり、そのために、資本主義的に編成された労働過程の分析にあたって不可欠な視角が提示されているといえるのである。

第3項　科学的管理の3つの原理

ところで、テイラーが科学的管理の必要性を実感したのは、自身が製鋼工場の組長[*8]として経験した、機械工たちとの激しい闘争を通じてであった。

ミッドヴェール闘争で受けた火の洗礼から、テイラーが導き出した結論は、次のように要約されうるであろう。一般的な命令や規律によってだけ統制される労働者は、実際の労働過程を掌握し続けているために、適切な統制を受けているとはいえない。彼らが労働過程そのものを統制しているかぎり、彼らは、労働力に内在する潜在力を十分に実現しようとする管理者の試みを妨害するであろう。この状況を変えるためには、労働過程にたいする統制が、管理者の手に移されなければならない。それはたんに形式的な意味においてだけではなく、遂行方法までをも含んだ、労働過程の各段階にたいする統制や指図によってである。(ibid.：69)

前項でも見たように、「一般的な命令や規則によってだけ統制」するような「普通のマネジメント」の次元では、労働過程を実質的に統制しているのは労働者であり、資本家が労働者たちの潜在能力を最大限引き出そうとしても、そうした試みは簡単に斥けられてしまう。それゆえ、労働過程にたいする統制権は、「管理者の手に移されなければならない」のであり、それも作業の遂行方法に直接、干渉するという方法によって実行される必要がある。テイラーは管理者の立場からこの事態に気づいたのである。

ここから、労働者を統制するためのマネジメントの基礎となる、3つの原理がテイラーによって示されている。それは、労働者の技能から労働過程を引き離し（第一原理）、構想と実行を分離し（第二原理）、そして課業概念を労働過程に適用する（第三原理）ことである。まず、第一原理について、テイラー自身の記述を確認すると、管理者には次のことが求められるという。

管理者は、過去に労働者によって保持されていた伝統的知識のすべてを集め、この知識を分類し、表にまとめ、これらを労働者の日常業務の遂行にとって非常に役立つ規則や法則、公式に変換する責任を負う。（Taylor, 2011：27）

＊8　テイラーは、「20歳で地元のポンプ製造会社に無給の見習工として入社し、23歳でミッドウェール製鋼所に日給機械工として入社、32歳で技師長に昇格。その間、通信教育で工学士の学位を取るという努力家であった」（上林編、2012：180）という。

すでに見てきたように、科学的管理が導入される以前は、労働者の側に生産に必要な知識や技能が集積されており、管理者はその10分の1も持ち合わせていなかった。テイラー自身、次のように振り返っている。

このシステム（科学的管理法：筆者注）の準備中に、私は、工員たちと管理者の調和的協調を妨げる最大の障害が、1人の工員にとって適正な1日の仕事を構成するものについて、管理者が知らないことにあると実感した。私は工場の職長であったけれども、監督下にいた工員たちの知識とスキルの合計が、私自身のそれよりも確実に10倍はあったと理解していた。（ibid.：38）

ここに端的に示されているように、管理者ではなく、現場の工員（労働者）の技能と労働過程とが密接に結びついていたのである。このような状態において、労働現場を任されていた管理者にできるマネジメントといえば、雇主に最大の利益をもたらすよう労働者から勤勉な働きを「引き出す」ことでしかなかった。

職長や監督者たちは、彼ら自身の持っている知識や個人的なスキルが、彼らの部下であるすべての工員たちの知識と器用さの合計には程遠いことを、他の誰よりも知っている。それゆえに、最も経験のある管理者たちは、最善の、かつ最も経済的な方法で仕事をするという問題を、工員たちに任せている。彼らは、雇用主にできるだけ最大の利益をもたらすために、各工員に最大の努力、最高に勤勉な働き、すべての伝統的な知識、スキル、創造力、そして善意——要するに、「自発性」を発揮させることが、自分たちの任務であると認めている。（ibid.：24）

このような「普通のマネジメント」のもとでは、労働過程は生産に従事する労働者たちによって統制されており、したがって資本家が労働過程にたいする統制権を十分に握ることはなかった。そのため、労働者の手から伝統的な知識をはぎ取り、すべて資本家の手中に集めることが、第一義的に必要とされたのである。

次に、第二原理については、まず次のことを前提とする必要がある。

人間においては、動物から区別され、労働の原動力と労働それ自体との統一は切断不可能ではない。構想と実行との統一は分解されうる。構想は依然として実行に先立ち、それを規制しなければならないが、ある者が考え出した計画が、他の者によって実行

されることは可能である。(Braverman, 1998：34f)

本能に突き動かされる他の動物の労働、例えばクモが巣を作るという行為は、途中でそれを別のクモに任せることはできない。しかし、人間の労働の場合には、それが意識的、かつ合目的的な性質を有しているために、「労働の原動力」(＝構想)と「労働それ自体」(＝実行)とを切り離すことができる。こうした構想と実行の分離可能性は、科学的管理の要をなしている。

この労働過程の非人間化は、…(中略)…購買された労働のマネジメントにとって決定的に重要となる。なぜなら、もし労働者の実行が、彼ら自身の構想によって導かれるならば、すでにみたように、資本が望む方法上の能率も、労働速度も、どちらも労働者に押しつけることができなくなるからである。それゆえ、資本家は最初から人間の労働力のこの側面を利用して、労働過程の統一を破壊しようとするのである。(ibid.：78)

このように、労働過程の統一の破壊、すなわち構想と実行の分離は、統制権の獲得を目指す資本家にとって決定的に重要な前提条件となる。第一原理において、生産にかんする知を労働者の手から引きはがし、自らのもとに集中した資本家は、構想と実行を分離しようとする。労働者のもとで、労働過程が組織されないようにするためである。その一方で、構想と実行の分離によって、労働者は「自己の生産用具にたいする統制権を失うだけではない。いまや彼らは、自分自身の労働とその遂行様式にたいする統制権をも手放さなければならない」(ibid.：80) こととなる。ここでの「生産用具にたいする統制権」の喪失は形態的包摂を、「遂行様式にたいする統制権」の喪失は実質的包摂を表していると考えられる。こうして、労働過程における構想を奪われた労働者は、知を独占した資本のもとでただ実行を担う存在となり、一体として労働過程は遂行されなくなる。

最後に、第三原理について、ブレイヴァマンはテイラーの『科学的管理の諸原理』の次の部分を引用している。

現代の科学的管理において最も顕著な要素の一つは、課業概念である。各労働者の仕事は、少なくとも１日前に管理者によって十分に計画され、労働者は、たいていの場合、遂行する課業も、仕事に用いられる手段をも、詳細に記述した完全な指示書を受け取る。そして、この方法で前もって計画された仕事が課業を構成し、それは、以上の通り、労働者一人だけによってではなく、ほとんどの場合、労働者と管理者の共同の努力によって解決されるのである。この課業は、なすべきことだけでなく、それを行う方法と、遂行に要する正確な時間を規定する。(Taylor, 2011 : 29)

「構想」を握った管理者のもとで生産が組織されると、労働者の行う「実行」は、それがどんな手順で、どんな速度で、どんな手段を用いてなされるべきかが、あらかじめ管理者によって計画されるようになる。第三原理の課業task概念は、その際に用いられる。ただし、このとき仕事の遂行方法や時間が定められた「指示書」が存在することそれ自体は、この原理の本質ではない。課業概念の「根本的な要素は、労働過程のすべての要素を系統的に、あらかじめ計画し、あらかじめ計測する」(Braverman, 1998 : 82) ことにある。それは、「資本家は個々人の作業を掌握しようとして、労働者のあいだに配分した個々の課業の分析を行う」(ibid. : 118) とあるように、あくまで個々の労働者の労働過程を掌握するために課業を用いるのである。

これまで見てきたように、第二原理において構想と実行は分離されるものの、生産を成り立たせるためには、どのようなかたちであれ両者は必ず行われなければならない。人間の労働であるから、構想が存在せず、実行だけ行われるということはありえない。その逆もまた然りで、構想だけあって実行が行われなければ、労働生産物はこの世に産み落とされない。

> 生産はいまや2つに分裂させられ、2つの集団の活動に依存する。資本主義は生産様式をこのような分裂状態にまで追い込み、労働の2つの側面を別々のものにしてしまった。だが、両側面が生産にとって必要であることに変わりはなく、この点で労働過程はその統一性を保持しているのである。(ibid.: 87)

ここに「労働過程はその統一性を保持している」とあるように、人間が行う労働は、本能に突き動かされる他の動物とは異なり、意識的、かつ合目的的な性質を有しているから、必ず構想が実行の先に立ち、これを規制する。それは、どんな商品(有形・無形)を生産するにあたっても、またいかなる社会の人間の労働においても当てはまる。ただし、このとき一度分離した構想と実行を生産に際してたんに結合するのでは、その労働過程が価値増殖の過程として存立するとは限らない。ここで、マネジメントを介して労働過程が編成されることとなる。構想と実行の再統一にあたって資本家は、第一原理で独占した知をもとに、剰余価値の最大化という自らの目的に資するかたちで実行が行われるよう、特段の注意を払う必要がある。そこで要請されるのが、第三原理の課業なのである。

以上のようにブレイヴァマンは、一貫して資本主義的生産のもとで労働過程がどのように変質しているのかを分析している。

> 第一原理が、労働過程にかんする知識を収集し、それを発展させることであり、第二原理が、この知識を管理者側の排他的領域として集中すること、——ちょうどその逆の関係として、労働者側のそのような知識の欠如とともに——であるとすれば、第三原理は、知識にたいするこの独占を、労働過程の各段階とその実行の方法とを統制するために用いることである。(ibid.: 82)

第一原理で労働者から知をはぎ取り、それをもとに第二原理で労働における構想と実行を切り離す。ただし、生産にあたって両者は必ず必要とされるから、再び結合されなければならない。それがどのように行われるかが重要であり、ここに資本主義的に編成された労働過程の特殊性が表れる。すなわち、知を独占した資本家は、労働過程のすべての要素を系統的にあらかじめ計画・計測した課業概念を通じて、この再結合を行うのである。

こうして、科学的管理の諸原理は、第一原理から第三原理までを通じて、管理者による労働過程の統制が貫徹されうることを表している。したがって、ブレイヴァマンによってテイラーの科学的管理は、資本家が労働過程にたいする統制権を獲得するために用いる手段として位置づけられているのである。

第3節 小括

本章では、資本主義的生産における労働過程が、使用価値の生産を目的とする過程から価値増殖のための過程へと変質していることを確認してきた。そこでは資本家の剰余価値を最大化するという欲求のために、彼らの指揮命令下で労働者が働くという関係を成り立たせなければならない（「資本のもとへの労働の形態的包摂」）。だが、現在では当然視されているこの関係は、容易には成立しない。労働者が生産に関する技能や知識を保持している場合、資本家の指示に従うとは限らないからである。そこで資本家には、労働者の有する「知」を奪い取り、わが物とすることが求められる（「資本のもとへの労働の実質的包摂」）。だが、ここでもさらに自身の知識や技能が奪われることにたいする労働者の抵抗が生じる。

こうして、資本のもとで労働過程を形式的にも実質的にも包摂したいという資本の側の欲求と、そう簡単には知を明け渡さないという労働者の抵抗とがぶつかり合う。すなわち、資本にとって、労働力は最大限の剰余価値を生み出すための「商品」であり、労働過程もそのための過程、ないし場なのであるが、労働者にとっては、自らの知識や経験と一体のものとして労働過程があり、これを支配されたくないという「人間」としての側面とが対立しているのである。このような対立を解消し、資本主義的生産関係を成り立たせるためには、なんらかの「制度」が媒介される必要がある。

法律や制度は物象の人格化の限界、すなわち物象と人格ないし素材的世界の間になお残る乖離ないし軋轢を媒介し、調整するのである。（佐々木、2021：259）

ここでいう「物象」は、労働者を商品として、また労働過程を価値増殖過程とすることを指し、「人格ないし素材的世界」とは、自らの労働を知識や技能をもとにコントロールしたいという労働者の人間としての欲求を指している。両者の間の乖離ないし軋轢は、労働過程を価値増殖過程に作り替えようとする資本主義的生産においては必然的に発生するのであり、これを調整・解消しなければならない。ここで登場するのが制度であり、この文脈のもとで考えれば、実質的包摂のために要請され、労働者の抵抗を抑え込むマネジメントは、まさに制度なのである。こうして、資本家の指示通りに労働者を働かせるために（形態的包摂）、労働者が保有していた知識や技能は資本家の手中に移行させる必要があり（実質的包摂）、マネジメントはそのための媒介（＝制度）になるのである。

ここで改めて、抵抗理論によって提起された「ブレイヴァマンは労働者の抵抗の側面を無視している」との主張が誤りであることを指摘しておく必要があるだろう。なぜなら、ブレイヴァマンが労働者による抵抗を想定していなければ、形態的包摂、実質的包摂、そしてマネジメントの関係を上記のように位置づけることができないからである。

> このはっきりとした馴化の足下には、労働者に押しつけられた、衰退した労働形態に対する彼らの敵意が地下水のように流れており、その地下水は、雇用条件さえ許せば、あるいは資本家の労働強化の攻勢が労働者の肉体的・精神的能力の限界を超えるときには、一気に地表に吹き出すのである。この敵意は、新たな世代で再生され、多くの労働者が自らの仕事について感じる抑えきれない冷笑と強烈な嫌悪のうちに現れ、そして、解決を要する社会問題としてくり返し表面化するのである。（Braverman, 1998 : 104）

ブレイヴァマンは、こうした抵抗の契機がありつつも、それをも包含した深部において、資本主義的生産における労働、ないし労働過程を根底から規定する理論を組み立てているのである。

そして、実質的包摂の媒介としてのマネジメントの役割を導き出したのが、科学的管理を提唱したテイラーであった。彼のマネジメント（科学的管理）は、それ以前のたんに規則やノルマを設定するかたちで実施されたマネジメントとは性質を異にし、仕事の「やり方」そのものに介入するという特徴を持つ。このことが、労働過程における統制権の掌握を目指す資本家にとって決定的に重要であることは、本章の分析からすでに明らかであろう。

第3章　資本主義的労働過程と労働者の自律性

本章では、前章で確認した「マネジメント」を通じて労働過程が価値増殖過程に編成されていくなかで、労働者の労働過程にたいする関わりがどのように変質するのかを見ていく。資本主義的に編成された労働過程においては、労働者は生産にかんする知を持ち合わせておらず、労働過程にたいして自律的に関わることができない。だが、そうした無味乾燥な労働に従事する労働者が、資本の指揮命令に必ずしも従うとは限らない。そこで、労働者の反発を封じるために、資本がマネジメントの一環として、労働過程への自律的な関わりを「上から」用意することもありうる。第1節は、資本主義的労働過程においては、こうした2つの意味において自律性が存立しうることを示していく。第2節では、資本によって用意され、付与された自律性が、価値増殖過程においてもつ意味を考察していく。本章を通じて資本主義的生産における自律性を捉える視角を得ることで、第8章で取り上げる裁量労働制によって保障された自律性についても、正確に把握することができるだろう。

第1節　2つの意味における自律性――「自律的統制」と付与された《自律性》

前章で見た通り、労働過程＝価値増殖過程とするためには、資本がこれを編成し、統制しなければならない。このとき、テイラーの提唱した科学的管理の第一原理から第三原理を通じて労働過程が再編される必要がある。

人間の労働においては、労働者の肉体活動におけると同様に、労働過程が労働者の頭のなかでも営まれることが必要とされるが、ちょうどそれと同じように、いまや労働過程の表象が、生産から切り離され、別の場所と別のグループに移され、過程そのものを統制するのである。過去1世紀にわたるこのような発展の目新しさは、手と頭、あるいは構想と実行が別々に存在するというところにあるのではなく、それらが互いに切り離され、さらにますます細分化され、その結果、構想が管理側のますます限られた集団やそれに密接に関連している者の内部に、可能なかぎり集中化されていく際の、その過酷さにある。このように、敵対的な社会関係、疎外された労働という状況のなかでは、手と頭とはたんに分離されるだけではなく、分断されて敵対的なものにされ、そして手と頭との人間的統一はその対立物に、人間以下のものに転化するのである。（Braverman, 1998 : 86f）

この「対立物」、あるいは「人間以下のもの」とは、実際に生産に従事している労働者が、その全体像を知り得ないものとして労働過程が相対することを意味している。労働過程が終了する際、つまり何らかの労働生産物（商品）の生産が完了する際には、構想において表象されたものが現実のものとなって出現するわけだが、実行を担う労働者はそもそもの表象を知らず、理解することもないまま実行を遂行する。この意味で、分離された構想と実行が資本のもとで再統一されても、それは本来の人間的な統一とは全く異質なものへと転化しているのである。このことは、ブレイヴァマンの次の記述によく表れている。

分業の最初の形態において、資本家は熟練労働を分解し、それを断片化して労働者に戻すので、総体としての過程は、もはやいかなる個々の労働者の領域にも属さないものとなる。（ibid. : 118）

こうして労働過程は、もはや過程としては労働者の頭のなかに存在しなくなり、特別なマネジメント側の職員の頭のなかにだけ存在するにすぎないものとなる。(Ibid.：82)

労働者が保有していた熟練知識は解体され(構想と実行の分離)、課業の概念を通して、バラバラの状態で労働者に戻される。そうして再統一された労働過程は、もはや労働者が主体となって実行するものではなくなっている。労働過程が「対立物」になるということは、労働者が主体的に関わることができなくなることを意味する。

それまで生産にかんする知を握り、労働過程における主体であった労働者は、マネジメントを通して客体的な存在へと転化し、価値増殖という目的と一体となった労働過程に従属する存在となる。このように、労働過程を作り替え、これにたいする労働者の関わりまでをも変質させることが、実質的包摂の媒介としてのマネジメントの本質的な役割なのである。

上記のような資本と労働者、そして労働過程の関係を踏まえれば、テイラーの科学的管理の現象面に着目して、それが純粋なかたちでその労働過程に適用されているか否かをジャッジしようとすることは、マネジメントの意義を十分に理解することができないばかりか、資本主義社会における労働過程を正確に捉えるまなざしをも喪失することになるだろう。この点に留意したうえで、資本主義的に編成された労働過程に労働者がどのように関わるのか、言い換えれば、どのような自律性を発揮しうるのか検討しなければならない。

これまで見てきたとおり、労働者の側に知識や経験が蓄積された熟練職種においては、労働者はそれをもとに、生産に関するあらゆる決定に関与していた。つまり、労働者が労働過程にたいする統制権を有していたのであり、本来の「自律性」とはこのような状態を指している。しかし、マネジメントを媒介として資本家によって労働過程が編成されるようになると、労働者は労働過程にたいする統制権を持つことが許されない。本来の意味での「自律性」は失われるのである。

この点について、ブレイヴァマンはテイラーの科学的管理を「労働者から熟練知識と自律的統制 autonomous controlを奪い取る」(ibid.：94) ものだと指摘している。したがって、ブレイヴァマンにとって、労働者の有する「自律性」とは、この「自律的統制」を意味していると考えられる。これは、労働者が自身の有する知識や経験にもとづいて生産に関する決定に関与し、労働過程を自律的に統制している状態を指す。だが、このような状態は、資本家にとっては自身の価値増殖の追求という目的が達成できないことを意味しているから、マネジメントを通じて奪い取らなければならない対象である。そのため、資本主義的生産においてはマネジメントが要請され、ここでの「自律性」は剥奪される。

このように見ていくと、フリードマンの「責任ある自律」で見たような《自律性》とは、資本のマネジメント戦略として労働者に付与されたものであり、それ以前の「自律性」、すなわちブレイヴァマンのいう意味でのそれとは、明確に区別される必要がある。したがって本書では、ブレイヴァマンのいう「自律的統制」を指す「自律性」と、マネジメント戦略の一つとして付与された《自律性》とを、「」と《》を使い分けながら記述していく。この《自律性》について、すでにブレイヴァマンは次のように述べている。

今日、提唱されている諸改良は、決して目新しいものではない。…（中略）…それらの改良は、労働者の地位の真の改革ではなく、マネジメントの1つのスタイルを示すものである。それらは、労働者「参加」の意図的な見せかけによって特徴づけられている。この「参加」なるものは、次のような意味で恵み深い施し物なのである。それは、労働者が自分で機械を調整したり、電球を取り替えたり、1つの細分化された仕事から他の細分化された仕事に移ったりすることを許し、また、労働者に自ら決定を下したとの幻想を抱かせるようなものである。ただし、その決定とは、管理者が取るに足りない事柄だけを自由に選択できるようわざと残しておいた、固定的で限定さ

れた選択肢のなかからなされたものなのである。(ibid.：26f)

ここでの「参加なるもの」が、まさに労働者への《自律性》の付与を言い表している。これによって、表面的には労働者が「自ら決定を下した」かのように見えるが、こうした事態は、資本家のマネジメントによって作り出されたものである。生産に必要な知は、資本の側が掌握しているため、必要のある限りで労働者に分け与えられたに過ぎない。そのうえで、労働者に《自律性》を付与することは、知を奪い去り、資本によって無味乾燥なものとなった労働過程において必要となるのである。このことはブレイヴァマンが例えているように、「主婦が、調理済みのベーキング・ミックスを嫌い、それを用いるときには後ろめたさを感じるということが明らかになると、粉末の卵の使用をやめ、新鮮な卵を割ってミックスに入れ」(ibid.：27) させるようなものである。

こうした意味での《自律性》の付与は、労働過程における自律的統制、すなわち労働者が本来の意味での「自律性」を取り戻すことを決して意味してはいない。さらにいえば、「自律性」の獲得に寄与しないどころか、資本家による労働の支配をよりいっそう確かなものとする。なぜなら、生産に関する知を取り戻してはいないにもかかわらず、労働者が労働過程における決定権を所持しているかのような状態に置かれ、そのように労働過程に関わり続けることによって、こうした体制を再生産することになるからである。ここでの《自律性》は、マネジメントの一環として与えられた「施し物」であり、資本家の想定する範囲内であらかじめ用意されたものである。[*1] したがって、《自律性》は資本家にとっての自律性であり、「自律性」は労働者にとっての自律性であるといえるだろう。

第2節　テイラーの科学的管理の深化としての《自律性》

このように見ていくと、フリードマンは、テイラー主義を否定するかたちで、労働者に《自律性》が付与される戦略を打ち出していたが、このような位置づけとは裏腹に、「責任ある自律」はテイラーの科学的管理と矛盾しないどころか、むしろその「深化」を表していると考えられる。

先に引用したように、マネジメントは「それが仕事に関する何らかの決定権を労働者に残しているかぎり、限定され、失敗した企てでしかありえない」(ibid.：62) のであるから、資本家が労働過程にたいする統制権を労働者に委ねることは基本的には考えられない。統制権を明け渡してしまえば、剰余価値の最大化という自らの目的を追求することができなくなってしまうからである。このような前提に立つと、「責任ある自律」とは、労働者に労働過程の諸決定に関わる余地を残さずに《自律性》を付与するという、一見すると、矛盾した状態を表していることがわかる。

だが、このような関係が成り立つのは、まさに、労働者から生産に関する知識を奪い、資本家が統制権を獲得しているという、科学的管理の第一原理、および第二原理が十分に機能しているからこそである。そもそも資本家は、自己の価値増殖のために労働者を雇い入れるのであるから、この目的に合致しない戦略を選択することはしない。労働者に《自律性》が付与されるのは、資本家が分離した構想と実行を再統一する局面においてであり、したがって、これは第三原理の次元に位置づけられる事象である。こうして、労働者が「自律的」に労働過程に関わる余地は残さずに《自律性》を与えるという関係が成立しているのである。

以上から、このような意味での《自律性》の付与とは、労働者が労働過程にたいする「自律性」を喪失したまま、あたかも生産に関する諸決定に関与しているかのような状態を作り出すことで、労働者を能動的、あるいは主体的に価値増殖過程に参加させる機能を果た

＊1　フリードマンも、「責任ある自律」戦略における《自律性》が、管理者によって「付与されたもの」であることを認めている。ただし、それがテイラーの科学的管理を否定するかたちで位置づけられている。

している。まさにこの点に、テイラーの科学的管理の深化を読み取ることができる。なぜなら、科学的管理の要をなす構想と実行の分離がなされながらも、資本家は労働者から主体性を引き出すことに成功しているからである。こうして、《自律性》の付与というマネジメントは、労働者がたんに資本の命令に従うという形態的包摂の次元を超えて、自ら進んで資本主義的に編成された労働過程に関与していくという関係を作り上げている。このような状態は、労働者の側に生産にかんする知が不在であるからこそ成立している。ここから、実質的包摂のために実施されるマネジメント（《自律性》の付与）という関係が、明確に浮かび上がるだろう。したがって、労働者が《自律性》を発揮するというマネジメント戦略によって作り出された事態は、労働者の側にも自律的な領域が残されているという単純なものでは決してなく、テイラーの科学的管理を前提とした上で成り立ち、さらにはそれを深化させているのである。

第3節　小括

前章から引き続き見てきたテイラーの科学的管理に対しては、当然、労働組合から嵐のような反対運動が巻き起こった[*2]（Hoxie, 1966; Friedmann, 1955=1964など）。この反対運動においいて注目すべきなのは、その焦点が、ストップウォッチを用いた動作研究などのテイラー主義の「付属物」にたいして向けられたのではないということである。

労働者たちは、科学的管理が彼らから熟練知識や労働過程にたいする自律的な統制権をはぎ取ること、そして、資本家によってすでに構想された労働過程を突きつけ、労働者たちを歯車やレバーとして使おうするものであることに気づいていた。ブレイヴァマンが指摘したように、ここに資本主義的生産様式における一つの必然性があることを的確に捉え、だからこそ熟練職種を破壊する試みにたいして反発したのであった。科学的管理のもとでは、生産に関する知識は、「知る必要がある」範囲に限って労働者に伝えられ、必要以上に知識が分け与えられることはない。それはたんに不必要であるばかりか、資本主義的生産様式の「適切な」運用において、積極的な障害となるからである。こうして、労働者たちの技能水準は、階級全体として絶えず低下していき、無知や無能、それゆえの機械に服従する適性[*3]だけが広まることとなる。

このように、労働が遂行される仕方に直接介入することができるかどうかに、資本によ

＊2　これを受けて、テイラー自身も科学的管理において、構想と実行の分離や生産過程にたいする課業の適用よりも、労働者と管理者双方の精神的な変化という側面を強調するようになった。

る労働の実質的包摂の実現はかかっており、これはひいては形態的包摂の実現可能性をも表している。逆説的に言えば、労働者が自身の有する技能や知識にもとづいた労働過程への関わりを明け渡さない限り、資本家は十分に価値増殖を達成することができなくなるということである。だからこそ、資本家は必死になって労働者から熟練知識を奪おうとし、同じように労働者の側もそれに反発するのであり、このことは歴史的に証明されている。つまり、資本主義的生産における労働過程は、そこでの統制権を資本家と労働者のどちらが獲得するのかという、せめぎ合いが生じる場なのである。[*4]

ブレイヴァマンは、資本家と労働者のうち、「知」を制した方が労働過程を制するということを正確に捉えていた。だから、労働者がこれを取り戻すことが、資本家に対する最も強力な抵抗になると考えたのである。[*5]だが、このとき注意しなければならないのが、たんに労働者階級が生産手段を奪い返すといった、「政治的」な意味での自主管理を目指したのではないし、[*6]ましてや、ノスタルジックに以前の熟練労働の時代に戻ることを望んだわけでもないということである。ブレイヴァマンは、一面的に科学技術の導入を否定しているのではなく、[*7]むしろそれが、労働者の労働過程にたいする自主的な関わりと結びつくことが重要であると考えていた。なぜなら、こうした労働者の「技術的」な意味での自主管理が、資本にとっての一番の脅威となるからである。この点に、ブレイヴァマンは労働

＊3　伊原（2003）は、こうした能力を「耐力」と呼び、労働の質的な側面に対応する「熟練」とは明確に区別する。「耐力」とは文字通り、負担に耐える力を指し、標準化された業務を担う労働者に求められる能力である。

＊4　この点と関連して、伊原の次の指摘は重要であろう。すなわち、「『熟練』が労働者と経営側の双方にとって利害の対象であ」り、「労働者にとって『熟練』は、労働過程の『統制力』や労働量の『規制力』や企業内外における『交渉力』をもたらす源泉であり、経営側にとっても、現場内外でのコントロールにかかわる切実な問題である」（伊原、2003：288）。伊原は、とくに1980年代後半以降の労働問題研究において、なぜ「熟練」が一つの主要なテーマとして取り上げられているのかという観点から、前述の指摘を行っている。そのうえで、「しかしである。近年の『熟練』論においては、この問題の出発点が忘れられているのではないかと筆者には思われてならない」（ibid.）との疑問を投げかけており、この点は筆者も共感するところが大きい。

＊5　ブレイヴァマンのこのような分析には、彼の労働者としての経験も影響していると考えられる。経済的な事情から1年で大学を退学することを余儀なくされた後、海軍工廠で銅器製造工の仕事を見つけ、4年間の徒弟期間を含む7年間、この仕事に従事した。週2回開かれる職業学校に通い、代数や幾何を含む数学や、生産に用いる材料の特性やその原産地などを理解するための自然諸科学の訓練を受け、また、自身の仕事だけでなく、関連する他の熟練職種についても具体的に見聞きし、理解する機会を得ていたようである。そして、比較的早い段階で、20人あまりの労働者チームを監督する立場となった。戦後、銅工としての仕事が見つけにくくなると、各地を転々として、これまでの経験をもとにさまざまな働き口を見つけた。こうして、約14年間、労働者として働くなかで、科学技術の導入によって、熟練工としての仕事が掘り崩されていく様子を、直接目の当たりにしていたし、このような事態を、他の多くの熟練工と同じように怒りをもって受け止めていた（Braverman, 1998; Foster, 1998; Ewell, 2009=2016など）。

者による抵抗の契機を見い出していたのである。

労働者が、現代的なエンジニアリングの科学・設計・操作上の権利を我がものとすることによってのみ、集団的で社会化された生産にたいする支配権を奪いかえすことができる。これなくしては、労働過程にたいする支配権はありえない。現代資本主義がそれ自体の理由でもたらした教育期間の延長が、そのための枠組みを提供する。大部分の産業の労働者に広範な技術教育を提供するためには、現在の就学期間で一般に十分である。だが、そのような教育は、学校教育の期間中にそれが実際の労働と結び付けられるときにだけ、また、正規の学校教育が終わった後も労働者の生涯を通じて教育が続けられるときにだけ、有効でありうる。そのような教育は、労働者が真の意味で産業の主人となるときにだけ、言い換えれば、労働過程における統制者と労働者の間の、構想と実行の間の、精神労働と肉体労働の間の敵対関係が打倒され、労働過程がそれを運営する集団のうちに統一されるときにだけ、労働者の関心と注意を惹きつけることができる。(Braverman, 1998 : 307f)

第Ⅱ部の実証編においては、これまで見てきた労働過程の特質を踏まえ、労働者が労働過程への関わりをどのように取り戻しうるのかについて探るために、対象産業における労働過程の編成と、それへの労働者の関わり、そして教育訓練・技能形成のあり方について分析していく。これによって、ブレイヴァマンがいうように、労働者が労働過程における技術的な知を自ら管理する現実的なモメントがどこにあるのかを追究し、それを提示することになるだろう。

＊6　この意味において、ブレイヴァマンは、労働者階級の「主観的な」要素としての意識や活動については、自身の分析の対象外としたのである。

＊7　ブレイヴァマンが、機械の導入などの技術革新そのものを否定していたわけではないという点は注目に値する。その意味で、彼は自身をむしろ「近代化論者」だという。つまり、労働過程の基礎が伝統から科学へと移行することは、不可避であるばかりか、人類の進歩やあらゆる窮乏状態から人類を解放するために必要であると考えていた。そのため、科学や技術の成果と、労働者の労働過程にたいする意識的、かつ合目的的な関わりから生ずる仕事の充実感とが互いに結びつき、それによって人類がなんらかの恩恵を受けることができるような将来社会を想像していたのである。このようなブレイヴァマンの考えにも、マルクスの見解が表れている。マルクスは、科学や技術そのものを敵視したのではなく、それが社会の階級間に亀裂をもたらし、これを継続させ、深化させるための支配の道具として利用される生産様式そのものを敵視した。ただし、このとき科学や技術は、資本主義的生産様式に利用されることで、それ自体が変質することも同時に指摘しておかなければならない。まさにこうした科学や技術（＝テクノロジー）が、生産に従事する労働者をまったく考慮することなく、生産のあり方を変質させ、それに労働者を適合させようとするのである。

第 Ⅱ 部

実証編：労働者の労働過程への関わり

第4章　労働過程と労働者の技能

本章では、対象産業における労働者の労働過程への関わりについて分析していくための前提として、関連する先行研究の精査と仮説の設定を行う。第1節では、第3章の分析を受けて、労働過程を扱う実証研究として設定すべき問いを提示する。第2節では、関連する先行研究として、QCサークルなどの小集団活動や自主管理活動を取り上げ、「自律性」および《自律性》の2つの自律性の観点から考察を行う。第3節では、本稿の分析対象に情報サービス産業を設定する意義を示す。そして第4節では、第5章以降の分析の指針となる仮説を設定する。

第1節　実証編における問い

第Ⅰ部で示したように、ブレイヴァマンの労働過程分析の含意は、労働者が自身の有する技能や知識にもとづいた労働過程への関わりを手放さない限り、資本家は十分に価値増殖を追求することができないから、逆に言えば、労働者がこの技術的な部分を取り戻すことが資本家にとっての一番の脅威になるという点にあった。そうであるならば、この技術的な要素を、労働者の側においてどのように回復させられるのか。この点を解明することこそが、ブレイヴァマンの労働過程論を真に継承することになるのではないだろうか。

この問題に取り組むにあたって、その前段として次のことを明らかにしておく必要があるだろう。それは、そもそもどのような労働過程が形成されており、そのなかで労働者はどのように／どのような技能を習得しているのか、ということである。先に見たように、資本が労働の実質的包摂を進めるために、労働過程における技能は労働者の手を離れ、資本の側に渡ることが前提となる。だが、労働者が生産に従事するにあたって、彼ら・彼女らの技能がまったく必要とされなくなることはない。それでは労働者は、生産に関する技能のうち、どの部分を奪われ、どの部分は分け与えられているのだろうか。第Ⅱ部で考えたいのはこの点である。とりわけ後者の「どの部分を分け与えられているのか」とはすなわち、企業内外における技能形成を通じて、労働者の側にどのような、あるいはどれほどの技能が蓄積されているのかを問うことと同義である。そして、その技能がどのような性質を持つ場合に、労働者は資本家の指揮命令に抵抗することができるのだろうか。[*1]

このような問題設定をとるのは、資本家によって「分け与えられている」という制約があるとはいえ、労働者が技能を形成することそれ自体は、失われた知を再び取り戻すことに結びつきうると考えるからである。この点について、マルクスは次のように述べている。少し長いが引用しよう。

大工業は、資本の転変する搾取欲求のために予備として保有され自由に使用されうる窮乏した労働者人口という奇怪事を、転変する労働需要のための人間の絶対的な使用可能性によって置き換えることを、すなわち、一つの社会的な細部機能のたんなる担い手にすぎない部分個人をさまざまな社会的機能をかわるがわる行うような活用様式をもった、全体的に発達した個人によって置き換えることを死活問題とする。大工業を基礎として自然発生的に発展した、この変革過程の一契機は工学および農学の学校であり、もう一つの契機は、労働者の子どもたちが技術学とさまざまな生産用具の実践的な取り扱いについて若干の授業をうける「職業学校」である。工場立法は資本からやっともぎとった最初の譲歩として、初等教育を工場労働と結びつけるにすぎないとすれば、労働者階級による政治権力の不可避的な獲得によって、技術学的教育が、理論的にも実践的にも、労働者学校のなかにその席を獲得するであろうことは疑う余地がない。また、生産の資本主義的形態とそれに照応する労働者の経済的諸関係とが、そのような変革の酵素とも、また古い分業の止揚というその目的とも真正面から矛盾することは、同じように疑う余地がない。しかしながら、一つの歴史的な生産形態の諸矛盾の発展は、その解体と再編成との唯一の歴史的な道である。（MEGA II/6, S.466f）

＊1　ここでの抵抗とは、当然、労働者が労働過程にたいする統制権を取り戻すことを指している。これをどのように実現するのかといった際に、考えられる一つの方法は労働組合による団体交渉を通じた労働過程への介入であろう。だが周知の通り、日本の企業別組合においては賃金や雇用保障を中心的なイシューとしてきたために、「働き方」そのものへの関心は相対的に稀薄であった。熊沢はこの点について次のように指摘する。「これまで労働者階級はみずからの生活にかかわる諸決定への参加システムとしてなにを獲得していたのか？答えは、政党結成の自由および選挙権からなる参政権と、賃金や労働時間など狭義の『労働条件』に関する団体交渉権である。…（中略）…いいかえればこのシステムは、法律と賃金以外の要因を決定する領域への労働者参加を許さなかったのだ」（熊沢1978a：151）。もちろん賃金は重要な論点であるが、これまでの分析から明らかなように、労働過程における統制権を握る・取り戻しうるかが、資本主義的生産関係においては決定的に重要なのである。第Ⅱ部ではこのような意味で労働者の抵抗を捉え、その実現可能性について具体的に検討していく。

資本主義的大工業[*2]においては、資本の価値増殖という目的に即して生産方法が絶えず変革させられ、その変化に対応することのできる労働者が求められる。つまり、資本主義的生産においては、労働者と生産にかんする知はその結びつきを断ち切られているが、それでも労働者には変化に適応する一般的な知識や技能を保有していることが要求される。一定の職業教育・技能教育が施されるのはそのためである。

しかしながら、ここでの知識や技能の付与は不十分なものにとどまる。なぜなら、これまで見てきたように、資本主義的生産のもとでは、労働者に全面的な生産能力を与えることは到底ありえないからである。それでもマルクスは、知識や技能が労働者に分け与えられていることそれ自体が、「変革の酵素」となりうると指摘していた。

マルクスは、大工業が要求する職業教育および技術教育は変革の酵素になると考えていた。なぜなら、それはいかに不十分であれ、徹底的に生産能力を奪われた賃労働者たちがふたたび知識や技術を取り戻すための拠点となりうるからだ。つまり、マルクスは、労働者たちの社会的および政治的力量の増大とともに職業教育および技術教育を充実させることによって、労働者の側に知を取り戻し、資本のもとへの労働の実質

的包摂に対抗していくことができると考えたのである。（佐々木、2016：159f）

それでは、教育訓練を通じて労働者はどのような技能を獲得し、それが資本家の指揮命令に抵抗することに寄与しうるのか、あるいは交渉にあたっての拠り所となりうるのだろうか。第Ⅱ部の実証編では、以上のような視点から、労働過程の編成と技能形成に着目して分析を行っていく。

第2節　先行研究

本節では、QC（Quality Control）サークルなどの小集団活動や自主管理活動などに関する先行研究を取り上げる。QCサークルのほか、提案活動や経営参加、労働者参加など、さまざまな名称・概念が存在するが、本稿では、労働者が何らかの形で労働過程にたいする決定に関与する場合に、関連する先行研究として取り上げることとする。日本の製造業

＊2　大工業とは、労働者の手工業的な技能ではなく、近代科学にもとづいて生産を編成する生産方法を指す。

図表4—1　本章における問題設定のイメージ図

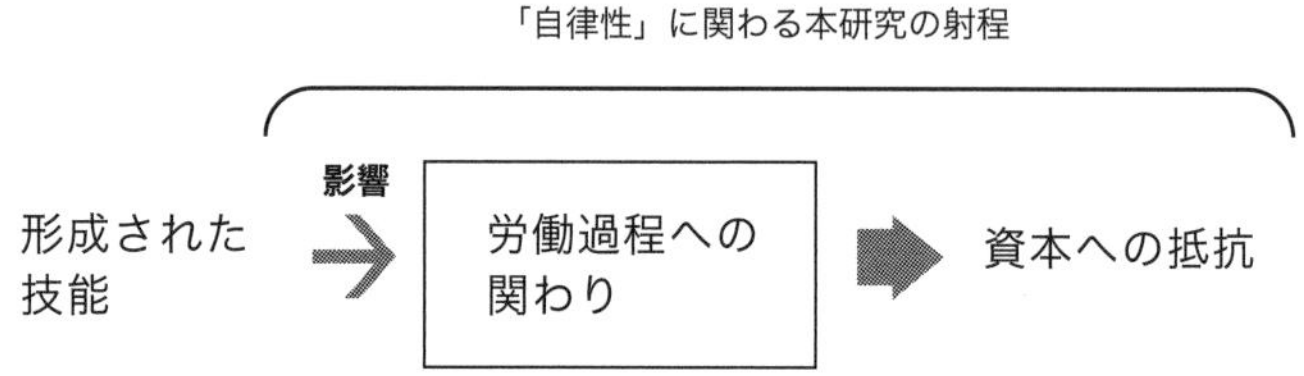

の現場を中心に進められてきた自主管理活動は、どのように評価できるだろうか。労働者が生産に自主的に参加し、管理する活動は、その言葉だけとれば、本書のいう「自律性」を発揮していることになるだろう。だが、これまで検討してきた労働過程にたいする統制や労働者の「自律性」という観点から、はたしてそのように判断できるのだろうか。このような問題意識のもと、本節では日本企業・日本社会における教育訓練や技能形成のあり方に関する先行研究群は直接には扱わない。それは、前節で設定した通り、労働者の技能と抵抗とが結びつく条件を示すためである。両者が結びつく場合には、これらの間に「労働過程への主体的な関わり」という要素が介在する。すなわち、資本主義的生産において労働者が何らかの技能を習得したことが、労働過程への関わりに影響を与え、そしてそのことが資本に抵抗することへとつながるという関係である。第Ⅱ部の目的はこれらが連関する条件を探ることにある。そのため、教育訓練そのものを対象とした研究の目的が企業内外でどのような技

能が形成されているのかを特定することにあるとするならば、本書の問題意識とは異なる（図表4―1）。

以上から本節では、労働者から《自律性》を引き出し、またそれを組織化する手法と考えられるQCサークルなどの小集団活動や自主管理活動に着目する。技能が「分け与えられている」、あるいは「付与された」という観点から、これらの問題群を扱うことも必要であろう。[*3] こうした関心から、小集団活動や自主管理活動に関する先行研究を取り上げ、[*4] そこでの労働者の「参加」について、《自律性》の視点から分析していく。これを通じて、付与された《自律性》が「自律性」へと転化する可能性についても、副次的に探ることになるだろう。小集団活動や自主管理活動にたいするこのような視点は、「その『自主管理』活動を通じて、職場集団は労働と生産に関するより大きい自立的な裁量権を本当に獲得することになるだろうか」（熊沢、1993：179）との問題設定と通ずるものである。

＊3　もちろん、《自律性》の付与だけでは、労働者が労働過程を統制する本来の意味での「自律性」を獲得することは難しく、その間に何らかの媒介が必要とされるだろう。

第1項　小集団活動における《自律性》の組織化

まず、ＱＣサークルやＺＤ（Zero Defects）活動、提案活動などの小集団活動は、熟練の解体を背景として展開されていることをおさえる必要がある。戸塚・兵藤編（1991）は、日本の自動車産業を代表するＢ社の実態調査から、ＱＣサークル活動への労働者の動員が、「熟練の排除」と密接に結びついていることを指摘する。熟練が排除されると、その仕事は定型化され、知的で創造的な要素が削がれ、経験や判断力は不要となる。このとき、失われた「仕事のおもしろさ」を担保するものとして、また労働者の労働意欲を向上させるものとして、ＱＣサークルや提案活動がその役割を果たした。「作業そのものは標準化され熟練の要素は解体されていくが、解体するプロセスは『改善』というかたちで下からの『創意くふう』を生かす。少なくともそうした外観をとろうとする」（戸塚・兵藤編、1991：154）のである。

ただし、こうした熟練の解体による仕事の単純化や労働の非人間化にたいして、労働者が反発することは容易に想定されるだろう。小集団活動は、これへの対応として登場している。そしてこの想定には、現にヨーロッパにおいて、無断欠勤や仕事の投げやり、山猫ストライキの頻発といったかたちで表出していた労働者による抵抗という根拠があった。1960年代後半以降のヨーロッパでは、労使双方から「参加論」への関心が高まり、それまでの労使関係そのものが問い直されるようになっていた。したがって、この時期、統合の危機への対応として世界的に「労働の人間化」が提唱され、それが欧米では職務拡大job enlargementや職務充実化job enrichmentとして現れ始めたのである[*5]（熊沢、1978a; 仁田、1978bなど）。

日本でも、労働の非人間化にたいする反発という欧米と同様の事態が発生するのではな

＊4　小集団活動と自主管理運動は概念としては別のものであるが、労働者の統合という観点からみれば、両者は同様の機能を果たしていると考えられる。そのため、本稿では厳密に区別してこれらの用語を用いることはしない。この点について阿部修一は、「『自主管理活動』とはQC・ZD、考える小集団など従来の各種の小集団活動の別名にすぎず、『自主管理』の名に値するような質的に新しい活動を意味するものでは決してない」（阿部、1979：205）と指摘する。労働者が自主的に生産を管理したり、統制したりするような労働者による統制（Workers' Control）や、そうした思想にもとづくサンディカリズムを念頭に置けば、QCサークルなどの小集団活動よりも自主管理活動の方が、労働者による労働過程の統制に近づく概念といえるだろう。しかしながら、本節の分析を通して明らかになるように、日本企業における自主管理活動によっては、労働者が「自律性」を取り戻すことは難しい。一方で、仁田道夫は、「『自主管理活動』とは、一九六〇年代半ばごろから、日本の多くの企業において『QCサークル』『ZD運動』などの名称の下に展開されてきた職場小集団活動の総称である」（仁田、1988：29）として、そもそも両者を同義として捉えている。

いかとの認識が広がり、[*6] 経営側が主導するかたちで「自主管理」運動が展開されていく。この点について熊沢は次のように指摘する。

欧米においては労働疎外の進行にともなう職場秩序の動揺、山ねこストライキの頻発、従来は経営管理の対象であった諸テーマへの組合機能のフロンティア拡大、そして新しいイメージとしての自主管理型社会主義論の台頭があったその同じ時期に、私たちの国では経営主導の「文化革命」ともいうべき「自主管理活動」が盛んになったのだ。日本型労働者の特徴をつかんだ上で欧米的「危機」を予防拘禁しようとする、それは日本の経営者のすぐれた予測能力を示す対応であった。(熊沢、1993：170)

このような経営側の「対応」の最たる例が、日経連全員経営小委員会による「全員参画経営」構想であろう。実際の文言を引用しておこう。

現代企業の基本的な目的である①効率性、②人間性、③社会性の総合的な実現をはかろうという新しい経営理念に基いて、経営者が経営の民主化と仕事の人間化をはかるため、企業の協働者である従業員全員に対し、経営組織の各レベルにおいて、企業経営と職場管理の運営、すなわち、意思決定（方針・計画・目標設定・事務処理）の過程に直接・間接に参加するよう求め、合意による経営を進める経営体制を、全員参画経営という。（日本労働協会編、1976：303）

この文書において、「全員参画経営」は、従来の従業員代表が意思決定に参加する、労働者の経営参加（workers participation in management）とは「質的にかなり異なるもの」として位置付けられている。一部の労働者だけが参加するのではなく、文字通り「全員」が経営に参画するという。そのうえで、阿部修一はこの構想が「労働の人間化」に対応した「資本

＊5　奥林康司によれば、「ミクロ的な『労働の人間化』は、職務転換、職務拡大、職務充実、半自律的作業集団（Semi-Autonomous Work Group）などの新しい作業組織形態を意味する。なぜなら、歴史的には、『労働の人間化』は機械の操作員の職務、組立てラインの職務など単調な作業への対策として考案され、それが作業組織全体の変革として問題にされるようになったからである」（奥林、1991：6）という。

＊6　日経連「全員参画経営」の構想をみると、「今後一〇年間に企業内の高学歴者がますます増加し、彼らの欲求に十分応えることのできるような仕事を企業が与えることができないとしたら、わが国企業も最近西欧の企業にみられるように、欠勤率と移動率がはてしなく増加するような事態が発生するおそれがあろう。全員参画経営は、このような危機に対する適切な対応方法であ」る（日本労働協会編、1976：307）として、明確にこの点を意識していることがわかる。

主導」の経営参加体制であることを的確に指摘する。[*7] 建前としては、「人間尊重」や労働者の「自我の欲求・自己実現の欲求の充足、働きがいを感ずる状況の実現」が謳われているのだが、それは当然、「資本が許容できる範囲で、職場の自治や仕事の自主性を与える」（阿部、1979：203）ものなのである。[*8]

このような労働者による「参加」は、第1章で見たフリードマンの「責任ある自律」戦略に酷似している。それは、阿部の次の記述によく表れている。

> 資本によって導入されている「職場自主管理」も「小集団自主管理」も、「労働の人間化」を語り、あたかも労働の準備、執行、統制、つまりPlan-Do-Seeの統一を回復するかのようにいっているが、実は労働の執行面での計画や管理、統制の部分的拡大・委譲にすぎない。（ibid.：207）

津田眞澂も、「個々の作業者が協働集団の中で考えながら仕事をする」（津田、1987：107）ことを意味する「考える協働集団」について、その「考えること」の自由は制限されていると指摘する。

日本の企業では様々な小集団活動やＴＱＣなどが導入されて、考える協働集団づく

＊7　「日経連が一貫して追求してきた『小集団主義管理』を継承しながら、現代の企業を取りまく諸問題、とりわけ『労働の人間化』問題に対処するために『小集団主義管理』を再編・強化し、資本主導の経営参加体制を確立することを狙ったものである。もちろん、日経連はそうはいわない。」(阿部、1979：202)

＊8　尾高邦雄も、この日経連の構想について、「実はたんに参加の意識やイメージだけを与えることをめざす、みせかけの参加制度である」(尾高、1977b：22) と批判したうえで、「働く人間の仕事における主体性と職場における自律性を回復することによって、労働者を仕事の、また職場の主人たらしめること」(尾高、1977a：3) を目指す「小集団自主管理」を提唱する。ここでの自律性は、本稿における「自律性」、すなわち労働者による労働過程の自律的統制に近い議論であると考えられるが、このとき尾高は、労働者が本来的に有している「権利」から自主管理を説明している。労働者が職場の運営にたいして自主決定と自主管理の権利を有するその根拠として、「元来たんなる労働力やロボットのように取り扱われるべきものではない。労働者はつねに主体的な人格として取り扱われねばならない」(ibid.：5) とする、ある種の理念が掲げられている。加えて、所有と経営が分離しているなかで、経営者も一人の従業員であると考えられるから、一般従業員とはある種のパートナーの関係にあり、したがって、一般従業員も企業運営の責任の一端を担い、経営上の意思決定に参加し、決定事項の実施プロセスを管理する権限を有するのだという。本稿では、第2章で述べたように、資本主義的に編成された労働過程は、それにたいする統制権を資本家と労働者のどちらが獲得するかをめぐって常に争いが生じる場である（このとき、それが顕在化しているか否かは問わない）と考えるため、労働者が本来的に「権利」として、職場の主人であるとする考えには賛同できない。

りが華やかにおこなわれているのだが、本当に考える協働集団が形成・展開されているのかといえば、…（中略）…形式だけにとどまっていたり、管理の権力的な官僚統制に役立つ結果になっていることが多い。（ibid.：107）

このように日本における「自主管理活動」は、あくまで労務管理の一環として展開されていたと考えた方がよいだろう。それは、労働者の自主性が尊重されたり、人間性の回復をはかったりするような「労働の人間化」のために実施されてさえもいないということになる。もちろん、「労働の人間化」も「温情的あるいは博愛的な経営者の哲学ではなく、企業の収益性をも満たしうる具体的な制度である」（奥林、1991：7）ために、資本主義生産関係の規定性から逃れることはできないことに留意は必要である。

熊沢も、小集団活動や自主管理活動が、まさに「責任ある自律」の戦略と合致することを指摘する。ここでは、該当する2箇所を引用しておこう。

経営者の参加論では、労働者に新しい領域での決定参加をゆるすことにもちろん効率性確保のたがはめられている。（熊沢、1978b：69）

「模範的なQC」における職場集団の自主管理とは、職場集団が企業の要請に応じて自発的に労働のありかたを調整することであろう。（熊沢、1993：179）

このように、日本企業における「自主管理」は、経営側が許容できる範囲内で実施・推進されるという特徴をもつ。[*9]「すべての従業員を『稼ぎ人』の根性から脱却させて、企業の生産性に最大限に寄与するようなかたちでなかまと協力して仕事にとりくむようにさせる」[*10]（Ibid.：169）ことが、自主管理活動を通じて求められたのである。

＊9　尾高においても、「職場レベルの直接参加では、従業員各人に与えられる業務の内容は、概略的には、すでに企業の上層部でほぼきめられているのが普通である。さらに、これらの業務を遂行するために必要な原材料、装置、設備、生産技術なども、すでにその大要は上層部できめられていることが多い。そこで、職場レベルの直接参加の機能における重点は、与えられた業務を労働者自身の直接管理のもとに自治的に達成するということにおかれる。…（中略）…直接参加の核心は、このようにしてかれらの関与のもとにきめられた仕事の手順や目標を、労働者自身がみずからの管理と責任のもとに自力で遂行し達成するという点にある」（尾高、1977b：21）と述べられている。

＊10　ここでの「稼ぎ人の根性」とは、「労働そのものには生きがいを求めず、仕事を単に収入を得る手段とみなし、その遂行においてはできるだけ精神的、肉体的エネルギーの死守を抑制しようとする、いわゆる手段主義（Instrumentalism）」（熊沢、1993：167f）を意味している。

さらに、日経連の「全員参画経営」構想のなかで、労働者全員が「日々実際に働いている職場において仕事の目標、分担、方法などの決定に直接参加すること」（日本労働協会編、1976：307）が、「全員参画経営の基本」であるとする点は注目に値する。「仕事の方法」に関する決定に労働者が参加することは、第２章でくり返し指摘してきたように、資本のもとへの労働の実質的包摂が十分に達成されないことを意味する。したがって、本来であれば、この部分は経営側が簡単には手放さない領域のはずである。この構想のもと、現実の労働現場で「仕事の目標、分担、方法」の決定に労働者がどれほど参加していたかは定かではないが、経営側が自らの文書において、これらの領域に労働者が関与する余地を与えると明言しているのは、そのことによる影響がほとんどないと確信していたからであろう。

第２項　《自律性》から「自律性」への転化可能性

上記のような小集団活動や自主管理活動を理論的に捉えれば、それは「資本のもとへの労働の実質的包摂」がなされている状態であることになるだろう。なぜなら、これらを通して労働者に《自律性》を付与したとしても、それが経営者にとっての脅威となって現れてこないほどに、生産に関する知を握っているからである。熊沢は、この点について次のように指摘する。

「模範的なＱＣ」においては、労働者の知的技能を高めるといっても、それはその職種に固有の裁量権を保持するという意味での「職人気質」の復権ではなく、その仕事にかぶせられる全社的な枠ぐみの理解である。（熊沢、1993：171）

このことは同時に、付与された《自律性》がそれ自体では「自律性」へと転化することがないという事実を証明している。したがって、ここから考えなければならないのは、《自律性》が「自律性」へと転化することがあるとすれば、それを媒介するものは何かということである。このような問題設定は、「資本の論理という枠をはめられている日本型労働者の『自主管理活動』のなかにも、『職場の住民』らしい営みが展開してゆく可能性をあえてさぐろうとしている」（ibid.：134）という試みと近似しているといえるだろう。[*11]

ここから本稿は、小集団活動や自主管理活動にたいして積極的な評価を与えることはない。例えば、仁田道夫は、鉄鋼業における自主管理活動の「プラス」の側面を捉え、たんにこれを否定する見解を斥ける。

「自主管理活動」について、「労使関係論的視角」からは、一方で、日本におけるクラフト・ユニオン的な制限慣行や、job property rights的思想の薄弱さを指摘する事ができるだろうが、だからといって、経営の意思が上から下まで一方的に貫徹した存在として「自主管理活動」を把握することは一面的であり、その特異性を解明する手がかりを放棄する結果になると思われる。(仁田、1978b：14)

仁田がこのように自主管理活動を評価するのは、上述したような経営側のねらいだけでなく、職場における意志疎通や知的欲求の充足、また仕事がやりやすくなるなど、労働者にとってポジティブな要素も同時にあったと分析するためであろう。[*12] だが、本稿では先に述べたように、小集団活動や自主管理活動を通じて《自律性》を獲得したとしても、それが「自律性」を取り戻すことに何ら結びついていないという点で、これらの活動を好意的に評価することはできない。[*13] したがって、このような限界を踏まえたうえで、《自律性》から「自律性」へと転化する可能性を探る必要がある。

そして、《自律性》が自ずと「自律性」に転化することがないという事実は、さらなる問いを投げかけている。それは、労働者が「自律性」を発揮するにあたっては、どのような「知」が求められているのかということである。つまり、生産が資本主義的に編成されているという制約はありつつも、労働者が労働過程を「自律的」に統制するといった関わりに接近するには、どのような知識や技能が必要となるのだろうか。

＊11　さらには、「私の評論の視角は《それは現代の労働組合運動論として有効か》である。しかしもっと根底的に表現すれば、生産点の労働者による資本家的決定権の上行的蚕食・『労働者管理』を発想の基礎にすえる私のばあい、あらゆる労働者参加論を評価する基軸は、《それはふつうの労働者にとっての民主主義――みずからの生活のありようを自治的にきめる力――をどれほど保障しうるか》にほかならない」（熊沢、1978b：69）とする熊沢の視点は、本稿の「自律性」にたいする眼差しと通ずるものといえるだろう。

＊12　「そうした組織化は、単に、『強制』『イデオロギー的統合』『外部からの刺激』に依存したというより、むしろ、活動それ自体に内在する『職務拡大』としての意義、『小集団活動』としての意義、『教育訓練』としての意義、『仕事をやりやすくする』ものとしての意義など、現場作業者になんらかの意味でベネフィットとなるものを与えることによって可能となった」（仁田、1988：69）。もちろんこうした側面も実際にあったであろう。ＱＣサークルや小集団活動が労働者から同意を獲得していた側面については、京谷（1993）を参照。

＊13　その点で、「現場での『作業改善』活動や、それを支えるＱＣ活動は、労働者自身が作業の計画と遂行を合理的にむすびつけていく営みだったのである」（戸塚・兵藤編、1991：255）との見解を全面的に受け入れることはできない。なお、ここでの「計画」は構想に、「遂行」は実行に対応していると考えることができるだろう。また、兵藤（1992）は、小集団活動による「労働の主体の位置の変化」を過小評価してはならないと指摘するが、そこでの主体の変化は制限されたものであるだろう。

ただし、ここで注意しなければならないのは、「こういった技能を有する場合に、その労働者は「自律性」を獲得している」というように、その技能の中身を特定することそれ自体が目的ではないということである。そのような技能を特定していくことは、それを労働者が習得しさえすれば労働過程にたいして「自律的」に関与することができると、短絡的に示すことにつながりかねないからである。したがって、付与された《自律性》が「自律性」の獲得へと転化しうる可能性やその条件を探り、「自律性」を発揮する状態が成立しうるには、どのような技能の習得が求められるのかを分析することは慎重になされるべきである。そのうえでこれらの問いに答えることは、労働者の技能と労働過程への関わり、そして資本への抵抗といった関係を示そうとする、第Ⅱ部の課題に取り組むための補助線となるだろう。このとき、熊沢の次の指摘は、「自律性」、あるいは実質的包摂という観点から参考になる。

視野は狭いが仕事にはくわしい労働者グループのほうが、たとえば経営財務に敏感な従業員たちよりも、職場をより自立的にコントロールすることができる。（熊沢、1993：180）

生産に関する知が資本家の手に渡っている資本主義的生産においては、それが狭い範囲に限定されていると考えなければならないが、その狭い範囲内であっても、労働者が生産に関する知識や技能を持ち合わせている場合に、仕事にたいする「自律性」を部分的にでも持ちうると考えられる。*14

労働者の保有する技能と労働過程への関わりの関係について具体的に検討しているもの

*14　「多くのブルーカラーの場合、労働者が仕事において熟練や裁量権を保持することは、たいてい彼ら、彼女らが自然科学の諸法則を労働対象に引き合わせる際の統制力をもつことを意味している。それゆえ、ここでは『スペシャリストになる』ことは、労働者が自然にたいする支配力を増大させること、ひいては資本からある程度は自立することを意味するだろう」（熊沢、1993：180）との指摘も、これと関連している。ここでの「自然諸科学の諸法則を労働対象に引き合わせる際の統制力」とはまさに、仕事の手順や材料の性質など、生産に関する知を保有している状態を指しているのだろう。なお、ここでの「自然」とは、自然界に存在する何らかの物質を想定していると考えられるが、筆者は本稿の対象とするソフトウェアなどの情報サービスについても、同様に論じることができると考える。それは、後述するように、物体として存在するか否かという点に違いはあるが、労働の成果がコンピュータ上に現れたり、サーバーにデータとして記録されたりする点から見れば物理的に大きな差はない。また、先の熊沢の指摘に引き付ければ、情報サービス分野においても電子工学等の諸法則を労働対象に適用させており、それによって資本は労働過程を統制しようと努めているのである。したがって、本稿では、物体として存在しないという点に当該業務の特殊性がありつつも、このことが資本主義的生産において、本質的な影響を与えることはないと考える。

として、三家本（2016）の情報サービス産業における実証研究が挙げられる。ソフトウェア開発の下流工程[*15]では、上流工程が設定した製品の仕様や製造の手順に従うことが多い[*16]。だが、三家本の労働者へのインタビュー調査では、仕事の割り振りや進め方について、上流工程から詳細な指示を受けることがないために、下流工程を担う労働者自身が開発プロセスを決定している事例も確認されている。これは、いわゆる「丸投げ」の状態であり、一見、下流工程を担う労働者が労働過程における決定に関与しているかのように見える。しかしながら、下流工程において付与された《自律性》は、次のような条件のもとに置かれている。

（i）企業やユーザーの意向に沿った、二次製品[*17]の開発に従事し、（ii）細分化された開発工程の一部を担う。これと関連して、（iii）開発の全体像はあらかじめ定められており、（iv）全体像にもとづいた最適解が存在するなかで、自身で開発プロセスを決定する、ということである。（三家本、2016：157f）

このように、下流工程においては開発プロセスにたいする決定権は制限されており、労働者の労働過程への関わりは希薄なままである。そのため、ここで観察される自律性は「形式的」なものにとどまっている。本稿の用語を用いるならば、《自律性》である。

一方、このとき下流工程を担う労働者が、その工程に関する知識を十全に持ち合わせている場合には、プロセスへの関わり方に違いが見られる。[*18] 具体的には、上流工程の決定す

*15 ソフトウェア開発においては、一般に「要件定義→基本設計→詳細設計→プログラミング→テスト→運用・保守」の流れがあり、このうち要件定義と基本設計を上流工程、詳細設計以降の工程を（中・）下流工程と呼ぶ。このように、上流工程から順に開発を進め、下流工程へと降りていくことを滝が流れていく様子に見立ててウォーターフォールモデルという。日本では、多くのソフトウェア開発現場において採用されている。この上流工程と下流工程は、下請構造にもとづく企業間関係に対応していることが多く、前者には大企業が、後者には中・小規模の企業が位置する関係にある。

*16 情報サービス産業協会（JISA）が2016年から2017年にかけて行った企業向けのアンケート調査では、「開発を外部の企業（自社の情報子会社を含む）に委託した情報システムやソフトウェアの仕様は、着手時点でどこまで固まっていますか」にたいして「3／4くらい固まっている」が27・7%、「ほぼ全て固まっている」が21・8%であった（情報サービス産業協会、2017）。その他、谷花・野田（2012）も同様の点を指摘している。

*17 ここでの二次製品とは、Sharpe（2006）の分類にもとづく。シャープは、主に企業や政府に向けて商品として販売されるオペレーティングシステムやパッケージ製品を「一次製品 primary software products」、一次製品を基盤としてそれをカスタマイズ・修正するかたちで用いられるシステムを「二次製品 secondary software products」、そして、個々の消費者によって生産される小規模なアプリケーションを「三次製品 tertiary software products」とした。

る業務内容や仕事の進め方、あるいは期限にたいして疑義を呈したり、変更を求めたりしている。もちろん、自身が担当する工程の範囲内ではあるものの、このようなかたちで上流工程からの命令をたんに聞き入れるのではなく、相談したり交渉したりすることができるのは、下流工程における技能を身につけているからである。技能を持たない場合と比べて、労働者の振る舞いは質的に異なってくる。ここでは、指示を出す側の上流工程を担う者よりも、その下流工程における経験を積み、技能を有するために、要求を突き返したり、実現可能なように交渉したりしている。下流工程であるために、大枠は定められているとはいえ、業務に関する決定に関与している。つまり、生産にかんする知の保有が、自律性の発揮を実質的なものにしているのである。

以上の分析から、労働者が自身の関与する範囲内でその仕事にたいする知識や技能を保持している場合に、生産をコントロールしうる可能性が生まれていることがわかる。ここでの自律性は、本稿でいう「自律性」に近しいものであるといえるだろう。したがって、自身の担当領域について、能動的に判断することのできる知識や技能をいかにして身につけているのかを、より具体的に問うていく必要がある。

第3項　小括

本節では、労働者による労働過程の統制という観点から、QCサークルなどの小集団活動や自主管理活動に関する先行研究を精査してきた。熟練の解体を背景として登場したこれらの活動は、小集団という単位を通じて労働者を監督し、彼らがまるで自らの意志を反映して生産に関与しているかのようなある種の錯覚をもたらす「責任ある自律」戦略と近似しており、労働者を統合するための1つの手法であることがわかる。この点について、加藤・スティーヴンは、「日本の労働者が、労働過程への統制を失ってから久しいが、QCサークルは、労働者が統制を保っているかのようなやり方で、彼らを一緒にする」（加藤・スティーヴン、1993：71）と的確に指摘している。[*19] 労働過程への統制権を失っているにもかかわらず、QCサークルを通じて依然としてそれを保っているかのような状態を作り出す手法は、多くの企業で推進され、一定の「成功」を収めた。[*20]

*18　多くの場合、下流工程においては、自身が携わる開発の全体像を知りえない。そのため、上流工程から開発全体のなかで自身の担当する工程がどのような役割を果たしているのか等の情報を与えられることが望ましい。この点は、第6章でも後述する。

*19　加藤・スティーヴン（1993）は、日本的経営はテイラー主義を超えてはおらず、同一の基盤のもとに、むしろそれが強化されていると指摘する。

ここで自主管理活動の「成功」は、限定された文脈のもとで実現していることを指摘しておかなければならない。熊沢は、一般の労働者を指す「われら」が、まるで管理する側である「やつら」の側に立っているかのように振る舞い、そしてそうした「われら」の参加を「やつら」が望ましいことだと認識していることに、日本企業における小集団活動や自主管理活動の特殊性があると分析した。

イギリス労働者の言葉づかいで表現すれば、「われら」が「やつら」のなすべきことまでも「やつら」とさして変わらぬ価値観をもって遂行する――この意味において、小集団活動の成功的な普及はきわめて現代日本的な現象である。労働者の文化と経営者の文化とが、たとえ対抗的でないまでもおたがいに疎遠なままであるばあいには、労働能力の陶冶、働きぶりの標準設定、生産設備の手直しなどに労働者の自主性を発揮させることは、経営目標に手痛い打撃をあたえかねない。労働者がなにをはじめるかは経営者にとって未知のことだからだ。それゆえ、一般的には、自主的な「運動」を「管理」の要諦とすることは、やはり経営者には危険な水際作戦であろう。だが、経営者がさしあたりその危険性をほとんど自覚しないですむ状況、むしろ彼らが経営参加についての意見を表明する文書のなかで職場の小集団活動こそを望ましい「参画」

の基本であると評価することのできる状況に、現代日本の生産点はある。（熊沢、1993：132）

ここでの「経営参加についての意見を表明する文書」とは、先にみた日経連の「全員参画経営」の構想など[*21]を指しているのだろう。すでに述べたように、生産にあたって労働者が「自主性を発揮」することが経営者にとっての脅威となって現れないために、「参加」の機会が与えられているのである。

したがって、経営側から付与された《自律性》は、それ自体では、労働者が自身の知にもとづいて労働過程をコントロールするような「自律性」へと自然に転化することはない。この点を踏まえて、本節ではさらに考察すべきこととして、次の2点を提示した。第一に、《自律性》が「自律性」へと転化しうるとすれば、それにはどのような媒介が必要である

＊20　仁田は、「『自主管理活動』が急速かつ広範な企業に普及し、そして、一時的流行にとどまらずに職場に定着し、さらには、企業にとっての多大な経済的・組織的『効果』を生み出してきたことである。いいかえれば、生産管理としても労務管理としても相当『成功』したとみてよい」（仁田、1978b：13）と評価する。

＊21　このほか、経済同友会新自由主義推進委員会の「経営参加小委員会研究報告書」などが挙げられる。自主管理活動に関する資料は、日本労働協会編（1976）に付属資料として所収されている。

のか、第二に、「自律性」の発揮に求められる知識や技能とはどのような性質を持つのか、ということである。これらの視点を通じて、教育訓練や技能形成によって資本からの要請に抵抗しうるような技能を特定し、またそれはどのような条件のもと獲得しうるのかを探ることができるだろう。

第3節　分析対象

前節における先行研究から得られた知見をもとに、労働過程の編成とそこでの技能形成を分析していくにあたって、本稿ではその対象を情報サービス産業（いわゆるIT産業）に設定することとした。その理由として、以下の3点が挙げられる。第一に、長時間労働の問題が深刻であるという点、第二に、製造業との比較検討を行うため、第三に情報サービスという業務特性がある。

第1項　長時間労働

第一に、情報サービス産業は長時間労働の問題を抱えており、このことは労働者が労働過程に自律的に関与できていない一つの表れである。情報通信業[*22]の月間総実労働時間は、

161・0時間と他産業に比べて際立って長いわけではない。しかしながら、図表4―2に示したように、所定外労働時間は全産業平均を上回っている。トラック運転手などが働く「運輸業、郵便業」の所定外労働時間が全産業のなかで最も長い（25・9時間）が、情報通信業も16・5時間と、全産業平均との間に開きがある。*23

ITエンジニアが納期前に終電の時間まで働いたり、会社に泊まり込んで開発業務に従事したりするなど、深夜に及ぶ残業をこなすことは、多くの新聞記事やルポルタージュなどで言及されている。そのため、当該産業における残業時間の長さは比較的イメージさ

＊22　総務省の日本標準産業分類を参照すると、情報通信業は、「情報サービス業」、「インターネット附随サービス業」、「映像・音声・文字情報制作業」、「通信業」、「放送業」に分類される。本稿の分析対象である「情報サービス業」は、「ソフトウェア業」などを含み、取引先企業の業務をシステム化する際の構築・運用や、すでに運用されているシステムの改修などを主な業務とする。さらに「ソフトウェア業」には、「顧客の委託により、電子計算機のプログラムの作成及びその作成に関して、調査、分析、助言など並びにこれらを一括して行う事業所」を指す「受託開発ソフトウェア業」などが含まれる。

＊23　このような労働時間の長さは、諸外国と比べても突出しているといわれている。中田（2017）によれば、日本のソフトウェア技術者の労働時間は、管理職であるか否かに関わらず、週40時間以下の者がほとんどおらず、残業することが前提となっているのに対して、ドイツ、フランスでは、労働者の9割が週40時間以下しか働かない。また、アメリカ、中国でも、週51時間以上働く労働者は1割未満にとどまっている。

図表4—2　月の所定外労働時間の推移（単位＝時間、（　）内は総実労働時間）

	2019年	2020年	2021年	2022年
情報通信業	15.7 (159.0)	15.5 (160.0)	16.2 (162.4)	16.5 (161.0)
全産業平均	14.3 (150.5)	12.4 (160.4)	13.2 (162.1)	13.8 (162.3)

（出所）厚生労働省「毎月勤労統計調査」
（注）事業所規模５人以上、一般労働者の数値。

れやすいだろう。このような長時間「残業」はさまざまな弊害をもたらすが、とりわけメンタルヘルス不調の問題は深刻である。厚労省「労働安全衛生調査（実態調査）」の「事業所調査」（２０２２年）によれば、過去１年間（２０２１年11月１日から２０２２年10月31日までの期間）にメンタルヘルス不調により連続１か月以上休業した労働者又は退職した労働者がいた事業所の割合は、情報通信業で36・3％と最も多く、全体平均13・3％を大きく上回っている。[*24]

第2項　製造業との類似性と相違点

第二に、情報サービス産業は次の２つの側面を同時に持ち合わせているために、考察に値するのではないかと考える。まず、製造業との類似性という側面である。前節で見たように、ＱＣサークルなどの小集団活動や自主管理活動は、熟練の解体と関連して登場してきたが、ここで念頭に置かれていたのは主に製造業である。だが、労働過程において、労働者の知識や技能が資本の側に収奪されていくことは製造業に限ったものではなく、ソフトウェア開発労働などの分野においても同様である。

アメリカのソフトウェア開発労働に関する分析を行ったフィリップ・クラフトは、1960年代以降の管理の導入とその影響について論じている。1960年代以前は、労働者が技術や道具、速度など、ソフトウェア開発全般にたいする主導権を握っていた。基本的には、経営者を含む外部からの指示を受けずに、開発プロセスや最終製品をどのようなものにするかについて、かなりの程度の裁量を有していたという。[*25] それが1960年代以降になると、他産業と同様に、生産過程を分割して、経営側がそれを再編成し、その体制のもとで労働者を生産に従事させる手法が導入されていくようになる。この分野では、構造化プログラミングstructured programmingの導入がその具体例であり、これによって労働者は定められた論理手順からの逸脱を許されず、自身でプログラムを検討し、決定する余地を著しく制限されてしまった。加えて、プログラムが小さな単位に分化されるた

＊24　連続1か月以上休職した労働者がいた割合は32・0％、退職した労働者がいた割合は17・0％で、いずれも他産業と比べて最も高い数値となった。

＊25　ここでの自律性は、自身の保有する知識や技能、経験にもとづいて生産をコントロールしているため、本稿の用語でいえば「自律性」であると考えられる。

めに、その全体像について理解することも難しくなった。このように、労働者の手に生産に関する知が集中している状態を一変させ、それを管理者が理解できるようにすることが進められたのは、第2章で確認した通り、まさに資本のもとへの労働の実質的包摂を達成するためであった。クラフトは、この点を的確に捉え、次のように指摘している。

構造化プログラミングによってマネージャーは、高い技術力を持ったソフトウェア労働者のいうままにならずにすみ、プログラミングにおける彼らの特殊な才能をはじめて仕事にもとづいて細分化できるようになった。(Kraft, 1977 : 58)

このような構造化プログラミングを導入した生産の組織化は、テイラーの科学的管理の諸原理を体現している。まず、労働過程から労働者の技能は引き剥がされ(第一原理)、「わずかな論理手順しか使用が許されず、きめられた以外の論理手順を使うことはできない」(ibid. :57)というように、労働過程における構想と実行は分離されている(第二原理)。そして、開発業務がいくつかの単位に分割され、構造化されたプログラミングを通して労働過程が再編されている。このことは、管理者によって開発の全体像が掌握されていることそのものを意味している(第三原理)。こうして、ソフトウェア開発労働においても、構造化プログラミングの導入というマネジメントによって、労働者の技能に紐づけられていた「自律性」が奪われていく様子が確認されるのである。

下田博次は、日本のソフトウェア産業においても同様の動きがあったことを指摘している。日本では、１９７０年代以前のソフトウェア開発は、職人的な要素を持ち合わせており、経験や技能、創造力といった個人の技量に依存していた。

> プログラマー（およびアナリスト）は自分自身で手順やロジックをつくり出す。彼らが特定の命令をどのように使うかということは、個々人の訓練、経験、技術、創造力によっている。そのようにしてつくられたプログラムは、したがって当然に個人の創造性が反映した個性的なものとなる。問題は、そのために他人にはわからないトリックをつくることもあり、多くのユーザーやマネージャーがそのミステリーにまきこまれ立往生する。（下田、1986：28）

この点は、企業間の分業体制がどのように形成されてきたのかを示した、岩本（1992）においても指摘されている。１９７０年代までは、一人の技術者が設計からプログラミングまでの全工程を担う「ワンマン・システム」と呼ばれる生産体制が一般的であった。[*26] それが、１９７０年代に入ると、プログラミングのモジュール化や標準化が進められ、工程間の分業が始まった。[*27] このプログラミングのモジュール化と標準化が、まさに構造化プログラミングを指しており、開発工程が管理者によって組織化され、管理することのできる対象となると、労働者はプログラムを組む際の道具の選択を制限されるようになる。こうした開発業務における構想と実行の分離は、日本では１９８０年頃から現場の労働者に認識されるようになり、不満や反発が噴出したといわれている。[*28]

以上のように、情報サービス産業においても、工業製品と同じようにプログラムを捉え、その生産を管理することが進められてきた。製造業と同様に生産過程が分割され、細切れにされた業務が分け与えられるため、一人の労働者が携わるプログラムの全体像を把握することは難しい。このことは当然、労働者が有していた生産に関する知識や技能が、管理する側によって奪われてきたことを意味している。

その一方で、情報サービス産業における業務は、管理者の具体的な指揮命令になじまない、あるいは業務遂行の仕方が労働者の側に委ねられている典型例とされてきた側面も持ち合わせている。ＩＴエンジニアを対象とした研究では、その研究方法や学問分野にかかわらず、当該労働者の働き方には自律性が担保されている、あるいは広く裁量が認められているとの認識が前提となっている。例えば、梅澤隆は、おそらくライン作業に従事するブルーカラー労働者を念頭において、[*29] ソフトウェア技術者は「①自由裁量の余地が大きく、②必ずしも集団的一律作業を必要としない」（梅澤、2000：3）といった職務特性を持つ

＊26　このときの生産は、労働者個人の技能に依存していたから、「同じプログラムでも、それをつくるプログラマーによって作成期間や効率が違う。完成したプログラムの品質にはむらがあり、さらに問題個所の修正にあたっては、名人といわれるスペシャリストの勘に頼る部分が多かった」（下田、1986：44）という。

＊27　さらに、1970年代後半からは、ソフトウェア開発の大規模化・複雑化にともなって、工程別分業へと移行し、各工程をアウトソーシングすることが一般的になったといわれている。

＊28　下田は、ベテラン技術者へのインタビューにおいて、「そのコーディング作業のなかからプログラムの全体像をつかむといったことはできるのでしょうか。自分のかかわっているプログラムがどんな目的でつくられ、何に使われて、どういうふうに機能するのかわかるのでしょうか」と問いかけ、それに対して「ベテラン技術者Mさん」は次のように回答している。「それはむずかしいというか、むしろ部分的なプログラミング作業をやらせるほうは、そういうことを要求しないんですよ。それだけでいい。余計なことは考えるなというところがあって、だからある程度不満も出るんです。もっと全体を教えてほしいとか、意味がよくわからないし面白くないとか。」（下田、1986：172）

＊29　梅澤の調査では、ソフトウェア開発の工程や製品・サービスの違いによる6つの企業類型をもとに、技能形成やキャリアパスの制約条件を、分業構造上の問題として位置づけ、分析を行っている。さらに、この企業類型によって、労働市場の内部化の程度が異なることを明らかにしている。以上の点から、梅澤の分析においては、日本型雇用慣行、ないし製造業との比較という視点が含意されていると推測される。

と指摘する。

また、ソフトウェア開発のエンジニアとして働いた経験を持つ宮地弘子の研究も、「ここ20年ほどの間に、大型のメインフレームからパーソナルコンピュータの時代へと移り変わり、職場組織も、典型的な官僚制組織から、働く者の自律性を尊重し、属性よりも個人の能力を重視する組織へと移り変わってきた」（宮地、2013：38）というように、ソフトウェア開発現場において労働者の自律性が保障されていることを前提とする。

さらに、ＩＴ技術者を含む知識労働者を分析対象とする三輪卓己は、マニュアル・ワーカーとの比較において、次のように述べている。

知識労働者は本来、Drucker（1993）[*30]のいうようにWhat is the task?を自問しながら働く人たちである。仕事の目的や内容が所与であるマニュアル・ワーカーとは異なり、彼（彼女）らの仕事は非定型的で提案力や問題解決力を必要とするものである。また知識労働者は何らかの専門性を持つゆえに、特定の組織に縛られずに活躍できるともいわれている。（三輪、2014：30）

以上から、製造業などのように、時間的にも空間的にも拘束され、目の前のラインなど機械の動きに応じた労働が求められ、かつそれを管理者が監督していることが想定されるブルーカラー労働者との対比において、ITエンジニアの働き方には、自律性・裁量性が確保されていると想定されているのである。[*31]

そして、情報サービス産業ではそのような働き方が、裁量労働制の適用というかたちで、法制度としても担保されている。裁量労働制については第8章で詳述するが、当該産業においては、システムエンジニア業務が専門業務型裁量労働制（労基法第38条の3）の対象業務の一つとされており、導入率は他産業に比べて最も高い。[*32] この専門業務型裁量労働制の対象となるのは、「業務の性質上その遂行の方法を大幅に当該業務に従事する労働者の裁量にゆだねる必要があるため、当該業務の遂行の手段及び時間配分の決定等に関し使用者が具体的な指示をすることが困難な」業務であるとされている。したがって、システムエン

＊30　Drucker. Peter, 1993, *Post Capitalist Society*, Harper Business（上田惇生訳『ポスト資本主義社会』、ダイヤモンド社、2007年）。

＊31　ただし、前掲の三家本（2016）は、システム開発のうち上流工程と下流工程といった開発工程や扱う製品・サービス、さらには労働者の保有する技能によって、発揮しうる自律性の性質に違いが見られることを指摘している。

＊32　厚労省「就労条件総合調査」によれば、2022年に専門業務型裁量労働制を採用している企業の割合は、全体平均で2・2％であるのに対して、「情報通信業」は21・0％であった。

ジニア業務は、その遂行方法、すなわち仕事の進め方を労働者の裁量に委ねる必要があると考えられているのである。[*33]

このように見ていくと、情報サービス産業は、製造業と同様に、労働過程における知が奪われ、そこでの作業が単純化されていくという側面と、製造業とは異なり、仕事の特性上、労働者の有する知にもとづいた業務の遂行が尊重されるという側面の2つが共存していると考えられる。これまで日本の労働研究においては製造業を中心に、多方面からの研究が蓄積されてきたが、非製造業を扱う本研究も、上記の点からその延長線上に位置づけることができる。さらに、近年の非製造業の広がりや、IT・デジタル分野がある種のインフラとなりつつあることを踏まえれば、情報サービス産業における労働過程を考察する意義は大きいだろう。

第3項　情報サービスという業務特性

第三に、第二の点と関連して、情報サービス産業における業務特性に着目する。その特性とは、何らかの記憶媒体に保存されるデータではあるものの、「物体として存在しないもの」を生産するという要素である。先に触れたように、日本の情報サービス産業においてはソフトウェアを工業製品と捉え、製造業と同様の生産モデルを採用してきた。ここに、

「ソフトウェア工場」と呼ばれる所以がある。さらに後述するように、重層的な分業体制にもとづく下請関係が強固なピラミッド構造を築いている。また、ソフトウェア開発は受注生産が中心となっていることから、[*34]建設業との類似性が指摘され、「ＩＴゼネコン」[*35]や「ＩＴ土方」といった言葉もあるほどである。だが、情報サービス産業の場合、製造業や建設業のように、労働過程の終了時に生産された商品が物体として出現することはないし、労働過程中も同様である。もちろん、当該産業においても何らかのシステムが完成すれば、それがコンピュータ上で作動するという意味で、私たちの目にその成果が映るわけだが、物体として現れないという点に建設業との決定的な違いがある。

たとえば、多少の変化があったからといって、原材料の調達や工場のラインの整備が

＊33　そのような場合、管理者が時間配分等を具体的に指示することが難しいから、実際の労働時間ではなく、一定の時間数だけ労働したものと「みなす」ことが行われる。

＊34　経済産業省「経済構造実態調査」（２０２０年）によると、ソフトウェア業における年間売上高の78・0％は「受注ソフトウェア開発」が占める（事業従業者5人以上の部）。

＊35　「情報技術業界において、大型の情報システムを受注する大手企業。豊富な資金力を背景にした受注、下請けの利用など、建設業界におけるゼネコン（総合工事業者）に近い業であることからいわれる。」（大辞林（第三版））

> 完了し、製造がはじめる直前に、即座の仕様変更を求める人はいないでしょう。あるいは、マンションが八割方できあがった段階で、土台部分の「改善」をいい出す人はいないはずです。一方、電子データとして表現されるかたちのない概念であるソフトウェアの場合は、たとえ納品の前日や当日であっても、いつでも、いかようにでも変更を加えることができます。実際に、プロジェクト開始時から納品の直前まで、ソフトウェア開発作業は常に即座の変更を求める圧力にさらされ、原理的に不可能でない以上、その圧力に可能な限り応じざるを得ないのです。（宮地、2016：42）

このように、物体として現れないものを生産しているということが、開発の途中で、それをいかようにも変更することができるという特徴を生み出している。ここで例として挙げられているマンションの場合、あらかたの建築が進んだ途中で土台部分を変更することは、物体としてのマンションが現に存在しているために不可能である。しかしながら、ソフトウェア生産の場合には、開発がある程度進んだ段階であっても、コンピュータ上に書き出されたソースコードをほんの数行、書き替えるだけで、そのソフトウェアの土台部分を丸ごと取り替えることもできる。こうした、後からいくらでも作り替えることができるという生産物の性質ゆえに、ＩＴエンジニアの長時間労働が発生することも多い。

さらに、このような生産物の特徴は、労働過程における「実行」部分を、事前に、かつ完全に計画し尽くすことに困難がともなうことも意味している。この点については、筆者がこれまで行ってきた労働者へのインタビュー調査のなかでも、度々耳にしている。ここでは一例を挙げておこう。[*36]

システム規模に応じて受注をして、人を揃えて進めるっていうことはできるんですけど、でも簡単にできないんですよ、システムって。必ず順序立てて設計してっても、ある程度作ると、「何か違う」っていう風になっちゃう。形が見えない世界なので。「何か違う」って言って仕様変更があって、色々やっていくうちに、どんどんどんどん齟齬が広がっていって、動かない。なので、徹夜で直しまくるみたいな状況になりがちなんですよね。（三家本、2018：95）

＊36　その他、宮地は、「ソフトウェア開発の核心であるプログラミング作業が、物理的な『ものづくり』よりも小説を書いていく作業に近い…（中略）…。物語を構成する一字一句をすべて厳密に設計してから書き始める小説家はいない、というよりも、できないように、プログラミング作業の工程をすべて予め見通すことは不可能なのであり、予期せぬ問題は必ず発生するのである」（宮地、2015：28）と指摘する。

先のマンションの例でいえば、どのようなマンションを建てるのかといった「構想」は、それを製図したり、模型を作ったりするなど、何らかの形で表現することができる。しかし、ソフトウェア開発の場合にはそれができないために、あらかじめ細部にわたって計画することは難しい。開発の途上で計画の見直しやそれにともなう作業の変更など、必ず追加的な業務が発生するといわれている。

このように、情報サービス産業は、生産物が物体として存在しないという性質によって、当初の計画をいつでも変更でき、「当初の計画」を立てること自体が困難であるという特徴を持つ。このような商品の特性は、労働者の労働過程への関わりにどれほど影響してくるのだろうか。

以上に挙げた3点（①長時間労働などの労働環境の劣悪さ、②製造業と通ずる側面がある一方で、自律性の高い労働者の象徴とされてきたこと、③物体という形態をとらず、何らかのサービスを生みだす性質）から、本書では、情報サービス産業を分析対象として設定し、そこでの労働過程の編成について実証的に分析していく。

第４節　仮説設定

これまで述べてきたとおり、第Ⅱ部では労働者が労働過程における技術的な要素をいかにして取り戻しうるのかという問題意識のもと、情報サービス産業における労働過程の編成と、そこへの労働者の関わり、そして技能形成について分析していく。それは、本章第1節において提示した、「労働者は生産に関する技能のうち、どの部分を奪われて、どの部分を分け与えられているのか」といった問いに対応している。すなわち、労働過程がどのように編成されているのかを見ることで、「(技能の)どの部分を奪われているのか」を特定することとなり、そして、労働者がどのように労働過程に関わり、どのような性質をもった技能を習得しているのかを探ることで、「どの部分を分け与えられているのか」を明らかにすることとなる。そして、後者の「分け与えられている」ということは、ひとまずは労働者が労働過程における知を再び取り戻すことを意味するから、それが資本への抵抗に結びつく条件を考察することにもなる。

こうした労働過程の編成とそれへの関わり、および技能形成というテーマは、労働過程において分離された構想と実行が、どのように再統一されているかを問うことでもある。第2章で述べたように、資本主義的生産において構想と実行は分離され、前者が資本家に、後者が労働者によって担われるようになるが、生産を成り立たせるためには構想と実行は再び統一される必要がある。両者がどのように再統一しているのかを問うことは、労働過程の編成のされ方を示すことと同義である。加えて、その再統一に際して、実行部分を担う労働者にたいして、何らかのかたちで教育訓練・技能形成がなされているはずである。

ここから、本稿では、以下の3点を仮説として設定する。

仮説（1）：情報サービス産業では、分離された構想と実行を再統一する際に、課業を媒介とさせることが相対的に困難なのではないか。

仮説（2）：そのため、《自律性》の付与というマネジメント手法が、必然的に求められているのではないか。

仮説（3）：この《自律性》の付与というマネジメントによって、（a）か（b）のどちらかの結果が生じるのではないか。

（a）技能を形成することとなるから、経験を積むことで「自律性」へとつながる。

（b）《自律性》という性質上、労働者が知を取り戻すことには結びつかない。

仮説(1)は、製造業との比較において、情報サービス産業では、分離された構想と実行を再統一する際に、課業を媒介とすることが相対的に難しいのではないかというものである。これには、前節で見た当該産業における生産物の特性が関係している。仮に、生産を管理する側が、構想部分において知を独占していたとしても、物体という形態をとらず、何らかのサービスを生産するという性質から、あらかじめ細部にわたって実行部分を計画することは難しい。そのため、労働過程において明確に課業を媒介させて、構想と実行を再統一させることには困難がともなうのではないかと考えられる。

このような労働過程の性質から、仮説(2)は、当該産業では労働者に《自律性》を付与するというマネジメント手法が必然的に求められているのではないかというものである。構想と実行の再統一にあたって課業を媒介させることが難しい場合、資本の許容する範囲内で、実行部分の遂行を労働者の手に委ねざるをえないと考えられる。そのため、労働者がまるで構想部分に関与しているかのような状態を作り出す《自律性》の付与というマネジメントを採用されているのではないだろうか。

そして、仮説(3)は、このような《自律性》の付与によって、労働者の労働過程への関わりは、次のどちらかとなって現れると考えるものである。一つは、(a)ここで付与された《自律性》は、《　》の意味での自律性であるという制約はあるものの、労働者が何らかの技能を獲得することに結びつくために、経験を積むことを通じて、この《自律性》が「自律性」へと転化しうる、というものである。もう一つは、(b)ここでの《自律性》は、《 》の意味での自律性であるという性質に強く規定されるため、たとえ技能を形成したとしても、それが「自律性」へと結びつくことはない、というものである。(a)の場合、《自律性》が「自律性」へと転化することを示しているから、その転化の条件を探る必要があるだろう。

以上のように、情報サービス産業では、仮説(1)、および(2)が妥当性を有する場合に、労働者の労働過程への関わりは、仮説(3)の(a)か(b)のどちらかの結果となるだろう。

本章では、労働者が労働過程を統制するにあたっての技術的な要素をいかにして取り戻すことができるのかという問題意識のもと、情報サービス産業におけるマネジメントを通じて、労働者がどのような技能を習得しているのかを問う意義を示してきた。次章以降、当該産業における労働過程の編成とそれへの労働者の関わり、そして技能形成のあり方を明らかにしていくにあたって、管理者側と労働者側の双方へのインタビュー調査を実施し(第5章、第6章)、その結果を分析していくことで、本章で示した新たな問いに応答していくこととする。

なお、情報サービス産業においては、先に触れたように、上流工程と下流工程との間に、業務内容に加え、労務管理や労働者の働き方に大きな違いが見られる。経営者・労働者双方へのインタビュー調査では、その点を明確にしたうえで分析を行う。ＩＴエンジニアの働き方と自律性や裁量の高さとを結びつける先行研究では、その対象が上流工程を担う大企業の労働者に限定されているか、どの工程を担う労働者なのかが明確に示していないものも多い。上流工程を担当する労働者は、顧客の要望を受けて開発の大枠を設定することがその役割であるから、下流工程に比べて多くの決定権を有しており、裁量の余地が高いと考えられる。その一方で、下流工程を担う労働者の場合、開発に関するあらゆる決定が、彼ら・彼女らの裁量に委ねられることは少ない。このように、「自律性」はおろか、《自律性》さえ発揮することが相対的に困難であると想定される下流工程も本稿では調査対象として含める。これによって、そこでのマネジメントの特徴や自律性の性質、そして労働者の労働過程への関わりを、多角的に検討することができるだろう。

第5章　情報サービス企業におけるマネジメント

本章では、情報サービス企業の経営者、および人事担当者を対象に実施したインタビュー調査をもとに、当該産業におけるマネジメントの特徴を分析していく。情報サービス企業では、労働過程、および労働者をどのように統制しており、教育体制を通じて生産に関する知に労働者をどれほどアクセスさせているのだろうか。

第1節　調査の概要

本節では、情報サービス企業の経営者を対象に実施した、インタビュー調査の概要を示す。まず、本調査を実施するにあたっては、中小企業家同友会[*1]にインタビュー調査への協力を依頼し、そこで紹介を受けたA社のインタビュー調査を実施した。その後、スノーボールサンプリングによりB～E社の調査を実施した[＊2]（1回あたり約1時間の聞き取り。調査時期は２０１７年10～11月）。

半構造化インタビューにより、主に、取引先企業とどのような契約を結び仕事を受注しているか、組織内で誰に対して何についての決定権を付与しているか、また、実際の業務遂行をどのように管理しているのか、そして、労働者にたいしてどのような技能形成の機会を設けているのかについて、聞き取りを行った。

図表５―１は、調査対象企業の従業員数や事業内容を示したものである。また、図表５―２は、業務の請負方ないし開発の仕方、そして労働者の勤務場所に関わるものである。

「客先常駐」とは、自社の労働者が取引先企業の事業所に常駐して業務に従事することを

＊1　「よい会社、よい経営者、よい経営環境」をスローガンに、中小企業の経営者が研究や交流のために集まった任意団体である。中小企業家同友会の全国協議会には47都道府県、４万６１７３企業の経営者が加盟し、平均企業規模は従業員数30名、資本金１５００万円である（２０１７年４月現在）。中小企業家同友会ＨＰ：http://www.doyu.jp/org/towa/（最終閲覧日：２０１８年1月28日）

＊2　インタビューに際し、調査を通じて知りえた情報は、論文の執筆、および研究発表以外には使用しないこと、企業名・組織名・個人名などすべて匿名にし、個別企業や個人が特定されないよう配慮することを確認にしたうえで、録音することの同意を得た。本稿の分析にあたっては、その限りでインタビュー調査結果を使用する。このような個人情報の取り扱いについては、次章の労働者インタビューにおいても、同様である。

図表5―1　調査対象企業の概況

	調査対象者の立場	従業員数	創業時期	主な事業内容
A社	2名（社長、人事担当者）	100名未満	1990年代	・システム開発 ・既存システムの運用・保守
B社	3名（社長、人事担当者、教育担当者）	200名以上	1960年代	・ITコンサル ・システムインテグレーション ・システム運用・保守
C社	1名（社長）	50名未満	1990年代	・システム開発 ・サーバー構築、運用・保守
D社	1名（社長）	50名未満	1980年代	・システム開発
E社	1名（社長）	50名未満	1980年代	・自社製品の開発 ※以前は、受託開発形態でシステム開発事業を行っていた。

図表5―2　調査対象企業の業務形態

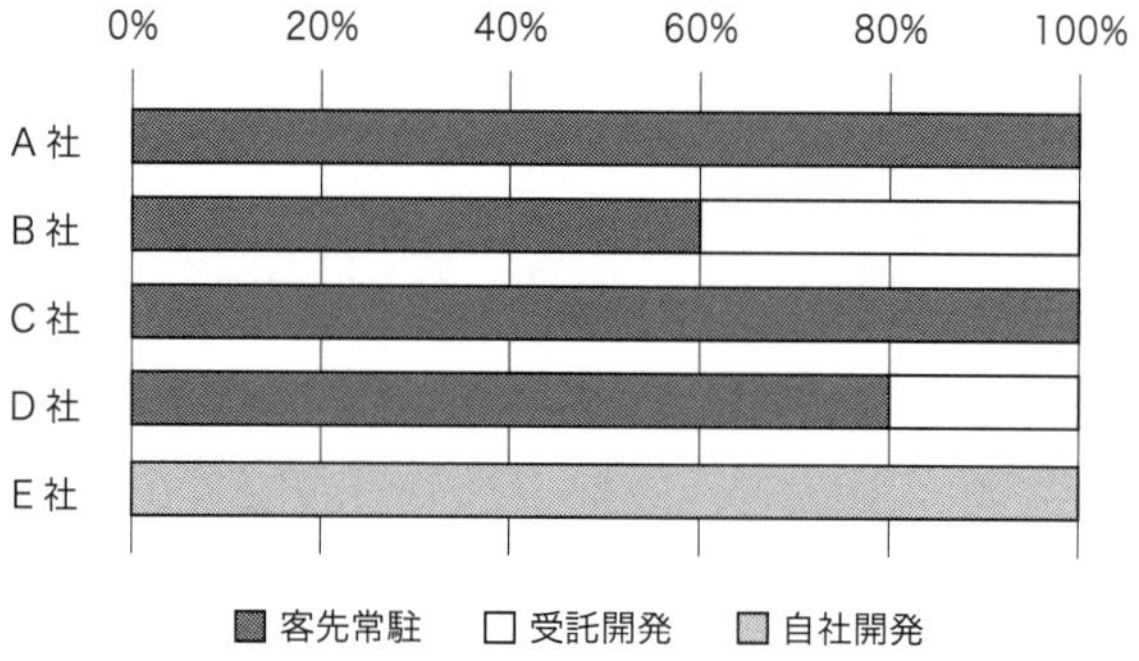

指し、「受託開発」は自社内で別企業から受注した開発を行うことを指す。「自社開発」は、ソフトウェアパッケージなどの商品を自社で開発し、販売することを指す。客先常駐の場合、取引先企業との間では、請負契約、業務委託契約、労働者派遣契約のいずれかが結ばれることになる。

図表5―1に示した通り、本章における経営者インタビューの対象は、従業員数「50名未満」を中心とした中小企業である。先に触れたように、情報サービス産業ではシステム開発のうち上流工程は大企業が、下流工程は中小企業が担うことが多い。単純化すれば、この上流工程と下流工程とは、構想と実行のそれぞれに対応しているため、下流工程を担う中小企業は、労働過程における「実行」部分を引き受けている。したがって、下流工程では、上流工程で決められた実行部分をその通りに遂行することが求められており、当該労働過程において労働者が有する決定権はより限定的なものとなる。しかしながら、下流工程においても、物体として存在しないものを生産するという業務特性は維持されているため、生産過程にあたって厳密に課業の概念を適用することは難しいと考えられる。

以上の条件を考慮すると、客観的な条件としては労働者の労働過程への関わりが制限されていると考えられる下流工程を担う中小企業において、《自律性》をめぐってどのようなマネジメントがなされているのかを検討する必要がある。中小企業を対象に、そこでのマネジメントの特徴を観察することによって、《自律性》が労働者に与えるインパクトを示すことができるだろう。[*3]

第2節　対象企業の取引関係と指示系統

本節では、マネジメントの特徴を分析する前提として、調査対象企業の取引関係や組織内の指示系統について把握していく。

第1項　取引関係

本項では、対象企業が取引先企業からどのように仕事を受注しているか、また、自社の労働者に業務を割り当てるまでにどのような流れがあるのかについて見ていく。

まず、図表5―2（152頁）で示したように、A社とC社は客先常駐が100％であるため、労働者は自社内で開発業務に従事するのではなく、取引先企業（客先）に常駐し、そこでのチームの一員として開発に携わることとなる。ここで取引先企業をXX社とすると、C社の労働者の場合、図表5―3に示したようなかたちで、XX社の労働者が主導するチームに動員されることとなる。

次にA社は、取引先企業からの仕事の受注の仕方はC社と近いものの、労働者の働くチーム内で誰が主導権を握っているかが異なる。C社の場合、客先のXX社の労働者が主導するチーム編成となっているのにたいして、A社の場合、チーム編成はXX社が行うものの、A社のリーダー職がA社労働者に指示を出している。

このように、A社とC社で多少の違いはあるものの、両社は共通して、予算や期間、そして労働者の有する技能などが具体化された状態で取引先企業とやり取りしている。取引先企業から「このようなエンジニアはいないか」と声が掛かる場合もあれば、自社の営業担当者が取引先に提案を行う場合もある。

結構、具体的に来ますね。「この言語が何年以上」とか、「こんな業界の経験がある」とか、「この工程ができる」とか。あるいは契約の金額ですね。「1人に、1ヶ月働いてもらうのに、このぐらいの金額までだったら出せます」みたいな金銭的な情報だったり、作業場所だったり、かなり細かく来ます。うちから売り込む場合も、「こん

＊3　このように中小企業に着目することで、本稿の主要な概念である《自律性》の内実に迫ることができると考えるが、大企業の状況についても適宜、先行研究を参照していく。

図表5—3　C社労働者の所属するチームのイメージ図
【例：客先（取引先）XX社の職場における1チーム（6人編成）】

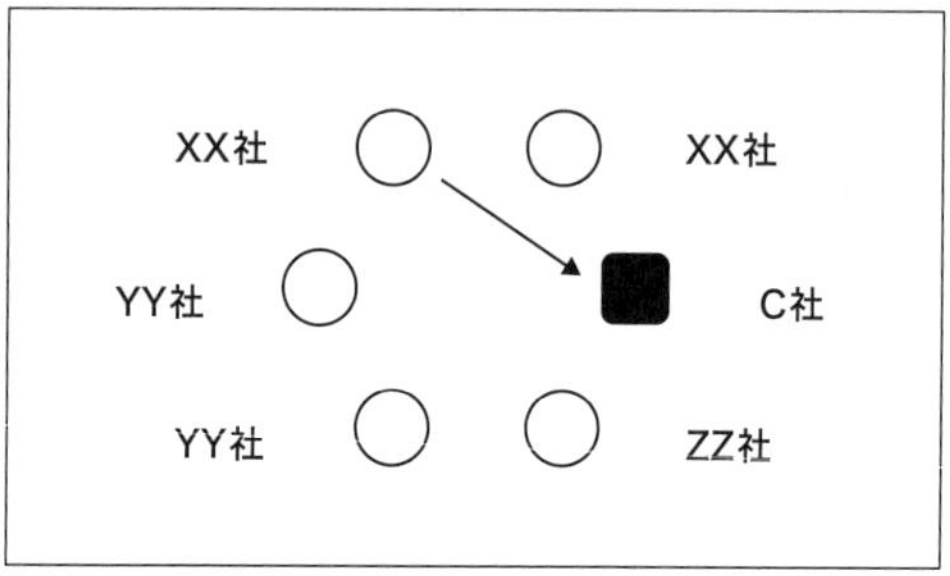

・○および●は、労働者。
・労働者を囲う四角は、客先企業の職場。
・→は、指揮命令関係。

図表5—4　A社労働者の所属するチームのイメージ図
【例：客先（取引先）XX社の職場における1チーム（6人編成）】

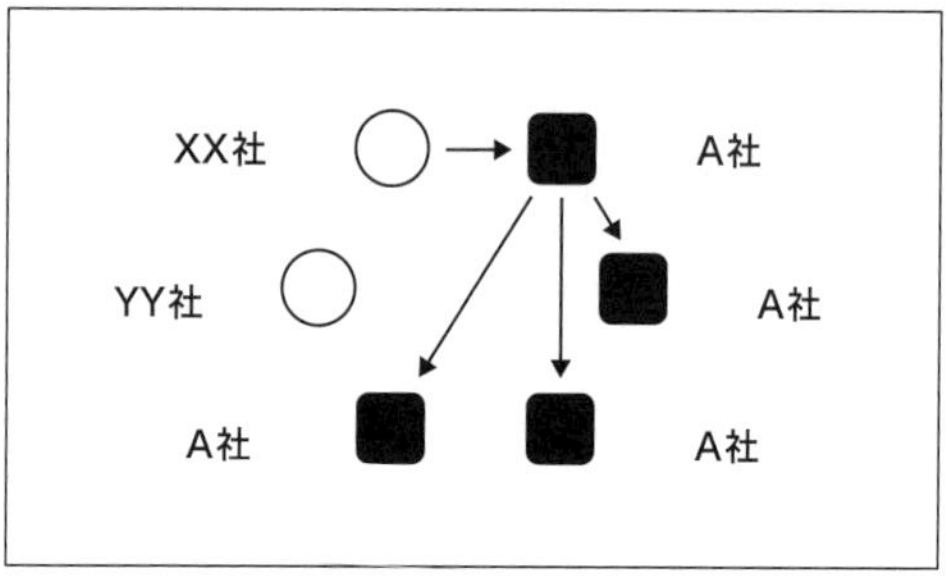

な技術を持っていて、こんな経験を持っていて、最寄り駅がどこそこで」とかいうところの情報も合わせて、お客様には提案をしていくかたちですね。（A社）

基本的には、営業がお客さんのところに訪問して、ヒアリングしてくるんですね。大まかに言うと、どういうシステムかっていうこと、それに対する必要なスキルはどうだとか、勤務地、いつから、何名、だいたい予算いくらくらい、清算の有無。*4（C社）

C社では、営業担当者が取引先企業に必要な人員、求められる技能を聞き取り、その内容を一覧にしている。自社に適任者がいれば、その労働者を取引先企業に送り込むこととなる。

図表5―5のうち、1つめの製造業の顧客管理システムの案件では、「基本設計、詳細設計、製造。Java、SQL（Oracle）」が必要なスキルとして挙げられている。これは、基本

＊4　これは、想定される就業時間を超過した場合の対応を意味している。例えば、「下限140時間、上限180時間」とある場合、月の稼働時間を160時間（1日8時間×20日）として、実際の稼働が140時間でも、予算として設定された金額から差し引かれることはないが、180時間の場合にも、予算金額からプラスで支払われることはないというものである。

図表5—5　人員募集案件の例

	案件名	必要スキル	場所	期間	必要人数	予算	清算有無
1	製造業 顧客管理システム	基本設計、詳細設計、製造 Java、SQL（Oracle） 2〜3年生でも可	東京	10月〜 長期見込み	2名	70万まで	140〜180時間
2	流通業 POSシステム開発	C#開発経験3年以上	横浜	随時	数名	スキルに応じて	140〜190時間
3	銀行 融資システムテスト	クレジットカード業務知識必須 言語知識については不問	品川	即日〜 12/31	複数名	50万まで	固定
4	ECサイト構築	Web系開発経験3年以上 Javascriptがあるとなおよい	池袋	11/1〜 12/31	1名	プログラマー：50万 SE：55万	150〜190時間
5	自動車保険 見積システム開発 システム運用・保守	.netでの開発経験が必要 保険料見積システム経験者歓迎	川崎	1/1〜	1名	スキルに応じて	140〜200時間

（出所）C社提供資料をもとに、一部加工し筆者作成

設計、詳細設計、製造（プログラミング）といった工程を担当することができ、その際、JavaやＳＱＬといったプログラミング言語を使用することのできる労働者を募集しているということである。さらに、「2〜3年生でも可」は、比較的、経験年数が短い者でも開発に携わることができることを意味している。２つめの流通業におけるＰＯＳ（Point of Sales：販売時点情報管理）システムの開発案件では、Ｃ＃という言語を使用した開発経験が３年以上の者と、具体的に提示されている。３つめの銀行における融資システム案件では、必要スキルとして、クレジットカード業務に関する知識が必須とされており、ここからプログラミング言語など

IT関係の技能や知識に限らず、エンドユーザーの業務に関する知識も合わせて求められていることがわかる。

このように、具体的に必要な技能を提示したうえで取引がなされているのは、対象とする情報サービス企業がエンドユーザーから直接仕事を受注しているのではなく、その元請け企業、あるいは同規模の情報サービス企業から受注していることが関係している。一般に、システム開発においては、下流工程へと進むほど業務量が増大するため、それにともなって必要な人員も増えていく。先に述べたように、エンドユーザーとの折衝を通じた要件定義などの上流工程は、元請け企業が担当し、それ以降の工程は下請企業に出される（受託開発、客先常駐[*5]を含む）。こうしてシステム開発業務に関する知識のある情報サービス企業が仕事を発注するため、必要な技能が具体的に提示されているのである。

一方、B社、D社の場合は、上記のように労働者を取引先企業に送り出す業態に加えて、客先または自社内で一定の工程を受け負い、開発業務を行っている。例えば、図表5―

＊5　このとき、客先常駐の形態で業務に従事する労働者は、「協力会社さん」や「パートナーさん」と呼ばれることが多い。

図表5―6　B社労働者のチーム編成のイメージ図（客先XX社の職場における6人チーム）

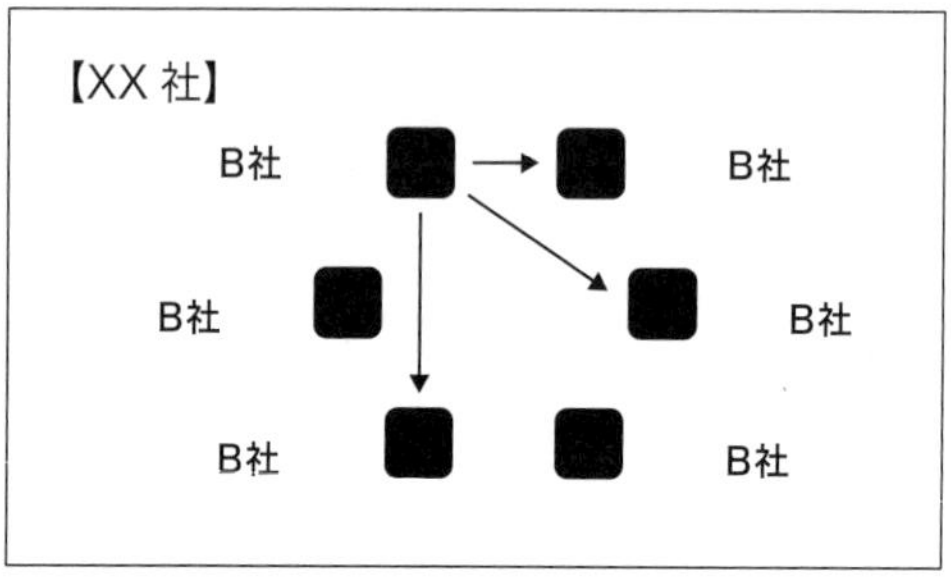

6に示したように、仕事の発注元であるXX社の社内であっても、他企業の労働者を1人も含まず、自社の労働者のみでチームを編成している。仕事を発注する企業と長期に渡る取引関係を築いたうえで、開発工程のうち比較的広範囲を受け持つこととなる。

最後に、E社の場合は自社製品（クラウドサービス）を開発しているため、労働者が取引先企業に常駐することはなく、また取引先企業から仕事を受注するという関係でもない。自社内で編成されたチームが、自社製品の開発を行っている。[*6]

第2項　組織内の指示系統

本項では、前項で見てきた企業間の取引の後、業務の割り当てとして個々の労働者にどのように降りてくるのかについて見ていく。

まず、本調査が対象とした企業は比較的小規模であるため、それほど多くの階層を持たないが、多くは、現場のリーダー職、それを束ねる管理職、そして社長といったピラミッド状の組織体制をとっている。

例えば、A社では4～5名から成るチームが組まれており、それを束ねるのがチーフである。1つの課には4～5つのチームがぶら下がっており、それを取りまとめるのが課長である。課は全部で4つあり、そのすべてを管理するのが部長である。現在、17つのチームが編成されており、15名のチーフ（課長との兼務も含む）、4人の課長、1人の部長という体制となっている。課としてのまとまりは、取引先企業・業界ごとに作られている。

組織としては、さまざまなプロジェクトに参画しているグループを、ある程度色分けして統一してるんですよ。同じ業界の仕事をやってるグループを集めるとか、同じお客さんとの取引で発生する仕事をやってるグループを集めるとかっていう風にして、

＊6　E社は、10年前から現在の事業内容に転換しており、それ以前はA～D社のように客先常駐や受託開発といった業態をとっていた。事業転換の理由は以下の通りである。「人工商売って、スケールしないんですよ。社員増えなかったら、利益増えないわけです。僕らみたいにエンジニアの人を選ぶやつだと、採用コストもかかるし。なので、これやってもしょうがないなって思って、クラウドやろうと。ちなみに、その事業転換する前は150人くらいいました。（仕事内容は：筆者注）変わりますよ。それで辞める人も。みんな辞めちゃいました。」（E社）

図表5—7　A社組織の簡略図（技術部門のみ）

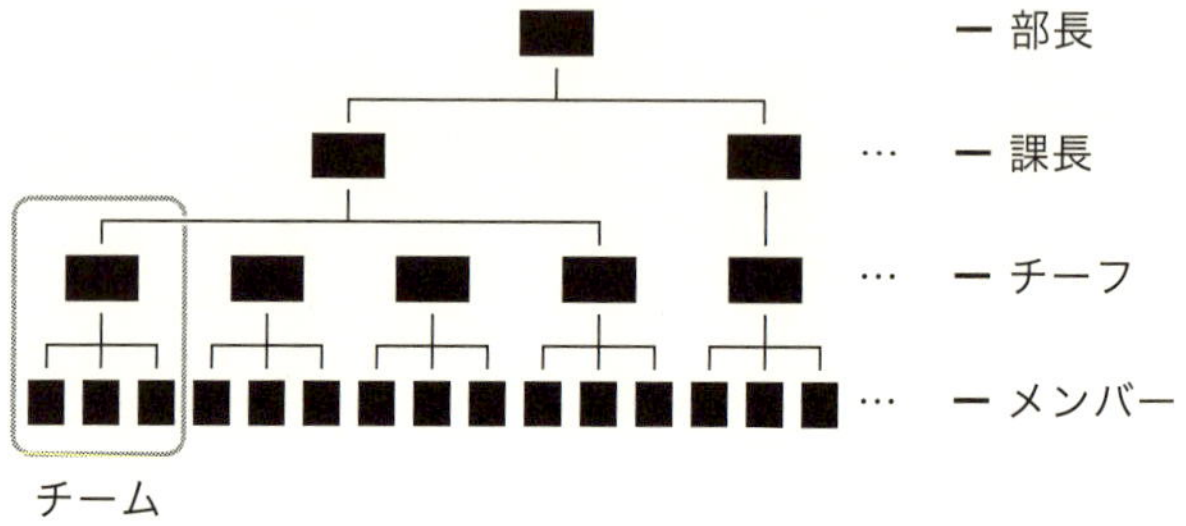

グループを作って、各グループにチーフ職ってリーダーを置いていて。（A社）

B〜E社においては、A社ほど体系だったものではないが、開発の規模に応じてチームが編成され、現場リーダー、課長、部長といった体制が採られている（図表5—7）。

その都度、その都度、プロジェクトチームを組んでくような感じになりますね。受注の規模によって、10人必要とか、2〜3人でできるとか色々ありますから、部長とかリーダーがその辺を考えてやる。できる社員、頭の人をまず決めてから、ジョブアサインってやってるんですけど、空いてる人間、空きそうな人間を調整して集めてくるみたいなやり方が主ですかね。ま

図表5―8　対象企業における組織体制（下線は決定権者）

	主な役職者
A社	チーフ、課長、部長。部長以上が管理職。
B社	リーダー、部長。部長以上が管理職。
C社	主任リーダー、課長。課長以上が管理職。社長
D社	プロジェクトの責任者としてマネージャー。課長・部長は常設ではない。社長
E社	マネージャー（常設ではない）、部門長。部門長以上が管理職。

ずおさえるべき人間は最初からおさえるんですけれども、その先は空いている人っていうかたちになりますね。個々の技術者っていうのは、変な話ですけれども、協力会社に求めてもいいんですよね。（B社）

図表5―8のうち、チーム編成や個々のチームメンバーへの仕事の割り当てに関する決定権を有しているのは、部長と営業担当者（A社）、部長とリーダー（B社）、課長と営業担当者（C社）、社長（D社、仕事の割り当てについてはマネージャー）、部門長（E社）と、管理職であることが多い。

部長やリーダークラスでコミュニケーションとって、「今度こういう仕事あるんだけど」とか、「人空いてる?」とかって言って、その辺でや

ってますね。（B社）

チームを構成するまでは私（社長：筆者注）がやります。チームが作られた後は、マネージャー（課長：筆者注）の権限です。各人への割り振りもそうです。（C社）

一方、現場レベルの具体的な運用はリーダーに委ねられている。そうしたリーダー職には、どのような技能や能力が求められているのだろうか。

うちでは、一言で言えば、人間力のある人ですね。技術も大切だけど、やっぱり人間力のある人。人としてのしっかりした魅力がある人っていうかね、そういう人がね、最初はスキルが落ちてても、数年後にはだんだん伸びていきますから。色んな要素に分解すれば、前向きとか、明るいとか、正直とか、素直とか、色んなことが出てきますけど、そういうのを総合的に持っている人ですよね。（B社）

基本的に一番の観点っていうのは、責任感なんですよね。以前は、技術の部門であれば、スキルが伴わないと意味ないだろうっていう話もあったんですけど、だんだん案

思います。（D社）

受託開発っていうのは、言われたことをやるんですよ。言われたこと以上のことをやったら、怒られるんですよ。お客さんが間違ってても。言われたものを作ってるだけなんで。（E社）

A社の事例は、前節でみたように、取引先企業から具体的な技能が提示された状態で降りてくる仕事であるため、何を作るかは当然のこと、どのように作るかといった事項が、取引先企業によってあらかじめ設定されていることを表している。[*9]

続くD社の事例からは、基幹システムなど生産する商品の種類によって、あらかじめどのような作業が必要となるかの計画可能性が決まることがわかる。E社の事例では、A社のような仕事を受注の仕方に限らず、取引先企業から「こんなシステムを作ってほしい」といった受託開発それ自体が、言われたものをその通りに作るという性質を有して

＊9　このことは、仕事の発注元企業によってシステムの仕様がどの程度決定されているのかを示す、次の調査結果からも明らかである。JISAが行ったアンケートでは、仕様について半分以上を決めているという場合が約6割を占めている（情報サービス産業協会、2017）。

いることが指摘されている。このような取引関係の先にある労働者への指示の出し方は、「お客さん」が決めたものをその通りに作るよう具体的に指定されたものとなる。

次に、（2）労働者に一定の裁量を与えるような指示が出されている事例である。

割と裁量のある指示が多いですかね、やっぱり。できる範囲の裁量って感じですかね。「このレベルはできるでしょう」みたいな与え方はしてますかね。基本は、自主・自律の文化を大事にしてますね。裁量っていうことと一緒なんですけど。自分からやっていくという。（B社）

B社の場合は、同じ取引先企業から長年、継続的に仕事を受注しているため、前節で確認したように、客先に自社の労働者のみで編成されるチームを常駐させている。取引先企業からある工程の業務を一括で任されているのである。そのため、常駐先企業から事細かに仕事の進め方等について指示を受けているわけではなく、そのため個々の労働者にも一定の裁量を与えることが可能となっているのである。もちろん、こうした指示の出し方による難しさもある。

人によってそのゴールが結構違うことがあって。お客さんと違ってるケースもあるんですよ。社内でも、上司・部下で違うケースが見られたりとか。それやっちゃうと、「こういうの作っといてね」、「できました」、「違う、違う」みたいな話になって、この仕事、やり直しになっちゃうんですよね。（B社）

それでも、扱う商品に応じて、個々の労働者に仕事のやり方を委ねるような指示の出し方が採用される側面もある。

柔軟性が必要なときは、そういった基幹システムを作るんじゃなくて、新しいソフトウェアですね。いま既存にないものを、新しいものを作っていくっていうときは、自由に考えさせて、自由に時間を使わせた方がいいと思いますね。（D社）

本当は、「自由に考えてね」をやりたいですよ、我々プロダクトハウスなんで。ただ、元がシステムインテグレーション[＊10]の会社なんで、なかなかまだ慣れてないですけど、

＊10　ここでは、以前に中心的な事業としていた受託開発を指している。

最近ちょっとずつアイディアが出るようになってきたって感じですね。「コンマ1秒でもいいから、速く動くようにしよう」、「1プロセスでもいいから、メニューとかの選択が無いようにしよう」とか。常に考えさせる。（E社）

D社の事例にあるように、既存システムの改修等の業務ではなく、受注を受けて新たな製品を生産する場合には、労働者に自由に考えさせるような指示の出し方を採用している。ここから、管理者からの指示の出し方は、受注した仕事や生産する商品の性質にもよるところが大きい。このことは、最後のE社の事例に顕著である。E社では、自社製品の開発を行っており、顧客から具体的な依頼を受けて開発を行うのではなく、どんなシステムが求められているか・売れるかを発想することが必要とされる。そのため、個々の労働者が自ら考えることを促すような指示の出し方が選択されている。

以上のように、労働者に（1）詳細な指示を与えるか、（2）一定の裁量を与えるかは、取引関係や仕事の受注の仕方、また生産する商品によって選択されていることがわかる。*11

第2項 《自律性》を引き出すマネジメント

本項では、上記のような、（1）詳細な指示を与えるか、（2）一定の裁量を労働者に与える指示の出し方について、課業概念との関連において捉え、そのマネジメントの背景にあるものを探っていく。

まず、(1) 詳細な指示を与えるという指示の出し方が可能となるのは、そこでの業務が課業を適用することに馴染むからである。このとき労働者には、その開発業務に必要とされる具体的な技能が提示された上で、「言われたことを、その通りに実行する」ことが求められる。これは、なすべきことがあらかじめ計画されていることを意味している。つまり、課業を媒介させるかたちで生産が管理されているのである。以上のように、取引先企業から具体的にどんな作業が必要か、あらかじめ提示された仕事を受注した場合に、そこ

*11　ここで、大企業でどのようなマネジメントが採用されているかについても確認しておこう。本章で取り上げている戸塚・梅澤・中村の一連の研究を踏まえた中村圭介の研究では、大企業においても、Direct Controlであるのか、それともResponsible Autonomyであるのかをめぐる対抗があることが指摘されている。実際にどちらが選択されているのか明言はしていないものの、「生産管理においても労務管理においても、経営側は直接管理（Direct Control：筆者注）を図ろうしているが、その試みは失敗に終るか、問題を抱えている」（中村、1990：74）としている。また、現場リーダーが進捗管理やチームメンバーの配置を管理していることから、「わたくしたちの研究は、こうした潮流を明確に意識して進められてきたわけではないけれども、結果として経営側から自立し、自律的に運営される技術者集団を見いだした」（Ibid.：75）として、Responsible Autonomyが選択されていることを示唆している。

でのマネジメントは「言われたことを、その通りに実行する」よう求めることとなる。このような指示の出し方はまさしくDirect Controlを表している。

その一方で、(2)の労働者に一定の裁量を与えるような指示の出し方は、その業務への課業の適用が馴染まないということを反映している。個々の労働者には《自律性》が付与され、これを通じて生産が管理されている。ここで扱う商品は既存システムの改修等ではなく、新製品の開発であるためにどんな作業が必要であるのか、何をなすべきかを事前に決定することが難しい。そこで、実際の業務に従事する労働者にある範囲内での決定権を与え、自由に考えさせるような指示の出し方が採られているのである。

さらに、新製品の開発に限らず、システム開発という業務そのものが、指示を受けて実施するものではないとの指摘もある。

形のないものを、一からデザインして作るっていうような側面がありますよね。知識産業というか、我々の仕事って。製造業みたいに形として出せないですから。ＩＴのエンジニアって、お客さんの話をしっかり、ウォンツとかニーズをちゃんと把握できるかですよね。デザイナーと一緒で、「こういうのがほしい」っていうのをしっかり掴んで、「こういうのが、このお客様は好きだな」っていうのを感じて、「こういうのがぴったしで、求めてるもの」、そういうのを提案できるのがいいわけですよね、デザイナーは。同じで、システムにお客さんは一体どういう効果を求めていて、何を求めているのかがわからないと。言われた通りに作ってもダメですから。（B社）

前章でも見てきたように、物体として存在しないものを生産するという世界では、言われた通りに作るよう指示するのでは不十分であり、そうではないマネジメントを採用しているということになるのだろう。ただし、次章で詳述するように、このとき個々の労働者はまったく自由な状況に置かれているわけではない。取引先企業との関係から納期は定められているし、自社の利益が出るような商品を生産しなければならない。こうした資本の制約と無関係ではいられず、労働者はこの範囲内で考える余地が与えられているのである。この意味で、ここでのマネジメントはまさしくResponsible Autonomyを表している。つまり、《自律性》の付与によって労働者を管理しているのである。

なお、ここでの自律性を《自律性》とするのは、資本の制約のもとで発揮されることから明らかであろう。すでにみたように、チーム編成などの決定権を握っているのは、チームメンバーでないことはもちろんのこと、現場リーダーでもなく、管理者であった。個々の労働者やチームリーダーは実際の生産に従事しているにもかかわらず、業務に関する最終的な権限を持たず、生産の全体像を把握することもできない。

このように見ていくと、課業を適用することに馴染む業務／馴染まない業務によって、マネジメントのあり方に違いが見られるわけだが、ここで注目したいのが、課業を適用することに馴染む業務であっても、《自律性》を付与するマネジメントが実施されている事例が確認されたことである。つまり、(1)の「言われた通りに作る」世界において、《自律性》の発揮が求められているという掛け違いが発生している。

マネジメントの仕方としては、そのプロジェクトに入ったら、お客様が求めているものを100%応えて、さらに＋αで応えられるような仕事の仕方をしなさい、と……。さらに何か提案できるような、積極的な、前向きな行動をしてるのか。今の仕事をきちんとそつなくこなしてればやっていけるわけですけど、それだけじゃやっぱり足りなくて、環境がどんどん変わっていくので、新しいことにたいして前向きに捉えていく、勉強していく、資格も取っていく、ということ。(A社)

先に見たようにA社では、取引先企業から具体的な仕事内容や求められる技能が明確化されているため、そこに労働者を当てはめている。仕事を発注する取引先企業によってあらかじめ決められた業務をその通りに実行することが求められているのだが、「さらに＋α」を生み出すことも要求されている。E社の発言にあったように、「言われたこと」以下でも、以上でも怒られるような世界であるにもかかわらず、「＋α」を求めている。なぜだろうか。

お客様の仕事のやり方とか、ルールがあるわけですよね。それに従わなきゃいけないのはまず一つ、と。そのなかで自分のアイディアなり、提案を出していけるような仕事の仕方が求められるっていうか、その方がいいんですよね。お客様の問い合わせとか、障害の問い合わせの電話が来て、それを受けて、技術のバックヤードに問い合わせを送って、それに応えるみたいな、そんな仕事もなかにはあるんですけど、それの場合は、色んなことが決まってますよね。決まったなかでしかできない、っていうのがあります。それでも、お客さんに対しての対応をもっと工夫すればよくなるとかっていうこともあるので。（A社）

取引先企業からすれば、A社には課業によって定められた業務の「実行」のみを担ってもらいたいわけだが、ここでA社の管理者が労働者に＋αを要求するのは、何を意味しているのだろうか。

これはまさに、(1)「言われた通りに作る」世界においても、《自律性》を引き出すマネジメントが実施されていることを示している。次節で述べるように、A社やC社には、発注元との取引において「言われた通りに作る」ことが求められているため、基本的には「構想」部分に関与することはない。そこでの労働者は、必然的に労働過程におけるたんなる「実行」者となる。それでも、「言われた通りに作る」ことを越えて、実行者にたいして＋αを要求するのは、資本の意向に沿うような行動をとるよう、主体に絶えず働きかけるためではないだろうか。この点に、現象として個々の労働者にどのように指示を出しているのかという点を超えて、資本が価値増殖のために労働過程を統制しようと努めていることが現れているといえよう。

さらに言えば、こうした(1)「言われた通りに作る」世界において、具体的に必要とされる技能が明確である一方で、積極性や自発性といった属人的な要素が評価の際に重要視されていることも、《自律性》の発揮と関連している。

例えば、ちょっとわかりやすく言いますけど、挨拶。評価は5段階あるんですけど、「自分がいい挨拶ができる」っていうのは、評価4なんですね。それを周りに対して促したり、働きかけたり、あるいは教えたりっていうのができて、初めて評価点最大の5になるっていうコンセプトなんですね。なので、実際に、業務ではどんなことをするのかっていうことの次に、積極性があるかとか、使命感を強く持ってるかとかっていう、ちょっと気持ちの部分の評価項目もあるわけですね。（A社）

とくに若い社員たちには「資格取れ」っていう風に言ってて、「資格取ると給料上がるから」って。そういう風に仕向けてますね。それに対して、一生懸命やるっていう、努力するとか、頑張るという姿勢は、職場でも結局、そういうのが出るわけですよね。（C社）

基本的に数値で測れないところですよね。問題解決に対して、自主的に提案を行っているかどうか、とか。そこが一番メインです。（E社）

人事評価の際に積極性や自主性といった要素が重視されているのであれば、仮に「言われた通りに作る」ことが要求される世界であっても、労働者が＋αに取り組む姿勢を見せるよう行動せざるを得ない。さらに、次に挙げる事例では、上記のような積極性の発揮が、会社の利益に貢献しているか、直接に評価されている。

組織とか、会社への貢献度みたいなところで。うちは普段の業務以外に、教育とか育成とか、社内を良くするっていう意味での委員会活動みたいなものが会社の仕組みとして運営されているんですけど、そういったものに積極的に参加している人だったりとか。あとは、採用活動なんかも、うちは全社を挙げてやらせていただいているので、そういったところの協力具合とか、そういったところも見てますね。ＳＥとして自分の腕も大事だと思うんですけど、人間的側面の方が強いかもしれないです。（Ｂ社）

例えば、「こんな難しい仕事ができるようになりました」って仮に言ったとするじゃないですか。我々はそれでは納得しません。「それだけの難しい仕事ができるようになったから、君は会社にどれだけ利益を与えることができるようになったんですか？」って必ず質問して、それに答えられないとダメですね。（Ｄ社）

以上から、発注元企業との取引関係に規定されて、労働者は業務遂行にあたって裁量を発揮する余地がないような課業を適用することに馴染む仕事に従事しているにもかかわらず、《自律性》の発揮が求められている事例も確認された。そして、それが人事評価と結びついていることも示されたのである。

第4節　労働過程における知の管理

本節では、これまで見てきた取引関係や労働者への指示の出し方を踏まえたうえで、対象企業が、労働過程における知をどのように管理しているのかについて見ていく。

第1項　教育体制

本項では、まず、対象企業の採用状況を確認した上で、労働者が入社してからの教育訓練の流れを追う。

図表5―9に示したように、対象企業における新卒者と中途採用者の比率は、A社を除いて、新卒者のみか、中途採用者のみかのどちらかに明確に分かれている。

B社は20年前から新卒者のみを募集しているが、その理由を次のように説明する。

中途だと、すぐ翌日から働いてくれて、すぐ売上につながるんですけど、文化はでき

図表5―9　対象企業における採用者の特徴

	新卒・中途の比率
A社	新卒4割：中途6割（以前は中途採用のみ行っていたため、中途の割合が高い）
B社	新卒100％
C社	年間を通じて未経験者を中途採用している。新卒は毎年1～2名。
D社	中途採用のみ（2年前までは新卒100％）
E社	新卒100％

ないんですね。新卒を一から、真っ白なところから、うちの理念から始まって教育して。（B社）

一方、D社は、以前は新卒者のみを採用していたが、2年前から中途採用者のみに切り替えたという。

四月に一斉に新卒者を採用して、教育してっていうような、定型的な、画一的な対応っていうのは、世界的に見ても日本だけなので、この対応はもう古い。で、必要な時期に、必要な人材だけを採用しようと考えて、フルシーズン、必要な時期に募集をかけて、適性検査で対応できる人たちを採用する。もちろん未経験者だろうが経験者、関係なくやっています。（D社）

このように、「必要な時期に、必要な人材だけ」を採用するという方針は、C社でも採られている。

年間通して中途採用の方を採ってるって感じです。なぜかと言いますと、お客さんが固定されている会社さんはいいと思うんですね、4月で新入社員採りまして、2ヶ月間技術研修があります、6月からそれぞれ配属しますって言ったときに、キャパがあったりするんですよね。でも僕らの場合、そんな大きくないので、色んなIT業界の会社さんって集中するわけですよ。6月一日から、新卒を配属しないといけない。「新卒でも入れるようなプロジェクトないですか?」って言ったときに、当然ながら、お客さんはまず自分のとこの新卒を入れるわけですよね。そうすると空きがなくなっちゃったりするんですよ。結局ずっと待機になっちゃって、社内研修ずっとみたいな。そうすると、あんまり精神衛生上よくないっていう。ずっとここで勉強しててても、本人辛いだけなんで。考え方を変えて、経験が浅い人が入れるプロジェクトっていうのは、だいたい10月以降なんですよ。年度の最初の方っていうのは、上流工程やってるんですね。だいたい下期以降になるとプログラミングとかテストとか。だから12月になるとテスト。そのテストのときに人手が必要だって言われて、そこで投

入した方がいいわけですね。（C社）

次に、採用にあたっては、どのような人物が求められているのだろうか。大学や専門学校等で情報系を専攻するなど、ITに関する知識を有する人物を採用しているのか否かを聞いたところ、この点はそれほど重視されていないようである。

情報系を勉強してきているに越したことはないかなと思ってるんですけれども、とくに情報系だとか、理系だとかっていうところだけで採用はしていなくて、文系の方の採用もしています。技術知識は後から教えることができるので、もともと持っている、やっぱりパーソナリティってところを重視して採用しているというところですね。なので、あまりどういう勉強してきたかっていうところではなくて、「どういう方か」というところを主に見て、採用しているので。（A社）

まったく経験とかっていうものは問わない、人物重視で採用させていただいております。情報学部系、授業でもゼミでも、プログラミングやってきましたよって方は、全体の2割いるかいないかくらいですね。8割以上は、ほとんど未経験。（B社）

情報系を学んだ人は半分くらいですね。（自社は：筆者注）大学よりも、情報処理、プログラム能力を開発する能力が高いんで、別に全然必要ないです。うちの適性試験受けて、あとちょっと面接したら、これはモノになる、ならない、すぐわかる。第一に、プログラミングは論理的思考力なんで、論理的思考力のテストをやって、それが高ければ大丈夫です。2つめは、コンピュータ好きかどうかですね。3つめは、本が読めるかどうかですね。（E社）

このように、教育機関で何を学んできたか、またどんな技能を身に着けているのかという点よりも、システム開発業務に適した人物であるのか、あるいはそういった潜在能力を有しているのかが採用にあたってのポイントとなっている。それは、入社後の研修や具体的な業務経験を通じて技能を形成することが重視されているからである。

それでは、新卒者・中途採用者の入社後の研修など、教育体制としてはどのようなものが整備されているのだろうか。図表5―10に示したように、多くは入社後の数ヶ月間、プログラム言語に関する入門的な研修を用意し、その後、現場に配属して具体的な業務を経験するなかで、労働者に技能を身に着けさせている。なかでもD社は、他社と差異化

図表5—10　対象企業における教育訓練

	入社後の研修内容
A社	• 3ヶ月間、新入社員研修。 ビジネスマナー、技術研修（Javaを使ったプログラミング研修）。 • その後、現場配属。9ヶ月間、先輩社員1名がOJTの担当者となる。 • その他、社外のビジネス系セミナーを自由に受けられる制度。 • 資格取得奨励の研修。
B社	• 2ヶ月間、社会人研修・技術研修。 • その後、現場配属。2年目、3年目にそれぞれ研修を用意。 • 研修の受け放題制度（約100の講座から）。
C社	• 基本情報処理技術者試験の資格取得のための勉強。 • 社員が講師を務める技術研修の開催。
D社	• 2ヶ月間、データベースの理論研修。 • 研修期間内に、Oracle Master DatabaseのBronze/Silverの取得を目指す。 • その後、2ヶ月間はOJT。
E社	• 入社前、6ヶ月～1年間、プログラミング研修（計500～1,000時間）。 • 入社後、2ヶ月間、プログラミングルールの共有。その後、現場配属。

した専門的な技術を会社の強みとしており、会社ホームページにも全社員が資格取得者であることを明記している。そのため、労働者には研修期間中にオラクルの資格を取得させている。また、E社も入社してから比較的早期に1人の労働者として貢献してもらうために、入社前から約1000時間に及ぶプログラミング研修を受けさせている。

以上のような教育体制のもとで管理者には、業務遂行のために個々の労働者に技能を身に着けさせる必要性があるという側面と、労働過程を統制するためにそこでの知を独占しなければならないという側面の両面が求められている。次項では、両者の関連について分析していこう。

第２項　中小企業における知の管理

本項では、労働過程における知の管理という観点から、教育訓練を通じた労働者への技能付与について考察していく。まず、対象企業では労働者の技能習得についてどのように把握しているのだろうか。

> これまでの経歴は全部把握してるわけで、新しく途中から入った新しいプロジェクトで身に着けたものは、その仕事を会社がさせているので、もちろん把握できる。とくに面談を定期的にやらないと把握できないってことはないですね。本社にいる営業担当と部長が、一人ひとりの情報を全部把握しています。常にどういう状態かっていうのを把握してるわけですね。（A社）

A社では、具体的にどんな業務に従事したのか、またその業務にどのような技能が求められていたかが明確化されていたため、その業務経験を通じて個々の労働者が習得した技能を把握することは容易である。日々の業務日報なども合わせると、管理者は労働者の技能の細かな部分まで手中におさめることが可能となっている。

一方、図表5―3で示したように、労働者を客先に常駐させているC社では、自社の労働者が空間的に離れた場所に点在しているために、個々人の技能レベルを把握することが難しい。

会社の組織としてって意味で言うと、みんなバラバラなんですね。月1回の帰社日に目がけて、色んな会議だとか入れて、意思疎通を図っていかないといけなくて。就業場所が色々点在してるっていうところで、研修もそうですけど、一気に集めて何かをするっていうのがしづらいところはあります。（C社）

それでも、半期に1回の目標管理面談で、携わった業務の内容とそれによって習得した技能を把握しようと努めているという。

また、知の管理という観点から言えば、前節でみたように、チーム編成や仕事の割り振りについての決定権を有しているのは管理職層であった。このことは、社内で用意された研修を受け、現場で経験を積み技能を習得したとしても、業務に関する決定権の獲得には直接結びついていないことを意味している。現場のリーダー職には権限を与えず、管理職層に労働過程における知を集中させているのである。

ところが、本調査が対象としてきた企業においてはE社を除いて、構想部分を取引先企業が握っている。先述した通り、理論的には、管理者は労働者の有する技能を労働過程から引き離し、構想と実行のうちの「構想」部分を自身の手中に集めようとする。だが、これらの企業はどのように仕事を受注するかに応じた程度の差こそあれ、基本的にはこの構想部分に関与していない。取引先企業によって、どんな製品をいつまでに作るのかがあらかじめ決められているため、労働者はもちろんのこと、対象企業さえ構想部分にアクセスできないのである。

これらの状況を踏まえると、主に「実行」部分を担う企業における知の管理とは、その遂行を実現するための技能の付与という性質を強く持つことになる。マネジメントを通じて労働者は労働過程における技術的な要素から引きはがされるため、相対的に低いレベルの技能しか持たない。それでも、生産を成り立たせるためには実行部分が必要であることに変わりはなく、少なくともその実行部分を適切に、かつ正確に遂行させるための技能が求められる。次のA社の事例は、ここでの労働者の能力がそうした商品として扱われていることを如実に表している。

例えば、本人が病気がちで休みが多くなったとかっていうことは、お客さんに直接迷惑をかけてしまうので、そうならないように、なったらどうするかっていうことを常にやらないといけない。（A社）

このように、労働者が何らかの理由で取引先企業の求める能力を発揮することができなくなってしまってはいけないし、「言われた通りに作る」ことができる程度の技能を習得させておかなければならないのである。この点が、下請企業における知の管理の核心であろう。

以上からわかるように、労働過程における知に労働者をどれほどアクセスさせるかは、資本の側にとってアンビバレントなものなのである。すでに見たように、労働者の側が多くの知を手に入れている場合、管理する側がその「ミステリー」に巻き込まれてしまう。そのため労働者から技能を奪う必要があり、これが資本のもとへの労働の実質的包摂の過程である。その一方で、あまりに労働者の側から知が剥奪されている場合には、仕事を割り当てることさえできなくなってしまう。システム開発業務のうち、テスト工程など下流工程では高度な技能はそれほど必要とされないといわれているが、それでもまったくシステム開発に関する技能がなくてよいということにはならない。また、下請けにあたる中小企業であっても、単価の高い上流工程の仕事を担うことのできる労働者をより多く確保して、チームの一員として取引企業に送り込みたいと考えるだろう。生産に関する知をまったく持ち合わせていなければ「実行」部分を遂行することすらできなくなる。このことは自社の労働者を価値増殖のために利用することができなくなることを意味しているのである。そのため、あくまでこうした「商品」としての観点から、前項で見たような技能の付与がなされていると考えられる。

第5節　小括

本章では、情報サービス企業の経営者へのインタビュー調査をもとに、どのように労働過程を統制しているのかについて分析してきた。本節では、マネジメントの表れや特徴、および労働過程における知の管理という観点から調査結果をまとめていく。

まず、調査対象とした下請にあたる中小企業のマネジメントは、扱う商品の性質や取引先企業からの仕事の受注の仕方に大きく規定されている。既存システムの改変案件やシステム開発のなかでもテスト工程の場合には、どのような作業が必要で、それにともなう技能が何であるかがあらかじめ決定されている。このような場合、システム開発業務の労働過程はかなり分割されている。そのなかで仕事を受注する側の企業は、労働過程における「構想」部分に関与することはほとんどない。このような前提のうえで、労働過程における知の管理は「実行」部分の遂行にとって最低限、必要となる技能や知識を労働者に分け与えることとなる。

一方、新たなシステムを開発する場合や、既存システムに関する案件であっても比較的広い領域・工程の開発に携わる場合には、事情が変わってくる。具体的にどのような作業が必要で、それをどんな手順で進めるのかについて、必ずしも取引先企業によってあらかじめ定められるわけでない。受注した企業がそれを決定するのである。ここでの労働過程は、先ほどよりも細かく分割されておらず、一定の包括性を帯びる。

このように、取引先企業から降りてくるシステム開発業務の範囲が「分割」されたものか、あるいは「包括」的なものかに応じて、下請けの中小企業におけるマネジメントは異なる表れを見せる。前者は、労働者にたいして事細かに詳細な指示を与える「Direct Control」となり、後者は、求める成果物や納期のみを伝え、あとは個々の労働者に委ねる「Responsible Autonomy」を体現する指示の出し方がなされている。

ところが、本章の調査を通じて同時に明らかとなったのは、詳細な指示を与えることに馴染む業務であっても、あたかも労働者自身に裁量の余地があるかのような振る舞いを求めるマネジメントもなされているということである。言い換えれば、Direct Control の世界において、Responsible Autonomy が採用されているのである。本来であれば、前者においては取引先企業から言われたことをその通りに「実行」することが求められており、労働者の働きがそれ以下であってはならないのはもとより、それ以上である必要もない。それでも、Direct Control の世界において、「それ以上」や「＋α」に対応することができるという姿勢を見せ、そのように行動することが個々の労働者には求められている。これは、労働者が実際にそのように行動することができるか否かにかかわらず、常に資本の要求に応える準備があると表明することが要請されている。

こうして労働者の側に一定の裁量を与えるかのようなマネジメントを通じて、労働者はたんに命令に従って業務を遂行する次元から、自ら進んで管理者の要求に応じる次元に主体が作り替えられようとしている点が捉えることが重要であろう。Direct Control の世界においてResponsible Autonomy を付与するという一見矛盾するようなマネジメントも、このような労働者の資本への従属を引き出すためになされていると考えれば、それほど不思議なことではないだろう。これまでくり返し確認してきたように、どのようなマネジメント戦略を採用するにしても、それは労働過程における知をはぎ取るという実質的包摂の実現のために実施されているのであり、この目的が達成されるのであれば、その表れは如何様にも変容するのである。ここに、実質的包摂のために、マネジメントが実施されるという関係が明確に示されているだろう。次章では、労働者側の視点からマネジメントの効果を測っていこう。[*12]

＊12　第5章と第6章の対象は、必ずしも同規模の企業ではない。第5章でインタビュー調査を実施した企業の従業員に対しても聞き取りを行ったわけではなく、第6章の対象者には大規模企業で働く者も含まれる。だが、本章で適宜、取り上げてきたように大企業を対象とした先行研究と、中小企業を対象とした本稿の調査とでは、職場における決定権の所在や個々の労働者への指示の出し方についてそれほど大きな違いは見られなかった。また、第6章では、労働者が実際の業務遂行にあたってどれほど決定権を付与されているかなど、どのようなマネジメント下に置かれているのかについても聞き取りを行っている。第6章の内容を先取りすれば、上記の決定権や指示の出し方は、第5章のインタビュー結果と共通する点が多い。したがって、第5章と第6章の間にある対象の「ずれ」は、マネジメントの特徴や労働者の労働過程への関わりを明らかにしようとする本稿の分析に決定的な影響を及ぼすものではないと判断し、このまま分析を進めることに留意してほしい。

第6章　労働者の決定権と技能

本章では、情報サービス企業で働く労働者へのインタビュー調査を通じて、労働過程への関わりを実証的に分析していく。労働者はどのようなマネジメント下に置かれ、労働過程における決定にどれほど関与しているのだろうか。そして、企業内外の技能形成の機会を通じてどのような技能を身につけているのだろうか。本章におけるこうした分析は、とくに146頁で提示した仮説（3）を検証するうえでの前提部分を担うことになるだろう。

第1節　調査の概要

労働者へのインタビュー調査は、情報産業労働組合連合会（以下、情報労連）に協力を依頼し、実施したものである。情報労連は、情報通信や情報サービス等の業種を対象に、約

２６０組合、約21万８０００人を組織している日本の産業別労働組合である。[*1]

主に、システム開発に従事するＩＴエンジニアで、リーダー職に就くなど他の労働者に指示を与える者、および上司等から指示を受ける者、計19名への聞き取りを実施した（1人あたり約１時間〜１時間30分の聞き取り。調査時期は、２０１７年９月〜２０１８年１月）。

なお、図表６―１に示した対象者のうち、ＵからＸの４名は情報労連の加盟組合に所属する組合員ではないが、労働相談をしたことがある等、何らかのかたちで情報労連と関わりのある者、またその紹介者である。労働組合員であるか否かが労働時間の長短など労働条件に影響を与えていることは推察されるが、本調査のテーマである労働者の労働過程への関わりという観点からは調査結果に大きな差異は生じないと判断し、Ｕ〜Ｘも調査対象として含めることとする。

図表６―１についていくつか補足しておこう。表内の「現在の担当案件と役割・担当業務と勤務形態」の欄について、［　］で表したものは、取引先企業の大まかな業種であり、続けて案件の内容／チーム内での役割を記載している。担当業務は箇条書きで示し、最後に客先常駐か受託開発かを記している。対象者の雇用形態は、とくに記載のない限り、すべて正社員である。

図表６―２で補足するように、対象者Ｆ〜Ｉは同一企業ｆ社に所属しているが、それ

ぞれ別の部署、および案件に従事しているリーダー（相当）職である。対象者Ｊ～Ｍは同一企業ｊ社に所属し、そのうちＪとＫは同一チームのメンバーとして開発業務に従事している。対象者ＮとＯは同一企業ｎ社に所属し、別チームではあるが、同一システムの開発に従事している。対象者Ｐ～Ｔは同一企業ｐ社に所属し、かつ同一のプロジェクトに従事している。

対象者Ｗは、現在は離職しており、加えて勤続10年の間に休職期間も含む。対象者Ｘについては、主に２０１７年３月までに従事した業務についての聞き取り結果を用いる。対象者Ｕの職種はWebデザイナーで、その業務はシステム開発とは厳密には異なるのだが、→Webサイト作成にあたって、企画・提案→デザイン→コーディングという流れは、システムシステム開発業務と近似しているため、本調査の対象者として含める。一般的には、企画・提案はディレクターが、デザインはデザイナーが、コーディングはコーダーが行う。

以上を踏まえたうえで、本調査では半構造化インタビューにより、開発業務への具体的な関わりについて、決定権や開発の全体像の把握といった労働過程における知の観点から、主に次の点について質問していった。その際、チームのリーダーにあたる者には、チーム

＊1　2014年6月現在。https://www.joho.or.jp/aboutus/outline（最終閲覧日：2018年1月29日）

対象者	性別	年齢	従業員数	勤続年数	現在の担当案件と役割 担当業務と勤務形態
Q	男性	34歳	3000名以上 （p社）	12年	［公共系］システム更改プロジェクト／画面系製造チームリーダー ・前工程からの引き継ぎ・ヒアリング ・スケジュール案の作成 ○客先常駐（チームメンバー：15名）
R	男性	45歳	3000名以上 （p社）	23年	［公共系］システム更改プロジェクト／プロジェクトマネージャー ・契約・コストに関する折衝、要員管理 ・社内対応 ○客先常駐（プロジェクトメンバー：60名）
S	男性	47歳	3000名以上 （p社）	24年	［公共系］システム更改プロジェクト／処理系チームリーダー ・グループのマネジメント ○客先常駐（チームメンバー：20名）
T	女性	40歳	3000名以上 （p社）	17年	［公共系］システム更改プロジェクト／プロジェクト支援・チームメンバー ・プロジェクト内の総務的な役回り ・納品ドキュメントの整備 ○客先常駐（チームメンバー：3名）
U	男性	37歳	200名 未満	1年4ヶ月	Webサイト制作／チームリーダー ・デザイン ・企画・提案、コーディング ○受託開発（チームメンバー：4名） ※過去に7〜8年、個人事業主（Webデザイナー）としての経験がある。
V	男性	34歳	現職：100名 （出向先。 出向元は 2000名以上）	1年5ヶ月	自社製品（決済代行システム）の開発／プロジェクトリーダー ・タスク管理、スケジュール作成 ・メンバーへの仕事の割り振り ○自社（チームメンバー：4名）
			前職：3000 名以上 （v社）	10年	［通信系］オーダー管理システムの開発など多数 ・システム設計からプログラム開発まで ・リーダー経験もあり。 ○客先常駐（チームメンバー：プロジェクトの規模により様々）
W	男性	39歳	2000名 未満	10年未満	［行政］手数料支払いシステムのテスト／チームメンバー ※その他、複数のプロジェクトを経験。 ・テスト環境の構築 ・プログラミング ○客先常駐（チームメンバー：2〜3名から20〜30名まで）
X	男性	33歳	3000名以上 （v社）	11年	［通信系］社内回線の受付システム構築／チームリーダー。 ※その他、複数のプロジェクトを経験。 ○客先常駐（チームメンバー：2〜3名から20〜30名。「炎上」した際は、テスト工程だけで100名のチームが組まれたこともある。） ※2017年4月〜現在は、新たに設立された部署にて、AI技術の調査。

図表6―1　調査対象者の概況

対象者	性別	年齢	従業員数	勤続年数	現在の担当案件と役割 担当業務と勤務形態
F	男性	48歳	300名未満 （f社）	27年	［通信系］既存システムの更改／現場責任者 ・システム提案支援 ・進捗管理 ○客先常駐（チームメンバー：30名）
G	男性	41歳	300名未満 （f社）	19年	民間案件のシステム開発（複数）／プロジェクトリーダー ・提案、および要件定義 ・進捗管理 ○受託開発（チームメンバー：15名）
H	男性	37歳	300名未満 （f社）	13年	［自動車］検査プログラム開発／サブリーダー ・詳細設計、プログラミング、テスト ○客先常駐（チームメンバー：20名）
I	男性	40歳	300名未満 （f社）	17年	［製造業］社内システム改変／現場リーダー ・スケジュール作成 ・問い合わせ対応 ○客先常駐（チームメンバー：12名）
J	男性	34歳	2000名未満 （j社）	12年	［行政］税の収納システム保守／チームリーダー ・進捗管理 ・レビュー ○受託開発（チームメンバー：6名）
K	男性	26歳	2000名未満 （j社）	2年	［行政］税の収納システムの保守／チームメンバー ・影響調査 ○受託開発（チームメンバー：6名）
L	男性	26歳	2000名未満 （j社）	4年	自社製品（新製品）の開発／チームメンバー ・デモ画面の作成（プログラミング） ※その他、自社製品（次世代版）の研究開発プロジェクトの一員として、他社ツールの研究も行っている。 ○自社（チームメンバー：4名）
M	男性	29歳	2000名未満 （j社）	5年	［行政］税に関する収納システムの構築・修正／チームメンバー ・システム改修の要件定義からプログラミング、テストまで ・スケジュール調整 ○受託開発（チームメンバー：3名）
N	男性	42歳	1万名以上 （n社）	20年	［通信系］基幹系システムのバッチ処理／現場リーダー ・試験結果の確認 ・故障時の対応方針確認 ○受託開発（チームメンバー：10名） ※もともとn社の子会社に入社したが、吸収合併により、7〜8年前からn社の社員となった。
O	男性	42歳	1万名以上 （n社）	22年	［通信系］基幹系システムのオンライン／チームリーダー ・メンバーの進捗管理 ・チーム内の全体調整 ○受託開発（チームメンバー：10名）
P	男性	54歳	3000名以上 （p社）	31年	［公共系］システム更改プロジェクト／プロジェクトマネージャー ・社外対応（開発範囲、スケジュール等） ・チームへの指示出し ○客先常駐（プロジェクトメンバー：60名）

図表6—2　同一企業に所属する労働者の簡略図

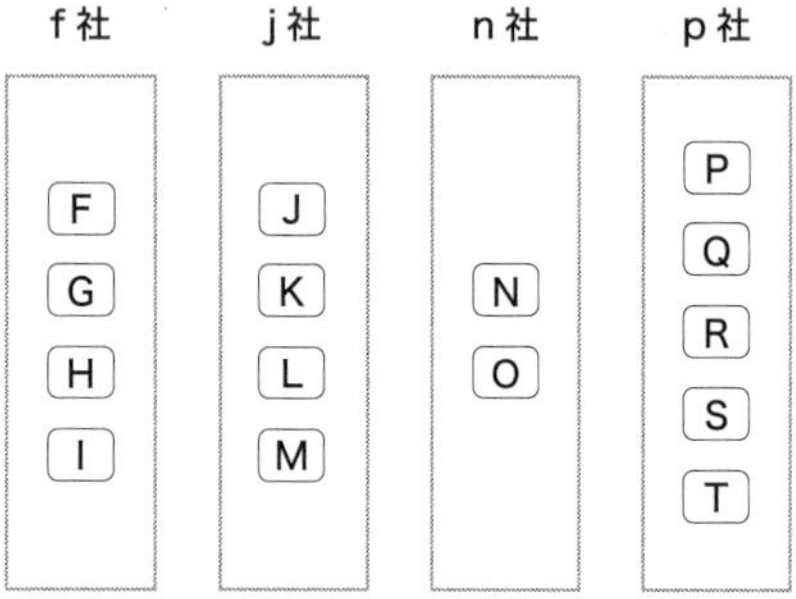

メンバーにどのように仕事を割り振り、どの程度まで指示を与えているのかなど、チームメンバーやプロジェクトそのものをどのように管理しているのかについて、反対にチームメンバーに対しては、上司からどのような指示を受けており、業務上、何にたいする決定権を有しているのか、そして業務を遂行するうえで必要な技能をどのように身につけたのかについての聞き取りを行った。[*2]

第2節　プロジェクト管理と指揮命令

本節では、調査対象者の担当業務や他のチームメンバー・上司との関係を確認したうえで、彼ら彼女らがどのようなマネジメント下に置かれているのかについて見ていく。

第1項　担当業務

まず、調査対象者の担当業務について、順に詳しく見ていこう。図表6—3に聞き取り結果を一覧にした。（表内に注あり）

以上に挙げたように、本調査の対象者は、一口にシステム開発業務と言っても、さまざまな取引先企業を相手に上流工程から下流工程まで幅広く担っている。そして、その工程ごと、またその工程のなかでも案件や機能ごとに複数人から成るチームが編成されており、各人はその中の一部分の開発に従事している。

なお、ここで客先常駐のかたちで業務に従事する対象者F、H、I、P〜T、W、Xについて、第5章で示したチーム編成のイメージ図のうち、どれに当てはまるのかを提示しておきたい。まず、対象者F、I、Xは、図表5—4のA社のように、自社の複数

＊2　図表6—1や本章第2節以降の記述にあるように、本インタビュー調査からは、調査対象者が従事するプロジェクトの全体像を示すことができないことを断っておきたい。第5章も含め取引関係を示してはいるものの、そのプロジェクトに総勢何名が関わり、調査対象者以外のところではどのような動きがあるか等は提示していない。それは、各調査対象者が担う業務が細切れにされており、本人たちが把握できないことに起因する。前後の業務やその関係については情報を得ていたとしても、生産の全体像にはアクセスできいないために、本書も断片的な記述にとどまらざるをえないのである。

対象者	業務内容
P	「お客さん側と、うちが開発する範囲やスケジュール、工数であるとか、うちが開発したものに関する進捗や品質の報告であるとか。あとは、下に開発のチームがあるので、そこにたいしての指示であったり、報告を受けたりというところを中心にやっている立場ですね。」
Q	「主な担当としては、製造チームのリーダーといった役割です。設計リーダーから設計書を引き継ぎ、スケジュールをヒアリングして、スケジュールの調整をして、対象者Pに「このスケジュールでやらせてください」って言って了承をもらって、その通りに実施するのが私の役目です。」
R	「主な業務の内容としては、お客様との契約ですとか、コスト関連の管理。あとは要員ですとか、協力会社さんと一緒にやっておりますので、そことの折衝ですとか、管理。あとは社内向けの対応などをメインに実施しているといったかたちになります。」
S	「今までは金融系のシステムをやってきて、こちらの公共系のプロジェクトは去年の春に着任して、対象者Pの下で、ある業務グループのマネジメントをやっているポジションです。金融系と具術的なところでは共通点はあんまりないんですけど、何人もいる大きなプロジェクトなので、そういった意味では親和性があるというか。管理・設計といったところで長くやってきてまして。」
T	「主な業務としては、対象者Rの指示のもと、プロジェクト支援ということで、これだけ60人近い人数がいますと、それだけ新規参画の設定だとか手配、退プロ（*）される方の対応、パソコンのセッティングだとか、結構細々とした作業ってあったりするんですね。そこらへんの総務的な対応を行ったり。あとは、お客様へ納品するドキュメントの整備とかを行っております。」
U	「Webサイトの制作ですね。Webサイトを作るときに企画・提案、実際のデザイン、そしてホームページにするにはコーディングという裏方、ソースコードを書く作業があるんですけど。で、サーバー公開して、納品になるんですけど。今はチームでやっています。営業、ディレクター、デザイナー、コーダー。やること毎に分業してますね。デザインは僕がやっています。」
V	「決済代行のシステムというのをやっていまして。ネットショップとかで買い物をして、レジに進んでお会計みたいなところにカード決済をしたり、コンビニ払いをしますだとか、そういう決済をするための機能というのを、うちの会社から提供して、ECショップのサイトを作っている人たちがそこに組み込んで、みたいな。いまのプロジェクトに関しては、銀行さんと一緒に作っていて。銀行さんがほしいって言ってる機能を、一部提供というかたちでやってますね。」
W	「色んな行政手続きを申請するときに、手数料がかかるじゃないですか。その手数料の支払い関連を行う部分を作ったりとか。基本的には、行政のシステムに関する仕事がほぼほぼを占めてたかたちですね。それから企業向けの業務用システム系のJavaの技術を使ったシステムの構築をやるようになって、そのシスエムテストの方に入って。」
X	「直近だと、〇〇社で内製開発部隊というところにいまして。そこが社内のシステムを業務効率化のために自前で作るみたいな。だいたい〇〇社だと、グループのSIに投げたりするんですけど、そうじゃなくて、自前で作ってしまった方が安くあがるってことで、そこに所属していて。使う人は、社内でオーダーを取り扱う人たちなんですけど、そこと直接やり取りして。サービスのオーダーを管理するみたいなチームなので、ユーザーがほんとに使うサービスとはちょっと違うんですよね。」

（*）「退プロ」とは、そのプロジェクトから離脱することを意味する。

図表6—3　調査対象者の担当業務

対象者	業務内容
F	「某社の開発部門の方で運営されているシステムのハードウェアの、いわゆるサーバーの保守期限が切れるので、システムを更改、新しく作り替えますというプロジェクトに関わっています。他のメーカーさんも入っているんですけれども、うちの会社の中での責任者というかたちで携わっております。」
G	「入札案件であったり、別の元請業者さんからの委託を受けてシステム開発をするというところで、基本、自社の方で仕事をしています。少し営業寄りの提案の仕事であったり。開発の中では、プロジェクトリーダーというところで、基本的に進捗管理だとか、要件定義だとか、上流工程の部分で仕事をしております。」
H	「自動車の部品の検査プログラムの作成を行っております。基本的にはお客様が設計してくださってありますので、それにたいするプログラムを弊社でチームを組んで作っていくということを実施しております。」
I	「メインのところは、製造業さんの会社の元々ある既存の社内システムのシステム改変というプロジェクトを今年度はやっております。それ以外にも、その他のエンドユーザーさんの別のシステムの保守案件の問い合わせ対応ですとか、新たなシステムの話があったらそれの提案ですとか、何社かのお客さんのいくつかのシステムをやっているというようなかたちになります。」
J	「税金関係の部の中の私がいるチームが収納管理って言ってて、例えば、法人税とか固定資産税、住民税っていう税金が市民に賦課されます、市民が払ったお金がちゃんと払われているか、滞納してないかとか、滞納すると延滞金が発生とかってあるんですけど、収納側の管理するシステムを作っていくのが私のチームで、私はそこのチームリーダーをしています。」
K	「収納システムの保守の案件をやっています。お客様からであったり、システムを導入する担当の方から、「こういった風にシステムを直してほしい」っていう要望を受けて、直すような仕事を行っています。」
L	「いま所属しているプロジェクトは2つありまして。1つが、弊社で売り出している製品の次世代版の研究開発の研究員をしています。他社のツールがうちの基盤として使えないかどうかの研究。もう1つは、うちのなかで新しい製品を売り出そうとしていまして、それを他の地方自治体とネゴシエーションしているんですけれども、そのデモのためのシステムというのを作成しますね。そちらは、ただの実装者として対応しています。」
M	「主に税に対する納付ですかね。収納業務のシステムを作ったり、直したりするプロジェクトですね。そこで収納のスケジュール調整したり、改修の要件定義とか、テスト結果のレビューですね。だいたい全部やりますね。」
N	「通信系の方の基幹系のシステムの開発を行っております。バッチ処理と言いまして、オンラインではなく、溜めた情報を夜間とかに処理をするというところの開発を行っています。バッチの中でも色々な工程があるんですけども、試験の工程のところで結果の確認をしたりとか、あまりあってはいけないんですけど、故障があった場合にそれに対応しなければいけないんで、その対応方針があっているのかどうなのかっていうところを主に見ています。」
O	「基幹系の再構築のプロジェクトに入ってまして、私の方がオンライン関係。いわゆる画面関係の機能とかの要件の調整をしているっていうところですね。その中で2チームの体制で動いているかたちです。片方のチームリーダーをしています。チームリーダーは、案件を基本的に持たないようにして、メンバーの進捗の確認だったりとか、トラブルとか全体調整の確認というところをやってはいるんですけど、そうは言いつつも実態として（案件を：筆者注）持ってるんで、なんだかんだ動いている感じで。」

メンバーとともに取引先企業内にあるチームに組み込まれ、自社メンバーに指示を出すリーダーである。

対象者H、P〜T、Wの場合、取引先企業内に常駐しているが、そのチームメンバーは自社の労働者のみで編成されている（図表5―6）。とくに、対象者P〜Tのチームは、客先に自社メンバー60名[*3]がチームとして常駐している。そのため、「だいたいうちぐらいの規模だと、ある程度、塊でというか、あんまり細かいことはなくて。ただ「いつまでにこれを」っていうのはあって」（対象者P）というかたちで、開発業務を包括的に受注している。

最後に、対象者XはA社のような勤務形態に加えて、別のプロジェクトではC社のようなかたちで、1人だけ取引先企業によって編成されたチームに動員されたこともあったという。

次に、組織内の指示系統を確認しておく。開発の規模や担当する工程の範囲に応じて違いはあるが、プロジェクト単位で体制が組まれた場合、プロジェクトマネージャーを長として、プロジェクトリーダー、チームメンバーが続くピラミッド状の組織が作られている。対象者F〜Iの所属するf社では、基本的には、図表6―4のうち、「プロジェクトマネージャー（PM）」や「開発担当」などのいずれかに誰かが当てはめられるという体制がとられている。ただし、案件や課の方針によっては、作業が細分化されたうえで、「開発担当」から「品質担当」までをすべて1人で担当することもある。

全員が同一のプロジェクトに所属している、対象者P～Tの体制についても見ておこう。先に触れたように、このプロジェクトは60名が携わる大規模なものであり[*4]、プロジェクトマネージャーには対象者PとRの2名が置かれている（図表6―5）。対象者Pは4つのチームを統括しており、対象者QとSはそれぞれそのチームリーダーである。各チームリーダーの下にチームメンバーがぶら下がるような体制が採られている。

以上のような体制のもと、プロジェクトやチームを指揮する現場リーダーから、各チームメンバーに何らかの指示が出され、開発業務が進行していく。それでは、リーダー職から各メンバーには、どのような指示が出されているのかを見ていこう。

＊3　この人数には協力会社の労働者も含まれる。60名のうち、p社の社員は約10名である。p社は約10社の協力会社と契約を結んでいる。

＊4　p社が受注したプロジェクトは60名で開発にあたるものだが、このシステム全体には約700名が携わっている。

（前掲）図表5—4　A社労働者の所属するチームのイメージ図

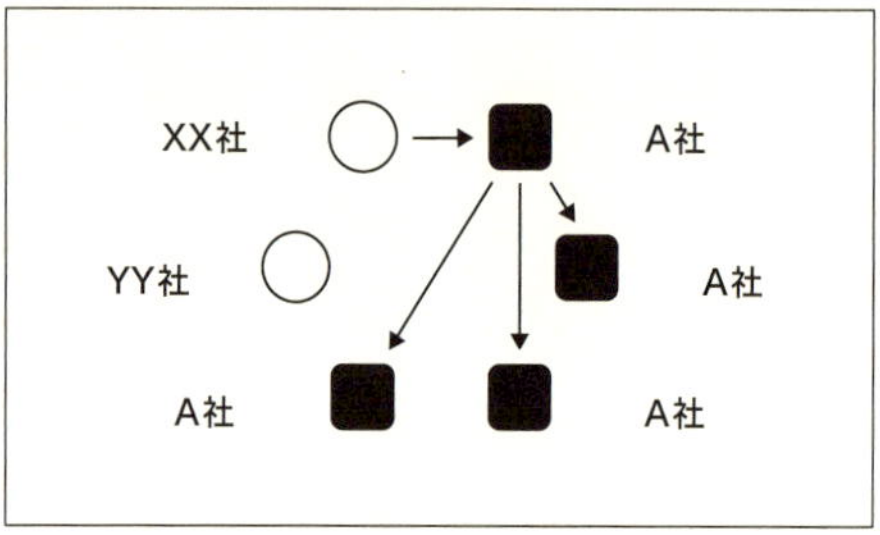

（再掲）図表5—6　B社の勤務形態イメージ図

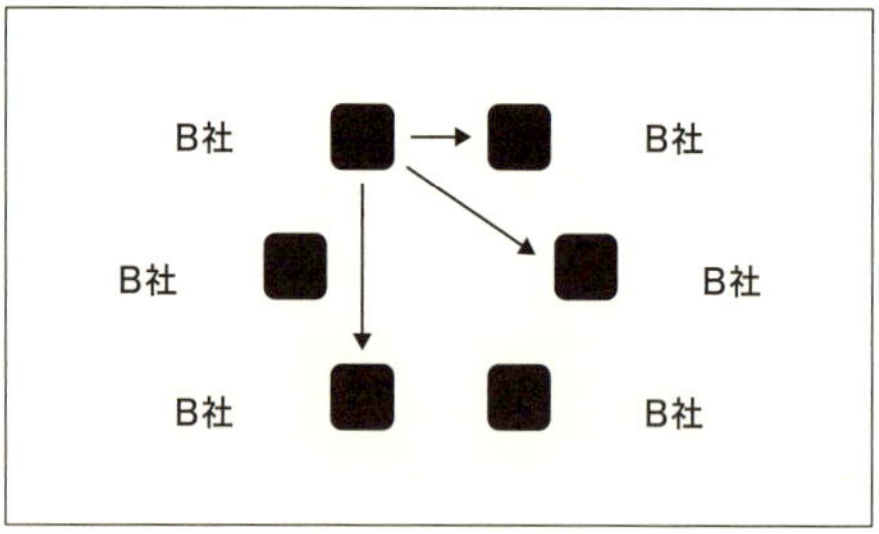

（再掲）図表5—3　C社の勤務形態イメージ図

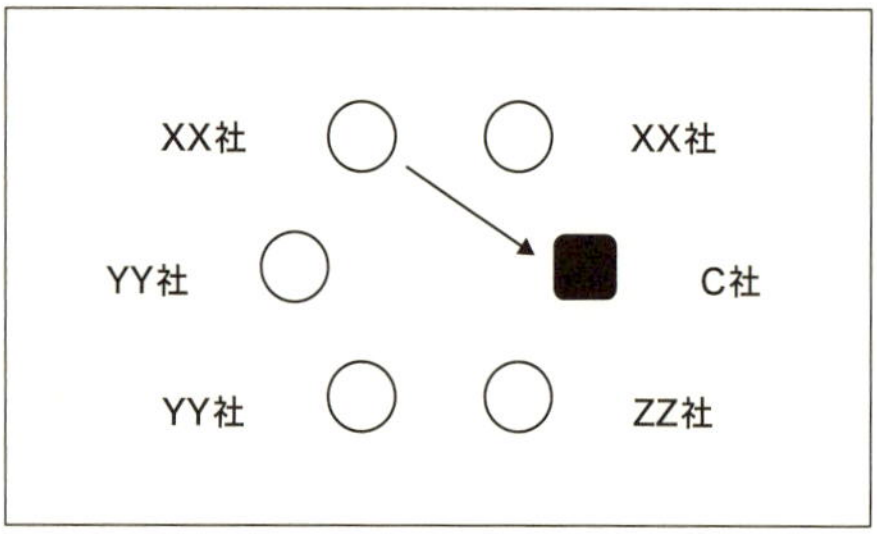

図表6—4　f社における各プロジェクトの体制

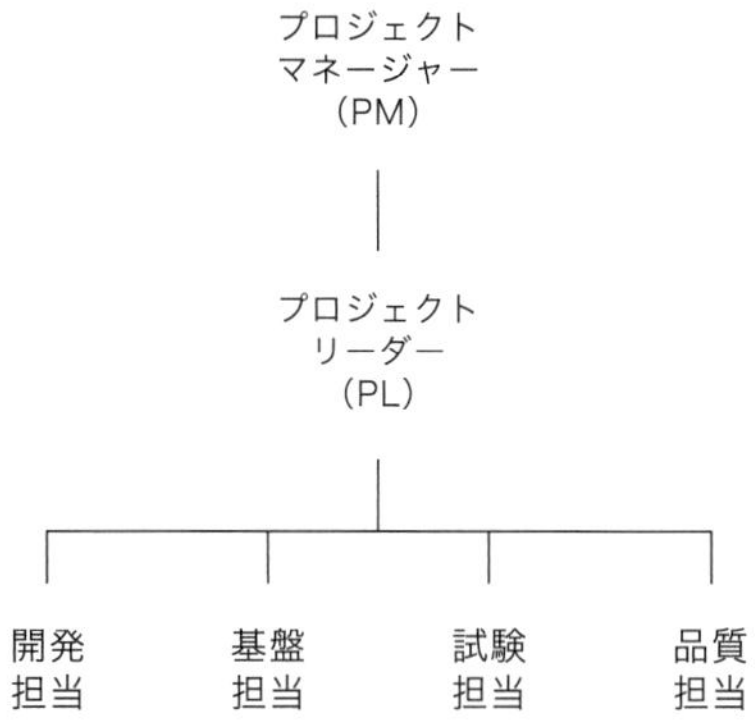

図表6—5　対象者P～Tのプロジェクト内の位置付け

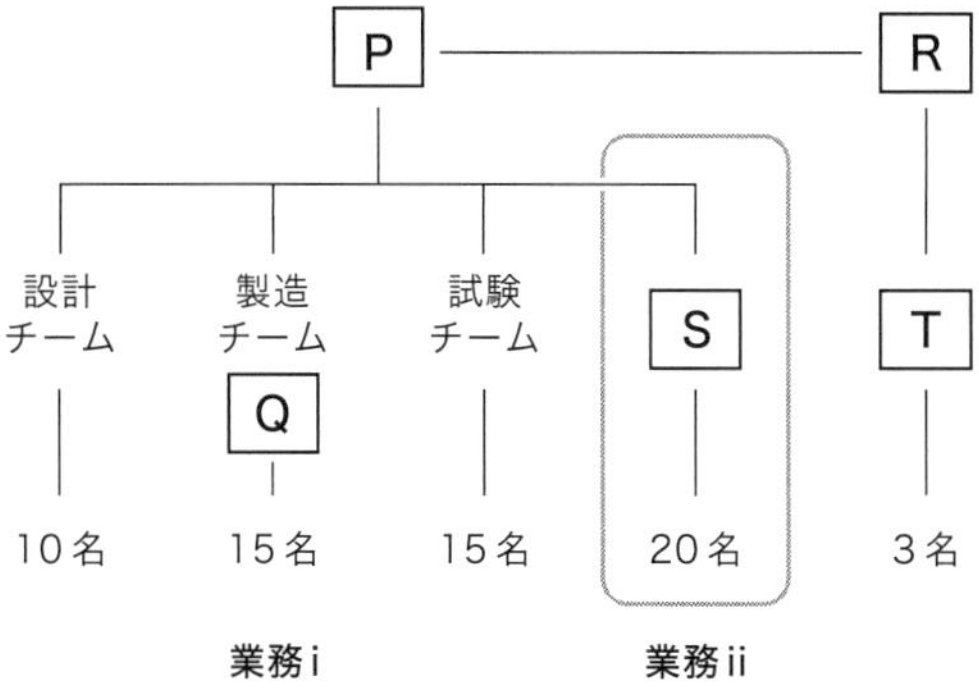

第2項　リーダーによる指示の出し方

本項では、各労働者に業務が割り当てられるまでの流れを確認しながら、現場リーダーの組織内での権限について確認していく。

f社では、案件を受注した段階で、開発計画を立てる会議が設けられる。受注金額に応じて、開発に何人の労働者を要するかなどの人員体制が組まれ、この時点で各人への役割分担の大枠も決定されるという。

こういう体制で、誰をどこに入れて、どういう担当でっていう体制図も作って、会議にかけてその決裁のもとに、後はプロジェクトリーダー、現場の社員が進めていくというかたちになるかな。基本的に、体制については上層部で決定された上でやっていくと。（対象者G）

まず開発計画を立てますので、その時に「こういう体制でやります」っていうのを宣言します。その段階では、プロジェクトマネージャーと会社の上層部の方で、「だいたいこういう役割分担で」っていうのを決めておくんですけれど、実際に始まったところで様子を見て、変えるというのはありますね。（対象者F）

人員の割り当てにあたって、事前にどのような作業がどれほど必要となるのかが見積もられ、その役割は管理職クラスが担っている。P社でも、大枠をプロジェクトマネージャー（対象者PとR）が決めている。

私と下のチームリーダーというところは、ある程度、経験値は上がってきているので、「この期間にこの仕事」という。だけど、そこから下に展開されるときっていうのは、また細分化されていくっていう感じですかね。（対象者P）

基本的には対象者Pが言ったようなかたちになります。あとは、作業の内容だとか、依頼の内容によって若干変わったりですとか、期限があるもの、ないもの。期限がないものについては、下の育成も含めて「ちょっと一回、考えてみなさい」っていうかたちで指示を出したりする場合もあります。（対象者R）

ここから、具体的な作業の割り振りや、開発が進行するなかでの微調整は、プロジェクトリーダーやチームリーダーといった「現場リーダー」が行うこととなる。それでは、現場リーダーは、チームメンバーにたいして、具体的にどのような指示を与えているのだろうか。

上司は対象者Pになるので、対象者Pから私の担当している範囲において、マスター（プロジェクト全体：筆者注）のスケジュール感であるとか、やんなきゃいけない案件、期限だとかっていうのをいただいて、私の下にサブリーダーがいるんですけど、そのサブリーダーの管轄の範囲がまたありますので、そのサブリーダーの範囲におさまる部分の仕事の内容と期限を伝えて、あとの計画はサブリーダーに案を作ってもらって。（対象者S）

まず、目的・背景・期間っていったところをヒアリングして、それをもとに私の方で作業のスケジュールとか整理して、それを私の下にサブリーダーがいますので、「これでできるか？」っていう相談をして、「これでできる」っていうものを持って行って、承認いただいて、もし不備があれば「こういう風にした方がいいんじゃない？」っていうアドバイスをいただいて、最終的に合議してやるかたちになります。（対象者Q）

指示するって、基本設計とか要件定義とか前からある設計書、自分が作る設計書以外のやつを「全部見て」って言うしかないんですよね。「書いてある通り作ってくれればいいよ」って言うんですけど。（対象者I）

チームメンバーへの指示の出し方だと、案件単位でやっていて、それに対する資料があるので、それを渡して「内容確認して、対応してくれ」ってかたちで、細かいことを全部指示はしないですね。ぶっちゃけそこまで全部指示してると回らないっていうのもあるんですけど。（対象者O）

個々のやり方もあると思うので、指示の出し方としては、ある程度幅のあるというか、大枠で伝えているというようなかたちになります。（対象者N）

基本的には、大枠を伝えて考えてもらって、成果物を一緒にレビューしたりとかっていうので作業をしていますね。あとは、そのお願いする担当者のスキルにも関わってきて、何でも丸投げして大丈夫っていう人もいれば、まだ入社したてで「ちょっとわかりません」っていう人もいたりするので、それによっても変えたりしてますね。（対

象者V）

これらの事例からは、ある程度の経験を積んだメンバーに対しては、詳細な指示は与えず、スケジュールや求める成果などの大枠を提示するような指示を出していることがわかる。それは、対象者Oの発言にあるように、事細かに指示を与えるほどスケジュールに余裕がないためである。同様に、対象者Vは自身の負担軽減や作業の効率化という意図をもって、上記のような指示の出し方をしている。

まず、大人数でやりますって言ったときに、全てを自分が考えて、作業だけお願いしますってなってしまうと、タスクが全部自分に集中してしまって、効率的に時間が割けなかったりっていうのがあると思うんですね。脳みそ使うところもお願いできる人にはお願いすることで自分の負担が減って、そのリソースを別のことに使えるとか。並行して作業を進められるっていう意味では、できればそうしたいなって思ってる。（対象者V）

さらには、次の対象者Gの発言からは、プログラムを作るという業務特性から、詳細な指示を与えることの難しさがうかがえる。

プログラムって、10人が作ったら10通りのプログラムが出来上がってくるんですよね。結果は同じであったとしても、中身を見ると10人がプログラムを書けば、まったく一緒のプログラムが出来上がることって、ありえないことなので。じゃあ、それを全て指示を出して、10人が同じように作れるように指示が出せるかって言うと、それは自分でやるしかなくなっちゃうと思うので。そういう意味で、プログラムを作るっていうことに関しては、指示を上から出すって、かなり難しい。（対象者G）

ここで、「10人が作ったら10通りのプログラムが出来上がる」というシステム開発業務の性質については第4章でも触れたが、ここであらためて家屋などの建築物を作る場合と比較しながら検討しておこう。家屋を立てる場合、依頼主からの要望を受け、建築士が設計図を作成し、それをもとに大工などの施工業者が実際の建築作業を行う。このとき、10人の建築士がいれば、10通りの設計図が出来上がるだろうが、その図面を受けた実際の建築作業においては、10人の大工がいたとしても、10通りのさまざまな家屋が出来上げることとは基本的には考えられない。また、建設作業が進行する中で、実際に家屋という物体が建設されていくことになるから、それを設計した建築士は、設計書通りに施工が行われているか、実物を見て確認することができる。

　一方、システム開発業務の場合、取引先企業から要望を受けたシステムエンジニア（SE）が設計書を作成し、プログラマーがその設計書に書かれている内容をプログラム言語に落とし込んでいく。これがプログラミング作業である。ここでも、10人のSEがいれば10通りの設計書が出来上がることになるが、家屋建築との相違点としては、プログラミング作業において具体的にどのようにソースコードを組み、そのシステムを完成させるかは、プログラマーの手に委ねられていることがある。ソースコードとは、いわばコンピュータに対する命令である。「どこに向かうか」の目的地はSEが決定するが、そのための「道順」はそれぞれのプログラマーによって異なるといえよう。

　例えば、10歳代から90歳代までいる１００人の集団があったとして、その年齢層の分布を知りたいとする。その場合、10歳代の人は何人、20歳代の人は何人……と、それぞれの年代の合計人数を出し、それが全体に占める割合を算出するという一連の作業をコンピュータに命令する。このとき、「１００人の中から10歳代の人は何人いるか、20歳代の人は何人いるか……を求めて、それぞれの割合を計算する」というように、すべての作業について一まとまりで命令をすることも可能ではあるが、コードとしては長すぎる。そのため、第一に10歳代の人数を計算させ、第二に20歳代の人数を計算させ……というように、命令を分割していく。あるいは、10歳代から90歳代まで同じ作業を繰り返すため、何らかの変数を用いて10歳代の人数を求める作業を90歳代まで適用する、といったコード（命令）を書くことも考えられる。このように、結果としてそれぞれの年齢層の合計人数、およびその割合が算出できれば、コードをどのように書きコンピュータに命令するかは、個々のプログラマーに任せられている。より具体的には、どこで改行するか、ポイント（空白）を空けるか空けないか、また何行で書くかなどを含めると、ソースコードの書き方は無数に存在する。そのため、SEが設計書を作成する段階でそのすべてを指定することは難しく、プログラマーが10人いれば、10通りのプログラムが存在するという状況が生まれるのである。[*5]

以上のような業務上の性質から、大枠を定めて一定程度は各チームメンバーの裁量に委ねるという方法が採用されている。だが、このように作業管理は、結果として、想定とは異なる成果物が出てくることも多いという。[*6] そうした事態を回避するためにも、大枠の提

＊5　最終的にはSEの書いた設計書通りのプログラムが完成品として存立する必要があるのだが、家屋のように物体として存在しないために、開発の進行段階でそれを確認することはできない。

示に加えて、最低限のルールが設定されており、リーダーにはその周知が求められる。

（10人が作ったら：筆者注）10通り出来上がるけど、「ちゃんとここは守りなさいね」っていうルールが設計書とかに書かれている部分にはなってくるので、そこを守って作るっていうところ。設計書で気をつけなきゃいけないところとかっていうのは、たぶん指示は出るとは思うんですけれども。（対象者G）

基本、プログラムであれば、設計書に基づいてくるんで、それ以上でもそれ以下でもないですし。例えば、基本設計の「この画面で、こんなことができるように」っていうのを詳細設計に落とし込むときに、細かい動きが共通ルールに則ってるかどうか、そういった指針はもうありますので。（対象者I）

こうして、入社して間もない若手でなければ、「設計書通りに作って」や「いついつまでに、この仕事を」というような労働者に考える余地のある指示が出されているのである。

第3項　チームメンバーから見た指示のされ方

本項では、チームメンバーが上司からどのように指示を受けているのかについて見ていく。[*7] まず、入社して数年の若手に対しては、細かく期間を区切り、そのなかでどのような作業をすべきか具体的な指示が与えられている。

最初の頃はきっちりしてて、自分のやるべき範囲っていうのがわかってたんで、そこに専念はできてて。そのときも100（時間：筆者注）超える残業してたんですけど、やることが明確である分は、確固としたリーダーがいて、その指示のもとにちゃんと動いていいたっていう状況があったんで。（対象者W）

＊6　この点は、先に示したように、第5章の経営者インタビューでB社も同様の指摘を行っていた。その他、労働者インタビューでは、次のような事例が挙げられる。「難しい部分もあって、『お願いね』って丸投げしたら、全然違うものが出てきたとかもありますし」（対象者V）。「（設計書に：筆者注）『書いてある通り作って』と言うんですけど、書いてある通り作ってもらったら動かない、とかあるんで、なかなか個人に依存するというか。リーダーに聞いてくれる人はいいんですけど、勝手に『こうだ』と思って違う方向に直しちゃってたりすると、テストに引っ掛かってくれればいいんですけど、そうじゃないと本番行ってからバグが出たりとかってことも」（対象者I）。

＊7　本項においてリーダー職につく対象者の発言が取り上げられている場合は、チームメンバーとして業務に従事し、指示を受ける側であったときの経験について聞き取りを行ったものである。

その後、勤続を重ねていくにつれ、上司からの指示のされ方には変化が見られるようになる。

最初に、「こういう画面が今あるので、新しいプロジェクトになったら、この画面をどういう風に変えていく」とか。例えば、「ここところのデータの持ち方は、絶対変えちゃいけないから」とかっていう前提は教えてもらって。その時点で、「こういう風にやろうと思うんですけど」って伺ってから進めていく感じですね。（対象者M）

ここでも、期間や求める成果物が設定されたうえで、具体的な手順やどのようにコードを書くかなどは、各労働者の裁量に委ねられていることがわかる。また、業務の性質によっても指示のされ方に違いがあることは前章でも指摘した通りである。次の対象者Lの事例にあるように、既存システムの改修など、すでに設計書が存在する場合には、「この部分を直して」といったように具体的な指示が出されるが、新製品の開発や既存システムの改修であっても修正箇所の全容が把握できない段階では大まかな指示が出され、それに対して労働者が「こうしてみてはどうか」と提案するような関係となっている。

実際は、ほとんどエスカレーター式というか。マネージャーが決めたことを、リーダーが聞いて、リーダーが聞いたことを業務リーダーが聞いて、その業務リーダーが各位に「これやってください」と伝えて。設計書もちゃんとあって決まってるよってものなら、細かく「これはこういう風にやる」と、設計書にそう書かれているので、「設計書の中のここをやって」みたいなことになりますけど、まだ全然どういうものを組むかっていうイメージの中でしか決まってないようなものだったらば、「ちょっとこういうのをやってくれ」という風に言われて、それに対して、自分が「こんな感じで進めていきますけど、これでどうですか？」と言って、相手に承認をもらってやるって感じですね。大まかに与えられて、それを返すってことだけなので。（対象者L）

このように大まかな指示が与えられるのは、システムを完成させるためにどれだけの作業が必要となるのか、事前に測ることが難しいという事情も関係している。そのため、現場リーダーよりもさらに上の管理職と現場との間で「ずれ」が生じるケースもある。

マネージャー層はシステムの概要しか知らないので、実際に作ってみたりとか、細かな問題とかっていうのは把握しきれてなくて、「こんなの簡単だろう。何日ぐらいでできるだろう」って思って見積り出してもらって、実際高かったりすると、「ふざけんな」みたいな感じで、「もっと下げろ」みたいなことは言いますよね。（対象者X）

これは、取引先企業と業務内容について取り決めを行うなど、よりシステムの大要に関する情報を手にしている管理職層であっても、具体的にどれほどの作業が必要となるかまでは把握しきれないことを表している。こうしたシステム開発業務の特性について検討するために、対象者Kの担当する影響調査という業務を事例として取り上げ、検討していく。影響調査とは、既存システムを改変する際に、顧客からの変更要求に応じて何を・どこまで・どのように変えるのか、また変更することで元のシステムにどのような影響が生じるのかを調べる作業である。

実際、直したときにどこまで影響が出るのかっていうところから、実装、単体テストまでが案件にまとまってあるので、それを「今週、この案件やって」という風に、期日を言われてやっています。影響調査とか、どのくらい工数がかかりそうなのかなって調べて、ちょっと難しそうだったら、改めて相談するっていうかたちになっています。（リーダーが：筆者注）あまり詳細を知らない状態で、ざっくり「3日くらいで終わるかな」ぐらいの感じで投げているので、実際に調べてみて、想定以上に見ないといけないプログラミングがあったりするので、直さないといけない本数とかが、結構違ったりしてきます。実際にやってみたら、プログラミング的には問題はないんだけど、例えば帳票を出すときに、レイアウトが崩れちゃうんだけど、とか。（対象者K）

この事例からは、指示を与える側のリーダーであっても、作業を進めて見なければ最終的な作業量・内容が必要となるのかを正確に把握することができないことがわかる。そのため、おおよその期間を定めて指示を与えるしかない。つまり、なすべき作業をあらかじめ計画しておくことを意味する課業を適用することが、業務の性質からして難しいのである。

以上から、労働者への指示は、詳細に指定されたものでなく、大枠を提示したうえで個々の労働者に考えさせるようなものであった。それは、プログラムの組み方には何通りもの方法があり、それをすべて指定することには困難が伴うためである。また、どのような作業がどれほど必要か事前に計画し尽くすことができないという業務特性も影響している。したがって、システム開発という業務が課業を適用することに馴染まないものであるがゆえに、上記のような指揮命令のあり方が採用されていると考えられる。

第3節　ＩＴエンジニアの決定権

本節では、第1項でこれまで見てきた指揮命令関係のもと、ＩＴエンジニアがどのように実際の業務に携わっているのかについて、担当するプロジェクトの全体像との関係から明らかにしていく。第2項では、個々の労働者が業務遂行にあたって、何にたいする決定権を有しているのかを見ていく。また、この決定権の観点から、トラブルや無理難題と思われるような要求があった場合にどのように対処しているのかについても触れる。この点は、自律性をテーマとする本稿において重要な視点であろう。

第1項　細分化された業務

個々の労働者が担当するシステム開発業務は、工程ごとやその工程のなかでも細かな機能ごとに分割されている。実際の業務遂行にあたっては、この細分化された業務をただ完成させれば済むのか、それとも開発の全体像を知った上で担当部分を完成させた方がよいのだろうか。なお、開発の全体像とは「要件定義→基本設計→詳細設計→プログラミング→テスト→運用・保守」といった流れを指し、仕事の受注から納品までの一連の動きとなる。

図表6—6　システム開発の流れ

要件定義 〉 基本設計 〉 詳細設計 〉 プログラミング 〉 テスト 〉 運用保守

まず、リーダーの立場からは、全体像と結びつけてチームメンバーに仕事を割り振っているという。

私は、全体像を伝えるようには努めてまして、全体の何をやってるとかっていう話をしないと、その仕事の重要性とかもわからないじゃないですか。とくに2年目の子とかだと、自分がやってる実装とかっていうのは、お客さんはどういう風に使うから、とか。(対象者J)

大きなプロジェクトなので、必ず全員に対しては、システムの全体像を説明して、自分たちが開発しているところがどこで、「あなたがやるとこはここですよ」っていうのは、ちゃんと説明しています。ただ、全員が全員、いつも意識してなきゃいけないかって言うと、大きなプロジェクトでそのなかのここだけを作るっていう仕事もそれは存在するので、そういうときは、局所的にそこだけ教えるってことはありますね。

（対象者P）

自分たちの処理だけではなくて、プロジェクト全体の共有をします。と言っても、そんなに細かく説明するわけじゃなくて、「全体像のなかで、こういう動きをしてる中の、位置付けとしてはここをやってるんだよ」っていう説明をします。（対象者Q）

自分のつながる前後の機能とかがわからないと。プログラムと同じレベルで書いてない設計書もあるので。こう書いてあるけど、どっちに倒せばいいのか、って言うんですか。プログラム書くときって、「1だったらこれ、2だったらこれ」って設計書に書いてあるんですけど、1と2以外のときにどっちに動くかって考えて書かないと、想定してないところにいっちゃうので、そういうのを考えると、前でどういう風に入れているのかっていう、前の機能の設計書を見たりとか。「そもそも別のところとどうつながっているの？」とか、全体像に興味持っていかないとできないのかなって思うんです。（対象者I）

プロジェクトの規模にもよるし、その方のスキルにもよると思うんですけど、理想は、全体を理解した上で、ここの機能をやってもらうっていうのが一番いいと思っているんですが、なかなか全員に全体を理解してもらうっていうのも難しいかなと思っていて。（対象者V）

このように、理想としては、個々の労働者が自身の担当する工程や領域が、開発全体のなかでどのような役割を果たしているのかを把握することが望ましい。だが、次の事例にあるように、リーダーがそのように指示を出していたとしても、実際にそれがどこまで浸透するかは定かではない。

プロジェクトが始まるときに、「こういうプロジェクトで、予算がこうで」ってキックオフって言ってますけど、それはやるんですけれども、担当者とか、経験年数によって、（全体像を：筆者注）どこまで把握しているかって言うと、ちょっとわからないところはありますね。（対象者F）

望むべくは、やはり全体像をわかった上で、「じゃあ、いま自分がやってるのはこの部分だ」と、それがどういうつながりで全体に波及していくのかっていうのを、ちゃんと意識しながらやることが、理想のかたちだとは思うんですけども、どうしても自分の範囲だけのことに注力してしまって、全体が見えていない傾向にあるかなとは思っています。（対象者N）

実際、入社5年以内の若手労働者の場合、全体像をイメージすることは難しく、自身の担当する領域以上を把握することはほとんどできない状況にある。

やはり年次が浅いっていうことで、全体を見て案件をやっているというよりかは、非常に狭い範囲でやっていると言った方が正しいです。経験を積んで、協力会社の方とかを管理する立場になっていったら、納期がいつまでにあって、誰にどういう風に周知しないといけないのかっていう全体像を見ていないと、仕事が回っていかないのかなとは思います。ちょっとそこは私、イメージが湧いていないので。（対象者K）

あまり全体像のイメージは持てなかったですね。どうしても開発だけになっていたので。それをお客さんに届ける・導入する人だったりとか、運用をする人たちの仕事というのは、あんまりイメージがつかなくて。（対象者L）

明確に「君はここからここまでやらなきゃいけないよ」って言われるわけではなくて、自分ができる範囲でまずはこなしていって。そこはマネージャーが全体を見て、ここが薄いなっていうところは、そこに人をアサインして兼任させるとか、そういう感じでやるので、その人がシステム全体を見て、すべて万遍なくわかるかって言うと、そういうわけじゃなくて、兼任してるけど、結局「この部分しかわからないよ」とか、そういうことはあります。（対象者X）

ずっと実装やってたときは、実際にどう使われるかっていうイメージは、全くなかったんですけど、今は実装テストが終わったものの資源をまとめてお客様に届ける、リリース資源みたいなものをまとめるのもやっているので、それがお客様のもとに届いて使われてるとか、そういう感覚は常に持ってますね。（対象者M）

経験を積むなかで担当する領域が広がれば、以前よりも開発の全体像をイメージしやすくなるだろう。だがすでに指摘したように、開発業務においては仕事が細分化されており、そこに各人が当てはめられている。そのため、個々の労働者は基本的にはその範囲内しか知りえないような環境下で開発業務に従事している。この点は、指示を出す側のリーダーも同様に指摘している。

望むべくは全体像を知った上でというのだと思うんですが、実態がともなっているかって言うと、ともなってないっていうのが実態かなとは思ってます。なるべく事あるごとに説明してはいるんですけど、どうしてもスキル差とかがあるのと、経験差が大きいのかなっていうところですね。今のプロジェクト自体が、どうしても部品化じゃないですけど、機能を細分化しちゃっているので、全体がほんとに見づらいんですよ。（対象者O）

他方で、ITエンジニアの仕事は自身の担当領域の前後にある設計書を読むことが重要で、自分からわかろうとすれば全体像を把握することは可能だとの指摘もある。

「このできてる詳細設計書を見て、これ作ってね」って言われるだけなんで、それの外は自分でわかろうとしない限りはわかんないと思うんですけど。（対象者I）

自分で情報を、メンバーだったらリーダーに聞くとか、自分で動かないとわかんないかもしれない。（対象者J）

だが、次の対象者Wの事例からは、仕様書や設計書を読むことで開発の全体像を知り得るとはいえ、実際にはその設計書を読むこと自体がほとんどできない状況もあることがうかがえる。

一応、プロジェクトに入ると、分厚い仕様書がどさっと渡されるんですけど、ほんとこんな分厚いんで（机から30センチメートルほどの高さを手で示しながら：筆者注）、目通してらんないんですよ。たぶんこれ全部見れば、システム全体のまとめが書いてあるんだろうけど、見てらんないんで。「ここのとこだよ」って、誰も説明してもくれないんで、「じゃあ、やります」みたいな。そういう感じですね。（対象者W）

この事例では、設計書が渡されることで、開発の全体像を知り得るともいえるが、膨大な量の資料を読み込む時間は用意されていない。そのため、設計書にほとんど目を通すことなく、担当領域の開発のみに注力していたという。さらに、仮にすべての設計書に目を通すことができたとしても、プログラミング技術等に加え、取引先企業の業務内容に関する幅広い知識がなければ、設計書に書いてあることの意味をすべて理解することは難しい。

例えば、市の方から「こういった風に返してくれ」って言われたときに、業務知識がわかっていれば、お客様はこう言っているけれども、業務的にはこう直した方がもっと便利だ、っていうことだったり。そもそも、お客さんの方が法律が変わったばっかりで、あまりわかっていなかったってときに、間違った仕様に直しているとかって場合があるので、そういったときに自分で業務知識を知っていると、後で「実はこういった風に直してほしかったです」っていう手戻りとかが減ったりするので、業務知識っていうのは、間違いなくあった方がいいです。（対象者K）

ここから、プログラミング技術だけでなく業務知識を身に着け、リーダー職につくほどの経験を積めば、開発の全体像を把握しうる立場になることがわかる。ただし、そのチームリーダーでさえも、業務が細かく分割されている前提は変わらないから、必ずしも全体像を把握しているとはいえない。

チームリーダーでいたとしても、たまに「何それ？」っていうのがいきなり出てくるんで。「あ、そうなの？」っていうところもあったりはするんで、苦労はしてるんですけど。ほんとにプロジェクトの全体見てるってかたちになると、かなり上のクラスになると思うんですよ。範囲が自分のやってる基幹だけじゃなくて、他のシステムにも及ぶので。上の人たちはおそらく全体像はきっちしおさえている、大きいところの問題とか課題は知ってても、たぶん細かい話は現場にっていう。現場のところは、自分たちの範囲内のところはしっかりおさえてはいるんだけど、他のところについては必要最小限、それはもちろん知らないと話にならないので。必要最小限になっているのが実態なんじゃないかなとは思います。（対象者O）

このように、リーダーの立場にあっても、他の部門との関わりなどを含めると、開発の全体像を理解することはやはり難しい。また、開発の途上で仕様の変更が発生し、それに対応することもあるが、その決定は現場リーダーを超えたレベルで行われることも多い。さらには、前節で見たように、実際にそのシステムに手を加えてみなければどれほどの業務量が発生するかわからない。つまり、現場リーダー以上の役職者であっても、全体像を完璧に把握することは難しいのである。

こうして、自身の担当領域が全体像のなかでどこに位置づくのかという視点を持つことは理想的ではあるものの、直接関わる前後の作業さえ把握していれば、個々の労働者は業務を遂行することができる。

昔やってたプロジェクトだと、もっとメンバーが多くて、20人、30人とか多かったりもするので、そういう場合は機能を切り分けて、「わかっていればＯＫ」という範囲を狭めて、「ここだけわかってくれてればＯＫです」っていう割り振り方もしたりはしますすね。例えば、大きいシステムを作りますって言ったときに、お客さんからの情報を受け取る機能があります、受け取った情報をデータベースに登録する機能がありります、それをもとに編集して一覧表示を出す機能があります、とかっていう風に、機能それぞれを分割しておくんですよ。それで、分割した機能の中で自分のインプットになる情報をもらう相手と、自分がアウトプットする相手だけ知っていれば、とりあえず大丈夫っていう状態を作っといてあげるんですね。それをリーダーであったり、全体を把握している人がパズルみたいに組み合わせて、「これとこれとこれがあれば、このシステムは動く」っていう風にしておいてあげれば、その担当の人は自分の機能だけ知っていれば、あとはインとアウトだけ知っていれば、とりあえず後ろのことっ

図表6—7　機能分割のイメージ図

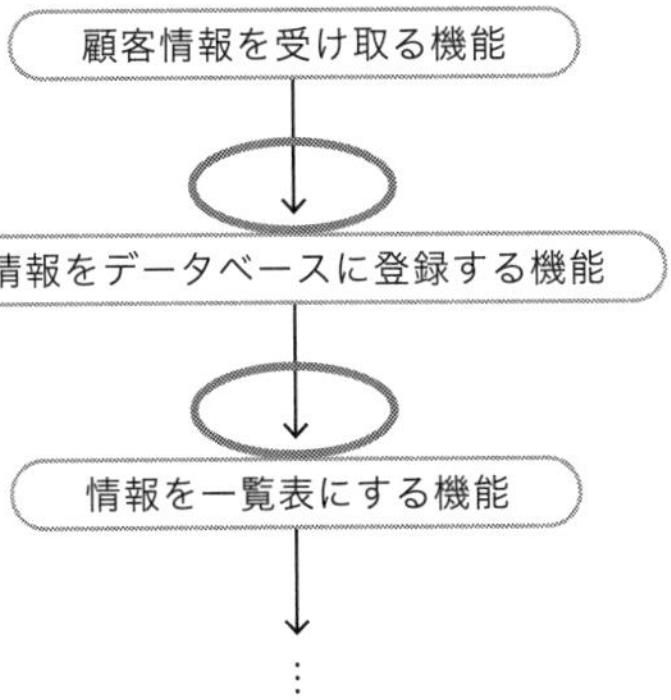

ていうのは気にしなくて大丈夫だよっていう作り方ができるので、そういう風に細分化してあげて、集中化しなきゃいけない部分を絞ってあげると、その人は100考えなくてもよくて、10だけ考えればよくなるので。（対象者Ｖ）

この事例にある機能分割の仕方を表したものが、図表6—7である。このうち、「情報をデータベースに登録する機能」を作成する担当者の場合を例にとると、自身の担当領域に関係する丸で囲った部分（インプットとアウトプット）に関する情報さえ把握していれば、一連の開発が滞りなく進行する。こうした状態を作り出すために、リーダー層が機能ごとに業務を細分化しているのである。

この事例は、労働過程のうち「構想」部分はリーダー職以上の層に集中し、個々のチームメンバーがそれを知ることはなく、「実行」部分のたんなる遂行者と位置づけられていることを如実に表している。これは、第４章でみたような、「構造化プログラミング」が導入される以前の１人のエンジニアが設計からプログラミングまでをこなしていた状況は一変し、開発業務の進め方が大きく変化していることを意味している。くり返し見てきたように、個々の労働者の業務は細分化され、その一部分を担うことのできる能力のみが求められる。こうした専門特化によってＩＴエンジニアの能力は、業務が細分化される以前と比べて相対的に低下しているといえるだろう。

第２項　決定権へのアクセス

本項では、これまで見てきた客観的な条件のもと、ＩＴエンジニアが業務を遂行するうえで何にたいする決定権をどれほど有しているのかについて見ていく。

まず当然ながら、入社数年の若手の場合はほとんど業務に関する決定権を持たない。それでも、最初の頃はソースコードをどう書くかまで細かく指示されていたが、だんだんと指示されなくなっていくという。若手であっても、コードの書き方や業務をこなす手順についての決定権は有している。

ほぼ、ほんとに決められないですね。基本的に案件として、自分が自由にできますっていうのは、まずないです。プログラミングでどう書くかぐらいの裁量はあるんですけど、直す方向性は自分では決められないです。（対象者K）

来る仕事来る仕事、返すだけなので、自分で何か作業を決められるとかはなかったですね。だんだん、作業の手順だったり、アバウトな要件ができてそれに対しての対応だったりは、自分である程度決めて、それを承認してもらって、その通りに動くというかたちになりますね。（対象者L）

下流にいた頃は、決定権はほとんどなかったですね。何もないですね。もう全部言われるがままにやる、みたいな感じですね。与えられたタスクをこなすみたいな。それはテストだけに限らず、製造のときもそうですし。「こういう作り方にしたいんだけど」っていうのも、基本は設計された通りにやるみたいな感じなので、あんまり自由はない感じですね。（対象者X）

どうしてもお客様の運用状態とかで、絶対にこの日までに、これやんなきゃいけないってことがあるので、そういうとこは調整利かないですよね、もちろん。「期限の調整利きますか？」って聞くことはできます。（対象者M）

対象者Mの事例は、定められた期限内に開発業務を終了させることが難しいと予想される場合に、期限を延ばすことが可能か、上司に伺いを立てている。

では、その上司に当たるリーダー層には、何にたいする決定権が付与されているのだろうか。*8 リーダー層は、自身が受け持つチーム内で調整できる事柄についての権限を有している。具体的には、（1）仕事のやり方や手順、（2）チーム内での業務の割り当てや人員調整、（3）チーム間のスケジュール調整が挙げられる。

現場のプロジェクトのスケジュールに従って作業するだけなので。そこのスケジュールに合わせて、うちの会社じゃない人のスケジュールも作って、マネージャーのOKをもらってやってるんですけど、その線のなかで、どの順で作業するかは自分の裁量で。自分のなかで優先順位を判断して、重要なやつから消化していくっていうやり方をしています。大きな開発の線表をずらすってことをしない限りは。（対象者I）

お金であるとか、要員であるとか、リソースについては権限がないので、対象者Pと調整して。そのリソースを使って、どうやってやってくのかっていったところは、うちのチームのなかで考えるんですけど。（対象者S）

期限とかは対象者Rから指示があって、その作業に向けてのアプローチについては決められます。「もうちょっとこうやったら、作業の効率が上がるんじゃないか」とかっていうところは提案をして、「それならいいね」っていうので確認して、進めてく感じですね。（対象者T）

納期とかのところに関しては、やっぱり決まったスケジュールがあるので。そこのと

＊8　現場のリーダー職に、さらに指示を出す側の対象者R（プロジェクトマネージャー）の権限についてもここで取り上げておこう。「事前にこのプロジェクト始めるにあたって、『これぐらいの計画でやります』っていったところを立てて、社内に説明して承認をいただければ、その範囲内であれば、ある程度は自由というか。ある程度はそのなかで色々できるかなっていう立場です。」（対象者R）

ころを延ばすみたいなのは、さすがに我々、まだ持ってないので。我々の方である程度、裁量持ってやってるというと、やってるなかの手順とか。例えば、日々、「こういうやり方ではダメだから、こういう風にやり方を変えよう」とか。そういったところについては、とくに手順を変えるからといって、上にあげるわけではなくて、もう「こういう感じにしました」って報告というかたちで。レビューの仕方とか、レビューの観点とかも、日々変わったりはするので、そういったところはバグが出て初めて、「これ、全然できてなかったじゃん。こういう観点漏れてるよね」とかっていうフィードバックをして、回してるってところですかね。あとは、チームの中での案件のところとかっていうのは、勝手にやって。そのへんは上司は全然感知してないんで、チームリーダー間で調整したりとか。例えば、この人もう回ってないなって思ったら、「じゃあ、これいいよ、外す」とかって言って、別の人に振り替えるっていうことは、別にGL（グループリーダー：筆者注）に判断仰ぐまでもなく、勝手にやってるって感じですね。（対象者O）

一つの案件のプロジェクトを進めるなかであったり、1日の作業の割り当てとかっていうところは、完全に自分の裁量の中で。越えられないのは、決まった金額を増やして、そういうところとかの権限はもちろんないですけど。メンバーについては、上の上司が「こういう体制で、ここの案件に誰々を育成したいからやらしてくれ」とかって決めるので、その体制については、当然権限はないですけど。（対象者G）

決定権って言うと、ちょっと大きくなってしまうんですけども、対象者Pから目的とか背景とか期間とか、範囲をいただけるので、そのなかで自分が「こういう風にやったら効率的だ」とか、「こういう要員でやりたい」とかっていうのを出して、それを最終的に承認いただいてからやるっていう感じですね。自分自身は結構好きなようにやらせてもらってるんですけど。（対象者Q）

私の場合、結構、裁量を与えられていて。対外的なお金の決め事とか、そういう権限はないんですけど、人を動かすとか、プロジェクトの業務をやるなかでの権限というのはほとんど持っています。ただ、お客さんと決めたスケジュールはやっぱり守らないといけないので、そこを動かす権限はないです。リソースが足りないので、延ばしてくれっていう調整をする権限はあります。（対象者F）

結構な裁量を与えられてまして。自分のチームのメンバーの作業は全部、割り振りしてまして。適宜できるような量と内容、レベル、難易度の高い・低いを考えて分けて、実際、プロジェクトマネージャーからは特に何も言われず、自分のチームがお客様に迷惑かけずに、与えられた量をこなしていけば、特に何も言われませんので。（対象者H）

非常に難しいところがありまして、お客さんがここって言ったら、それをベースにスケジュールは引かれます。うちは開発部隊なので、結合テストとかシステムが出来上がる全工程をやっているわけではないので、開発部隊がテストしたものを、今度、導入部隊に渡して、導入部隊でもテストがあるので。その開発で、ここまでって決められた中であれば、スケジュールは私が導入部隊と調整をして、スケジュールの移動はできる立場にはあります。見積りの内容の妥当性とかっていう決定は、うちは部長ですね。大きなお金の決定っていうのは。（対象者J）

反対に、現場リーダーが決められない事柄は、すでに上記の事例のなかに出てきているように、（1）協力会社の労働者を増員することや、（2）全体のスケジュールをずらすこととなる。これらは、取引先企業とすでに契約を結んでおり、それを変更するには費用が発生する。そのため、増員や納期に関わる問題が生じた場合、現場リーダーはプロジェクトマネージャーやグループリーダーなどのさらに上の上司にリクエストを出すという行動をとることになる。

手順っていうところについては、個々人で決められるかなと思うんですけども、やはりスケジュールですとか、一緒になってやってるパートナーさんとかで費用が発生したりっていう部分については、我々では決められなくて。そういうものは、すべてエスカレーションあげて、上司に相談したりとかっていうかたちで決めていってるような状況ですね。事柄の重要度とか、重大度によって、誰が調整するのかっていうのが変わってくるとは思うんですけども、ほぼほぼ大概のことはＧＬで調整している状況になります。（対象者Ｎ）

決定権を比較的持っているという状況ですね。仕事量が過多になったときは、外注さん、パートナーさんに依頼することをグループマネージャーに勧めたりとか。あとは、「こういうツールを導入したら、もっと業務を効率化できるんじゃないの？」というのは、グループマネージャーに言って、導入してもらったりだとか、そういうことはできるポジションですね。納期はね、クライアントとディレクターが結構、握っちゃうことが多いので。パートナーにいけるんだったらパートナーに頼んだりとか。（対象者U）

内製やってるときはリーダーだったんですけど、このときは、決定権としては技術の選定に対する決定権はあったんですが、スケジュールとかは、やっぱりマネージャークラスが決めることだったので。「このスケジュールで考えています」っていう素案は出しますけど、最終的な決定権は委ねてる感じですね。あとは、技術使いたいってことは、要はその分お金がかかるんで、「どれぐらいかかります」っていうのは提示するんですけど、そこを採用するか、不採用とするかは、やっぱりマネージャーが決める。（対象者X）

こうした人員の増員やスケジュールの延長が必要となるのは、何かしらのトラブルや、仕様変更に対応しなければならないといった事情が発生した場合である。これまで見てきた決定権との関連において、トラブルや仕様変更があった場合に、主にリーダー層はどのように対応しているのだろうか。

バグの場合は、「担当内で何とかしなさい」っていう感じ。それに対応するために、設計の変更が必要ですとか、機能の追加が必要で工数が増えますっていう場合には、上にあげていって客先と調整するというのはありますけど。客先から直接、「こういう機能を追加して」っていうのはない。というか、あったとしても「それはダメです」っていう話で。プロジェクトマネージャーが出てきて、客先と調整したうえで対応するっていう流れになっています。（対象者F）

途中からの仕様変更は、プロジェクトリーダーが決められるところではないです。プロジェクトマネージャーにあげて、「お客様からこういう要望があります」と。それを踏まえた上で、内容を、どれくらいの時間とどれくらいのお金でできるかっていうのを、お客様とプロジェクトマネージャーの方で相談して、やれそうであれば自分のプロジェクトメンバーで実施して、できなそうであれば他のプロジェクトから応援をお願いして実施するというかたちに。（対象者H）

例えば、詳細設計工程の中で、「ここにこういう処理を入れてね」って言われたとすると、工数の中で対応ができるのであれば、プロジェクトリーダーの判断で、「わかりました、そこまでに入れときます」ってなりますけど、丸っきり違う機能で、他の機能にも影響するとか、今までの予定していた工数からはみ出るって場合には、もともと想定していないんで、「どうしましょうね」っていうのを、プロジェクトマネージャーにあげて、「他のところで削れるのがあるから、それはやってあげよう」って話になるのか、「いや、もう一切受け付けないように。作業がいっぱい出てくるから」と、それはそれで全部溜めといて、詳細設計が終わったタイミングで、こいつら全部やるんですか、やらないんですかっていうのを整理するとか、そういう判断になるので。（対象者Ｉ）

例えば、緊急リリースの権限は、サブリーダーにはないので、まずはマネージャーに報告が必要で。あとは、急な故障検知みたいなのに対しての動きだしの指示は、必ずマネージャーにあげないといけないので、そういう緊急時とかリリースとかはマネージャーに。マネージャーにもさらにその上がいて、その上に対して、マネージャーとサブが２人で説明に行くっていう体制になってます。それでようやく承認が降りて、末端が作業するみたいな感じですね。エンドユーザーが絡んでくるときは、緊急にやらなきゃいけないので、期間を遅めるっていう判断はしづらいシーンがあって、そういうときは意地でもやるっていう風な指示が出るんですけど。（対象者X）

このように、仕様変更等に関して、元のスケジュール内で処理することができるのであれば、極力そのように対応するが、それが難しければ上司に相談する体制が採られている。ただし、人員を増やしたり、期限を延ばしたりするリクエストを出したとしても、それが必ず採用されるとは限らない。納期を延長せざるをえなくなった原因が、仕事を発注した取引先企業の側にあるのか、仕事を受注した側にあるのかも大きく関係している。

最初の要件定義の時点で、お客さんに言われていた仕様で作ったんですけど、それだと運用が回らないよねっていうことだったら、「もうスケジュールを延ばして、作り直しましょう」って言い方ができたりするんですね。「どっちのせいなの？」っていう話をやっぱりよくするんですよ。それのきっかけがお客さんであれば、「じゃあ、仕方ないね」ってしてくれたりするんですけど、その証拠がない状態で、「うちはなんとかって言ったんだから、そういう風に作ってよ」っていうのが途中でねじ曲げられて、向こうが最初に思っていたものと違うものが出来上がってしまって、それを示す証拠もなかったりっていうと、賠償責任とかって話にもなったりして、お金を払いつつ、「すいませんでした。リリース日を延ばさせてください」ってなったりもしますね。（対象者V）

この事例で言えば、仕事を受注した側に責任があるとされた場合、人員増員やスケジュールの延長といった現場レベルのリクエストは通らず、元のメンバーのまま、かつ元の期限内に求められる成果物を出さなければいけない。これは、個々の労働者の労働時間を延長することでカバーしなければならないことを意味する。こうして、労働者の業務に関する決定権が限定されていることも、長時間労働が発生する一つの要因となっている。

以上から、プログラムをどのように組むかなどの業務に関する細かな部分については個々の労働者に委ねられている。また、チームのリーダー層には、そのチーム内で消化できる事柄（チーム内・間の人員やスケジュール調整、業務遂行の順序など）については、その範囲内で権限が付与されている。この意味で、業務に関する決定権は、組織内で分散されているといえよう。その一方で、すでに締結された顧客との契約内容に関わる部分について現場リーダーが関与することはできず、管理職に決定権は集中している。これらの点をもって、現場のリーダー層を含む個々の労働者は、ほとんど決定権を有していないことがわかる。

このように、労働者がどれほど決定権を有しているのかに関する分析からも、若手とリーダー層との間で程度の差こそあれ、個々の労働者がたんに「実行」を遂行する者に成り下がっていることがわかる。その象徴的な事例が、次の対象者Wの発言である。

「このへん、おかしいんじゃないの？」みたいなことは、一応、言ってみたりとかするんですけど、「仕様です」みたいな感じで答えが来たり。何回か、「おかしいんじゃないの？」っていうのを出してみたんですけど、全部「仕様です」って返ってきたから、言っても無駄なんだなって思って、それから言うのやめました。（対象者W）

この事例では、設計書通りに開発を進めると、いずれ必ずバグが発生することが目に見えるほど設計書（構想部分）に誤りがあった。この点に実行者が気づいたにもかかわらず、「設計書通り」に作ることが要求されている。[*9] 結果として、そのバグを修正する追加の作業が当然に発生し、対象者Wは対応を迫られた。ここで設計書通りに作るという指示が、現場の労働者にとっても、さらにはプロジェクト全体にとってもマイナスの効果をもたらしていることは誰の目にも明らかである。だが、こうした指揮命令関係は、労働過程における知が労働者の側から剥ぎ取られているうえで成り立つ。

さらに、対象者Wの「言っても無駄なんだなって思って、それから言うのやめました」という発言からは、何らかの意見をする気力すらも奪われ、資本によって労働が実質的に包摂された状態が再生産されていることがわかる。この点は、労働過程への関わりや抵抗といった観点から非常に重要であるため、次章で改めて分析していく。

第4節　ITエンジニアの技能

本節では、社内研修や開発現場での実践を通じた、ITエンジニアの技能形成過程を見ていく。労働過程への関わりや決定権といった観点を見据えて、どのような技能を取得することが求められているのかを考察する。

第1項　技能形成

まず、入社してからの新人研修の期間・内容について順に見ていく（図表6—8）。多くは入社後、数ヶ月は集合研修を行い、一般的なビジネスマナーや会社の理念等を共有することに加えて、プログラミング言語を学び、簡単なプログラムを組む[*10]ような内容となっている。その後は現場に配属され、先輩社員に教わりながら小さな案件を担当する。

本章第２節でみた指揮命令について、新人研修を経て現場に配属された直後は、より具体的なかたちで指示が出されている。

実際に配属されてからは、ＯＪＴの方と１対１で教わっていました。もっと上の方から降ってきた仕事を、そのＯＪＴの方がさらに自分に回して、そのとき「この調査の仕方、こういう観点でやります」とか、「このテーブルはこういったかたちでつながっています」と、案件を通して具体的な業務を教わっていました。（対象者Ｋ）

＊9　その他、第5章で示した経営者インタビューでも、同様の事例が報告された。E社社長は自身も過去にITエンジニアとしての経験がある。「僕も昔、現場にいたんで、他の人の設計書がまわってきて、『これ作って』って言われて、『これ動かないですよ。これこれこういう理由で、このシステム、この設計だと動かないです』って言ったんですけど、『いいから作って』って言われたんです。『え、動かなくてもいいんですか?』、『いいから作って』って言われて、作って納品するんですよ、動かないんですよ。で、どうなったかって。元請けさんが『もう1年ください』って言って、もう1回１５０億円かけて作られました。」

＊10　「新人研修の最後に、２週間かけて、バスの予約システムを作成していました」（対象者K）。「最初の３ヶ月くらいは研修で、プログラマーとして最低限必要な技術。ＳＱＬであったりとか、Javaであったりとかの勉強。その勉強をした後は、実際に新人同士でグループ組んで、開発をしてみようという、開発体験みたいな感じですかね」（対象者L）。

図表6―8　入社後の研修の概要

	入社してからの教育訓練の流れ
F・G・H・I（f社）	・3年間の教育期間。1人に、チューター（4年目以降の社員）がつく。 【1年目】 ・3ヶ月、部外研修（プログラミング）、その後、現場配属。 ・毎月の月次報告（何をした、何ができた・できない等）。 ・3ヶ月に1回、管理職層への成果発表。 【2年目】6ヶ月に1回、管理職層への成果発表。 【3年目】最終月に、3年間の成果発表。 ※現在の教育体制。対象者F〜Iは、3ヶ月のプログラミング研修後、現場配属。
J・K・L・M（j社）	・3ヶ月、新人研修 ・Java、SQL、HTMLなどの言語について。 ・基本的な情報処理の考え方、データの持ち方など。 ・情報処理技術者試験（国家資格）の勉強。 ・2年間はOJT期間で、先輩社員が教育係としてつく。 ・2年目研修、3年目研修では、理念の共有（「テストとは〜」、「品質とは〜」、「セキュリティーとは〜」など）。
N	・体系立った研修はなく、すぐに現場に配属され、OJT。 ・約1年間は、先輩社員と行動をともにする。 ・必要に応じて、基礎知識を学ぶために外部の研修に参加。 ※入社時は、n社の子会社であったため、対象者Oとは区別して記載する。
O（n社）	・1ヶ月、集合研修。 ・配属後、必要に応じて外部の研修に参加。 ・1年間、先輩社員から教わる関係に。
P・Q・R・S・T（p社）	・3ヶ月、全体研修（ビジネスマナー、簡単なプログラミング研修） ・その後、現場に配属され、OJT。 6ヶ月〜1年間、先輩社員がマンツーマンでつく。 ※入社年次によって、それぞれの期間に多少の差はある。また近年は、全体研修の後、外部研修（資格取得など）・内部研修（プログラミング、試験の仕方など）を経て、現場に配属されることとなる。
U	経験者が採用されるため、教育・研修制度はなし。
V	実務に関する研修はなし。現場で覚えるというスタンス。 ※前職のv社では、入社して数日間、「Javaとは何か」等の入門研修を受け、そのまま現場に配属され、先輩社員に教わる関係に。
W	・1〜2ヶ月、新人研修。 ・入社前にも、Javaの研修（eラーニング）。
X（v社）	・2〜3ヶ月、集合研修・技術研修。その後、OJT。 【2年次研修】「説得力のある、相手に伝わる話し方とは」 【3年次研修】「問題解決に向けた傾聴、質問の仕方とは」 【5年次研修】「自分のビジョンを行動につなげるには」 ・社内のランクアップ研修、新任マネージャー養成研修など多数。

入社1〜2年目だと、テスターをやることが多かったんですね。テストも何チームかあって、そのなかのリーダーから、割と「こうやってエビデンス取るんだよ」とか、「こういう風にデータを作っていかないとダメだよ」みたいな指示はもらえていたので、放置とかされたりはせずに、割と面倒は見てもらったかなとは思っています。（対象者X）

研修期間終了後、業務遂行にあたって必要となる知識や技能は、実務経験を積むなかで身に付けていくほかない。調査対象者の半数以上は、大学や専門学校で情報系を専攻していたが、基礎知識はあっても現場では通用しないとの声が多く聞かれた。そのため、「実際にソースコードを書く→動かない→要因を探る」といった経験を積むことが重要であるという。

言語の勉強って、そんな手取り足取りっていうもんでもないと思ってて。自分で直して、動かして、何か思い通りに動かない、で最初は何もわかんないんで、先輩に聞きますけど、プログラムなんて色んなパターンがあるじゃないですか。作れば作っただけパターンがあるんで、いちいち聞いてもいられないですし。最初は先輩からアドバ

イスとかももちろんあるんですけど、そこから先は自分で学んでいくしかないのかなって思ってます。（対象者J）

プログラミング技術に関しては、最初の頃は実地で覚えるというか、他の人が作ったプログラムコードを読みながら、自分なりに解釈して、「この人はこういう風に作るんだ」とかっていうのを、見よう見まねで学んできました。（対象者V）

エンジニアとか、デザイナーとか、経験が一番なんですよね。スクールで勉強しても、ツールの使い方とか、デザインのロジックとか、そういうの勉強するだけで、いざそれを活かせるかっていったら、そうでもなかったり。プログラムとかコーディングとか、教科書通りにやってもエラーが出ることが多い。それを解決する方法って、ものすごい経験を持ってて、裏のロジックを知ってないと、そのエラーを解決できなかったりするケースも多いので。やった数によるところは大きいですね。基本、自分で調べて。（対象者U）

では、実際の業務をこなすなかで技術的な困難が生じた場合、何を活用しているのだろうか。多くはインターネットで調べ、その他に技術書などの書籍や周りの労働者への相談いった方法が挙げられた。

基本的にはインターネットですね。もうパソコンに開発ツールを入れて、インターネットでその言語の情報を見つつ、実際に開発してみてっていうのをやっていた感じですね。実装するにあたってわからないところがあれば、やはりＯＪＴトレーナーに限らず、すごい上の先輩であったりとか、そういう人たちに話を聞きつつ、「こうやるんだよ」というところを学んでやるっていう感じで。（対象者Ｌ）

主にインターネット。インターネットも詳細ってあんまりわかりやすく載ってなかったりするので、インターネットで概念とか概要を理解した上で、本屋さんで書籍買って、勉強して。あとは知ってる人がいれば、その人に聞いて。（対象者Ｑ）

「こういうのを知っていれば、もっと効率的にプログラミングができる」とかっていうのがだんだんわかってきたので、そこについては書籍で勉強したりとか。あとは社外の勉強会に行ってみたりだとか。社内の人とコミュニケーション取って、「こういうときは、こういう風に作ろうよ」とか、実際にプロジェクトで失敗して、その失敗をもとに「このときこういう風にしちゃったから、失敗だったんだな」っていうので、「次はこうしよう」とかっていうのが多いですね。（対象者V）

帰って勉強するっていう時間は取れなかったんで、タスクを消化しながら、例えば、「ループ処理はこれが速い」とかっていうのを調べて、実際、組み込んで試してみたりとか。そういう風にインターネット、本とかで調べながら、タスクを消化していきました。（対象者M）

技術習得は書籍でやるみたいな感じでしたね。あとは、インターネットで調べて解決っていう感じですね。今ってもうオープンソースとか、GitHub[*11]とかで参考になるソースがいっぱい転がってるんで、そういうのを活用しながら進められるから、明らかに速いんですよね。（対象者X）

まずはGoogleさんですね。例えば、オラクルに関してわかんなかったら、だいたい公式のドキュメントが一番頼りになるっていうのがあるんで、ドキュメント読んでと

か。それでもわかんなかったら、先輩に聞いてとか。（対象者W）

ここから、システム開発業務に関する知識はインターネット上に溢れ、誰でもアクセスできるものであることがわかる。このことは一面では、ＩＴエンジニアには労働過程における知を獲得するチャンスが広く開かれていることを表している。

第２項　技能と労働過程の結びつき

本項では、ＩＴエンジニアの間で、どのような技能を習得していることが望ましいと考えられているのかを見ていく。インタビュー調査のなかで、自分の周りに「スキルが高い」、「仕事ができる」と思う労働者がいるか、またなぜそのように感じるについて聞き取り、習得することが望まれる技能の具体例を探っていった。どんな人物を「スキルが高い」と感じるかについての回答は、大きく２つに分けることができる。１つは、「この人に聞けば、必ずわかる」というような人物、ないし技能である。

＊11　インターネット上で、自身の書いたソースコードを公開するサービスを指す。

何かＩＴスキル的なところで困ると、みんな聞きに行くんですよ、その人に。最初に私がその部署に配属されたときも、直属の先輩とかに「こういうのがわかんないんですけど」って聞いたときに、「それは○○さんに聞けばわかる」みたいな。実際聞いてみると、すぐ答え出てくるんですよね。要は、聞いてみてすぐ自分の求めたものが返ってくるし、っていうことの積み重ねで、やっぱこの人はできるんだなっていう。（対象者Ｊ）

「すごいな」って思う理由が、単純にスキルがすごいなっていうところで。「この人に聞けば、間違いなく答えが返ってくる」っていう安心感があって。（対象者Ｋ）

長く開発に従事されてる人は、今まで培ってきた経験とかがあるので、他部署からの問い合わせに対しても、すぐに応えられたりとか、引き出しじゃないですけど、１つの答えじゃなくて、いくつか応える方法というか、やり方っていうのをもってる人っていうのが、仕事ができるというか、そういう人なのかなと思います。（対象者Ｎ）

古い人はもともと知識があるんで、全然、何かあったときはその人に聞けばだいたい

パッと。こっちが仕様書めくる時間を考えたら、その人はパッと出してくるっていうのがあったりするんで。（対象者O）

これらの事例の「この人に聞けば、必ずわかる」という人物は、そのシステムの開発に長年携わっている場合が多い。先に見たように、多くの労働者は何かわからないことがあれば、すぐにインターネットや書籍で調べることができ、たいていの問題は解決する。だが、それでも解消しない場合、プログラミング技術のみならず、業務知識なども含むより幅広い知識が要因となっている可能性が高い。

さらに、もう1つは、この蓄積された経験と幅広い知識に裏付けられた、「この場合は、このように対応する方がよい」といった、先を読む力や想像力が働くことが挙げられている。

細かいところに機転が効くかというか。色んなケースを想定して、「こういう場合にこうなるといけないんで、ここはこうしてきました」みたいなところまで出来てるかどうか、とか。（対象者I）

今までの勘所だと思うんですけど、そういうところで対応できてる人はすごいなと思ったりはしますね。私とかでも、たまに人のレビューとか見てても、「何かここ怪しいな」っていう勘所が働くというのがあるんですけど、そういう人たちはもっと働いてるんで。（対象者O）

金融の方に長くいたんですけど、金融システムの業務にすごい精通していて、法律であるとか、ユーザー側の使われ方・運用とか、非常時にどういう風にすればいいのかっていう一連のことが全部頭に入っていて、何か問題が起きたときに勘所と言うんですかね、素早くピンポイントですぐ引き出しからパッと出せるっていう人がいて、「すごいな」と思ったことはあります。（対象者S）

「こういう風にすれば、こうだから」っていう、やり方が必ず1つじゃないので、さっきの10人が組むと10通りのプログラムがあるので、何でこのパターンでいいのかっていうのを、きっちり自分の中で答えを持ってやってる人が、スキルがあるんだろうな、と。（対象者F）

技術的なところだと、作業していくうえで必ず問題とか課題とか疑問が出てくるんですね。そういったものに対して、「こうい う方向がありうる」とか、「こうすればいいよ」と、そういうのを提案してくださる方っていうのは「すごいな」と思いますね。それってやっぱり技術の裏付けがないとできないところなので、そこから「この人、技術力高いな」って。（対象者Q）

経験になってくるんですけど、想像力がきちんとある人じゃないとダメで、何回も何回もプロジェクトやってると、だいたい同じような例外というか、バグが出るんですね。ソースをちょっと見ただけで、仕様を読んだだけで、「ああ、こういうところでエラー出やすいよね」とかっていうのを先回りして考える人っていうのは、安心できますね。「前やったプロジェクトで、こういう問題が出たんですけど、今回もそうなる気がするんですけど」って言ってくれたりすると。（対象者V）

最後の対象者Vの事例に象徴されるように、「エラーが出やすい」や「今回もそうなる気がする」といった知識は、インターネットで調べたとしてもその答えが出るとは限らない。ここでも、そのシステムに関する一定の経験を積んでいることが、そうした想像力を働かせることに結びついている。

以上の「この人に聞けば、必ずわかる」技能や、「この場合は、このように対応する方がよい」といった想像力は、どちらもシステムを一から作ることができるなど全体像を把握していることから生まれている。だが、この点は先に確認したように、システム開発業務は細分化されているため、その全体像を把握することは難しい。また、ＩＴエンジニアのキャリア展開として、上流工程から下流工程まで担当することができるか否かは、偶然に左右される側面も大きい。

前職では、開発をメインに任されていて、あんまりプログラミングできる人がいなかったっていうのもあるんですけど、リードエンジニアとして仕事させてもらっていて。結構システムを作るといっても、専門分野が何段階かあって、フロントエンドとかバックエンドとか、インフラとか色々あるんですけど、一気通貫でやらせてもらっていたんですね。開発は一から全部やってるんで、そこは任せてもらえばできますっていう言い方をしてましたね。（対象者Ｖ）

僕の場合は普通じゃない。個人事業主やってたっていうこともあって、１人で営業

から納品までやるスキルがあるんですね。（対象者U）

自分ももともと製造とかをやっていたんですが、上流で人がほしいということで、そのまま同じシステムをあがっていったのが経緯ですね。同じシステムをやりながら、上から指示を出す側になって、そこから色んなシステムをやるようになって。たまたまですかね。（対象者X）

労働者が開発の全体像に携わり、そこでの知を獲得することは、管理者の側からすると、労働過程にたいする統制権を握れない可能性が高いため避けるべき事態である。したがって、開発工程をできるだけ細分化し、そこに労働者を当てはめ、業務遂行にあたって必要のある範囲内で知が分け与えられる。こうした不安定な前提の上に、労働者が全体像を把握する知を獲得する可能性は存立しているのである。

このように見ていくと、ＩＴエンジニアの扱う技術は、インターネットで検索すれば比較的容易にアクセスできるものである一方で、労働過程への関わりという観点からは、全体像を把握することのできる知を獲得しているか否かが重要である。このことは、若手を含む多くの労働者に、労働過程における技術的な要素に接近する可能性が開かれているともいえるが、そのことが知に裏付けられたかたちで労働過程を統制することに直接には結びつかない。この点は、本稿のテーマと密接に関連するため、次章にて改めて分析していくこととする。

第5節　小括

本章では、ＩＴエンジニアがどのようなマネジメント下に置かれ、そのなかで労働過程にたいして具体的にどのような関わりを持っているのかについて見てきた。

まず、聞き取り結果からは、労働者は労働過程にたいして主体的・能動的に関与していないといえるだろう。それは、本章で確認してきたように、実際に生産に従事するのは労働者であるにもかかわらず、システム開発の全体像を把握しえないことによく表れている。また、現場の労働者に人員の増減や全体スケジュールの変更に関する決定権はなく、リーダー層であってもそれほど大きな権限が与えられていない。

このことは、労働過程が管理者によって掌握され、労働者はその客体として位置づけられていることを意味している。こうした労働過程においては、どれだけ多くの剰余価値を生産することができるかどうかが主要な関心事となり、労働そのものはこの目的のための単なる手段と化す。次の事例は、このことを象徴的に表している。

開発の品質がやばいっていう状況が降りかかってきたんですね。どうしたかって言うと、課長が「じゃあ、24時間の2交代制勤務にしよう」みたいなことを言い始めて。だから、プロジェクト全体としては、24時間体制になってます。朝の9時から夜10時までのシフトと、夜の9時から朝10時のシフトですから、基本が13時間拘束。実際、そういう状況って休憩時間、休まないじゃないですか。（対象者W）

システム開発業務に限らず、24時間体制で機械を動かしたり、店舗を営業したりすることはあるが、これらは資本の都合に労働者が合わせるよう、労働のあり方が変質させられているのである。*12 そのなかで労働者は、構想と実行のうちの実行部分を、たんに遂行する者となる。*13

*12　第Ⅰ部でも触れたように、労働のあり方が変質することは、その労働を実際に行う労働者と切り離すことができないものであるから、労働者にたいして非常に大きなインパクトを与えることとなる。実際に、上記のような長時間労働を続けていた対象者Wは体調を崩し、精神疾患を患うこととなった。

その一方で、指揮命令のあり方は、入社して間もない若手労働者を除いて、大枠を提示し、その枠内で労働者自身が考えるようなものとなっていた。これは、Responsible Autonomyが採用されていることを意味する。また、先に示したように、スケジュールや費用に関する決定権はないものの、仕事の進め方やどんなコードを書くかについては、個々の労働者が決定している。つまり、労働者は「実行」者でありながら、「構想」部分に関与しているかのような状態が作り出されているのである。こうしたマネジメントの効果は、労働者自身が、上司から裁量を与えられていると認識していることから明らかである。

今は、割と自由にされているのかな、と。要所要所で、例えばソースの直し方がほんとに正しいのかっていうレビューとかはあるんですけれども、最初の頃に比べたら、まぁ比較的、あまり指摘も受けずにやっているのかなと。（対象者K）

今はなかなか裁量が与えられている方だとは思いますね。デモ画面の作成というところで、とりあえずマネージャーと業務リーダーのなかで、「これをやろう」、「これをやろう」っていうのを決めただけの状態なので、それを形にするということをやっているので。（対象者L）

ここに挙げた対象者Kおよび Lは、勤続年数が短い若手労働者であり、実質的には大きな権限を持たない。だが、「自由に」、「裁量が与えられた」管理下に自身が置かれていると感じている。さらには、対象者Lの目標設定の仕方は、Responsible Autonomy とリンクする。

どちらかというと、自分個人というよりは、プロジェクトに対して。それがどうやったら対応できるかっていうのを考えて、「じゃあ、これをやろう」ということを決めるって感じですかね。自分のプロジェクトの問題点を洗い出して、こういう風に改善すれば、もっとこのプロジェクトがよくなるだろうっていうのを考えて、それを目標とする。会社に対してどう貢献できるかっていうのを考えて、それを目標にしてます。
（対象者L）

＊13　このように「実行者」と表現したからと言って、本稿で見てきた労働者が、たんに言われたことを機械のように実行している者と捉えているわけではない。当然、業務の遂行の表れはさまざまであるのだが、ここではスケジュールや費用に関わる決定に関与できないという点をもって、労働過程のうち「構想」部分に関与することができないと判断している。

プロジェクトに対する視点や、自分の働きが会社にどれほど貢献するものであるかといった発言からは、自ら管理者の意向に沿うように思考していることが読み取れる。そして、ここで重要なのは、裁量が与えられたと「認識」しているだけではなく、その認識のもと、実際に行為をしている点にある。労働者が会社に貢献するよう行動することは、労働過程を統制し、より多くの剰余価値を獲得しようとする管理者の側が望んでいるものである。上記のような行為が引き出されていることはすなわち、マネジメントがうまく機能していることを表している。

このようなマネジメントは、労働者が労働過程における「実行者」として機能しているからこそ、力を発揮しているといえるのではないだろうか。すでに見たように、労働者は労働過程のうち「構想」部分に関与することはできないが、それでも労働者から構想することをすべて奪い取ることは不可能である。労働過程における客体であるからといって、頭で考えることがまったく必要とされなくなるわけではない。上記のようなマネジメントを通じて、いまなお残存する主体性や自発性といった要素が引き出されているのではないかと考えられる。

以上から、本章で扱った範囲においては、ＩＴエンジニアの有する自律性はマネジメントの一環として付与された《自律性》である。このことは第Ⅰ部の分析で示したように、労働者たちがより深い次元で資本のもとへと実質的に包摂されていることを意味している。次章では、労働者による抵抗の観点から、《自律性》、あるいは「自律性」と技能との結びつきについて分析していく。

第7章　労働者の技能と抵抗の契機

本章では、第5章（経営者インタビュー）と第6章（労働者インタビュー）を通じて明らかとなった、情報サービス企業におけるマネジメントの特徴と、そのもとでの労働者の業務遂行を踏まえて、労働者の労働過程への関わりについて分析する。その際、労働者の側に蓄積された技能の性質や内容によって、労働者と労働過程の関係がどのように変化するのかについても注意しながら検討していく。

第1節　マネジメントと労働者の労働過程への関わり

本節では、マネジメントを通じて労働過程がどのように編成されており、労働者の労働過程への関わりがどのような性格を帯びるのかについて、これまでの調査結果をもとに分析していく。

まず、第５・６章で見てきたように、上司から労働者への指示の出し方は、仕事の発注元との取引関係や労働者の経験値によって異なる。取引先企業によって、業務が細分化され、それぞれどんな作業が必要であるかがあらかじめ定められている場合、「言われた通りに作る」ことが要求されている。それにともなって、労働者への指示の出し方も詳細なものとなる。経験の浅い若手労働者の場合も、「まずこの作業をして、次にこの作業をして」というように、事細かに手順を指定するような指示が出されている。

一方、ある範囲の工程を一括して請け負っていたり、新たな製品・サービスを生み出したりするような場合には、仕事のやり方はあらかじめ指定されず、「言われた通りに作る」という関係にはない。また、ある程度の経験を積んだ労働者にたいしても、それほど詳細な指示を与えることはない。ここでは、最終的に求める成果物やいつまでに完成させなければならないといった期限などの大枠は設定されているが、細かな仕事の進め方については個々の労働者に委ねられている。さらには、新システムの開発に限らず、既存システムの改修であっても、「物体として存在しないもの」を作るという業務の特性に起因して、どのような作業がどれほど必要となるのかをあらかじめ正確に判断することは難しい。そのため、労働者に詳細な指示を与えることはそもそも難しく、スケジュールを示して、それまでに完成させるようにといった指示の出し方となる。こうして、大枠が提示されその範囲内であれば、労働者は自由に決定することができるのである。

とはいえ、ここでの「その範囲内」が決定権との関係で重要である。現場リーダーを含む労働者の業務に関する決定権は限定されたものにとどまる。業務の具体的な進め方や手順、またチーム内での仕事の割り当てや人員調整については、現場レベルで決定・変更することができるが、チーム編成やスケジュール等の費用が発生する項目については、リーダー職を含む労働者たちは権限を与えられていない。それらは管理職が握っているのである。このことは、労働過程のうちどの部分の知が資本の側に奪われ、どの部分については分け与えられているのかという問いに応えることになるだろう。現場リーダーを含む労働者は、実際の開発業務に従事しているにもかかわらず、取引先企業との契約に関する事項については把握しえない。一方で、開発業務が進行するなかで発生するチームメンバー間の仕事量・スケジュールの調整やどのような手順でその仕事を進めるかといった事項については、労働者の側に決定権が与えられている。

このように、個々の労働者は取引先企業との契約にかかわる部分（人員の増員や納期）については関与することはできないにせよ、現場レベルでの業務の運用については決定権を有する。限定的ではあるが業務に関する決定権が付与されているために、まるで自分自身が労働過程における主体であるかのように労働者が認識する。そして、認識にとどまらず、実際そのように行動することが引き出されている。このような状態を作り出すマネジメントの手法が、フリードマンのいう「責任ある自律 Responsible Autonomy」であった。

さらには、どんな作業がどれほど必要であるかがあらかじめ定める、すなわち「課業」を適用することに馴染む業務の遂行においても、この Responsible Autonomy が採用されていた点も重要であろう。Direct Control の世界において、労働者にその「＋α」を要求することは、まさしく資本にとっての《自律性》が要請されていることを意味する。したがって、ここで発揮される自律性が、決して労働者が労働過程を自ら統制することに結びつくような「自律性」でないことは明らかである。

このように、指揮命令の具体的な表れや個々の労働者の業務に関する決定権から情報サービス産業におけるマネジメントの特徴を捉えると、労働者の労働過程への関わりはどのように制限されているのだろうか。まず、個々の労働者には、限られた範囲内でしか生産に関する決定権にアクセスすることが認められていない。加えて、自身の携わる開発業務の全体像を把握することはできない。これらの状況をもって、労働者にとって労働過程は、「資本のもの」として存立し、それに主体的、能動的に関わることのできないものに変質している。

しかしながら、そうは言っても、生産に実際に従事しているのは労働者であることに変わりはない。つまり、現象としては、労働者は「自分のもの」として労働を行っているのである。具体例を挙げれば、ITエンジニアの使用するコンピュータは、会社のもの（「資本のもの」）であるのだが、そうであるからといって、実際に生産を行う労働者がそれに触れることができないわけではない。生産が行われる局面においては、労働者は「自分のもの」としてコンピュータを扱っているのであり、「資本のもの」であり続けるならば、長時間に渡って使用することはできない。つまり、生産が価値増殖を目的とするものとして展開するやいなや、生産手段や労働過程そのものは、「資本のもの」として存在するのだが、業務遂行という次元では、労働者は「自分のもの」としてそれらに関わるのである。この点は、マルクスも次のように指摘している。

> 労働は労働者の生命力の支出であり、彼の生産的な諸能力の実現であり、彼の運動であって、資本家のそれではない。人格的機能として考察するならば、その現実性においては、労働は労働者の機能であって、資本家の機能ではない。（Marx, 1988 : 64）

このような労働者の関わりの変化を、第2章で示した労働過程の変化と合わせて捉える

図表7—1　労働過程の変化と労働者の関わり

労働過程の変化	労働者の労働過程への関わり
①純粋な労働過程（使用価値の生産）	「自分のもの」として関わる
↓↓	↓↓
②価値増殖過程（資本のもとに形態的に包摂された労働過程）	「資本のもの」として関わる

と、図表7—1のようになるだろう。

あらゆる社会において、何らかの生産物を作り出す場合、当然、その生産に従事する者は生産手段や労働過程にたいして「自分のもの」とするように関わる（①）。それが、労働過程が資本主義的に編成され、価値増殖を目的とした過程へと転化するにつれ、[*1]生産主体の労働過程への関わりは、「資本のもの」としてのそれに変化する（②）。ただし、このとき①から②に移行するからといって、①の要素がまったく消えてなくなるわけではない。価値増殖過程としての労働過程においても、先に示したように、労働者が「自分のもの」として生産手段に関わる側面は残されているのである。こうして、①「自分のもの」としての関わりと②「資本のもの」としての関わりは、労働過程において共存することとなり、その矛盾は労働者の前で現れる。

ここからさらに、先に見た《自律性》を引き出すマネジメントが加わると、労働過程にたいする関わりは変質する。

図表7―2　労働過程に対するマネジメントと労働者の関わり

労働過程の変化	労働者の労働過程への関わり
①純粋な労働過程 （使用価値の生産）	「自分のもの」として関わる
↓↓	↓↓
②価値増殖過程 （資本のもとに形態的に包摂された労働過程）	「資本のもの」として関わる
↓↓《自律性》の付与↓↓	↓↓
③価値増殖過程 （資本のもとに実質的に包摂された労働過程）	「資本のもの」としての関わりの強化

個々の労働者は、業務遂行にあたって最終的な決定権を持たず、細分化された業務の一部分を担うため、労働過程は「資本のもの」のままである。それでも、限られた範囲内でまるで自身の意志や能力にもとづいて業務を遂行しているかのような状況が整備されている。言い換えれば、《自律性》の付与というマネジメントによって、「自分のもの」として労働に携わっているかのような状況が作り出されているのである。つまり、「資本のもの」であるという前提は変わらず、しかし労働者が「自分のもの」として労働過程に関与しているかのような振る舞いが引き出されている。このような状態は図表7―2のように表すことができるだろう。

《自律性》の付与というマネジメントを通じて、労働過程における知が資本のもとに移行していく。こうして価値増殖過程としての労働過程は、形式的な意味を超えて、実質的にも資本のもとに包摂される。このような労働過程にたいして労働者は、「資本のもの」としての労働過程に、あたかも「自分のもの」として関与しているかのように関わる。

これは労働者が「自分のもの」として関わっているかのように見せかけられている、錯覚しているという次元にとどまるものではない。労働者の労働過程への関わりが変質し、「資本のもの」としての関わりが強化されているのである。労働者が生産にあたって人員や期限に関する決定権を持たないということは、資本の側が生産に関する知を独占していることを意味する。このような条件のもと、仕事のやり方や手順については自身で決定できるという事態は、「自分のもの」としての関わりを喪失したまま、あたかも主体的な関わりを取り戻したかのような状況を作り出す。こうして、付与された《自律性》のもとでは、労働者が「自分のもの」としての関わりはできず、むしろ「資本のもの」としての関わりを事実上進んで行うことになる。

たんに使用価値を生産するという労働過程（①）と比べて、資本主義的に編成された労

＊1　このとき、労働過程が完全に価値増殖過程へと変質していることを意味しない。なぜなら、ここでの労働過程は形態的に包摂されており、実質的な意味では包摂されてはいないからである。

働過程においては「資本のもの」としての関わりが要請されるため、「自分のもの」としての関わりと競合し、その矛盾を労働者が引き受けることになる。ここに《自律性》の付与というマネジメントが加わることで、労働者の労働にたいするモチベーションや感情が「資本のもの」のもとに引き寄せられていく。こうして、労働者は「資本のもの」である労働過程に従属せざるを得なくなり、そのもとでしか生産を組織できなくなる。このような労働者の関わりが、労働過程を「資本のもの」であり続けるよう機能し、関係を再生産しているのである。

以上のような労働者の労働過程への関わりは、資本のもとへの労働の実質的包摂がより深度を増していることを表しており、このとき反対に、労働者の側はその力を弱体化させられている。それでは、このような力関係を反転させ、労働者の労働過程への関わりを実質的な意味で「自分のもの」に近づけるには、何が求められるのだろうか。次節では、労働者の保有する技能の観点から、この点を考察していく。

第2節　実質的包摂を抑制する技能

前節では、労働者の「資本のもの」と「自分のもの」としての労働過程への関わりが、《自律性》の付与というマネジメントを通じて、より深い次元で「資本のもの」としての関わりに引き寄せられていることを示してきた。本節では、このような関わりが、労働者の技能形成によってどのように変化するのかを分析していく。

第1項　指揮命令の受容と消極的抵抗

労働者が管理者からの指揮命令を受動的に受け入れるのではなく、どのような場合に必要に応じて変更を求めるよう交渉したり、あるいは拒否したりすることができるのだろうか。第6章の労働者インタビューでは、作業量から見積もって「5日かかるような業務を、3日でこなすように」というような過大な要求があった場合、どのように対処しているか聞き取りを行った。

まず、上記のような要求を拒否できず、受容する事例である。

我々もサラリーマンなので、上から「どうにか」って言われたら、最善は尽くすんですけども、今の例だと、5日かかるものを3日でやれっていう話なので、できる限りはやるんですけども、「3日でどうにかなるかはわからないよ」っていう風に判断して、ベストを尽くすってかたちになるのかと思います。その話をいただいて、「いや、

そんなの5日かかるから、3日じゃ無理だ」って、いきなりはねつけはできないのかなっていう風に思ってます。（対象者N）

それは難しいところで、スケジュールの話を最初にざっくりするんですけど、そのときに「3日で終わります」っていう合意をお客さんとしていました、の後に「やってみたら5日かかっちゃいました」だとすごく難しいんですよ。内部で人数を増やしたり、ちょっと残業したりとかで対応するってことが多いですね。（対象者V）

その当時、「仕事っていうのは、会社に指示を受けて、その指示通りにやるもんなんだ」と、「そういうのが社会人なんだ」っていう風に思ってたんで。だから、無茶苦茶だとは思ったけれども、それがおかしいことだとは思っていなかった。「これが社会人なんだ」ぐらいの、ある意味、納得はしてはいたんですね、自分のなかで。（対象者W）

対象者Nの事例にある、「3日でどうにかなるかはわからないよ」という態度は、一見、命令にたいして反抗的であるようにも見える。実際に3日で終わるか不明であるという事態は、当然、管理者にとってもリスクをともなう。だが、「我々もサラリーマンなので」

や「いきなりはねつけはできないのかな」といった発言からは、基本的には命令に従う姿勢が表明されている。このように期限に間に合うよう、最大限努力するという働きが引き出されている点が重要である。

対象者Vの事例では、取引先企業との間で結んだ契約次第ではあるが、基本的には、増員をかけたり[*2]、残業したりすることで、3日以内に終わらせる要求に応えている。それは、現場の責任者である対象者Vにも、もともと決まっていたスケジュールを変更する権限が与えられていないためである。

最後に、対象者Wは、現在は離職しているが、在職当時を振り返ると、上記のような要求を拒否することは思いもつかなかったという。会社の指示を受け、その通りに動くことが仕事だと認識していたという発言からは、会社から「やれ」と命令されればそれに従事する関係が成立していたことがわかる。これは、労働者から労働過程における知を剥奪するようなマネジメントを実施しなくとも、資本のもとに労働が形態的に包摂されていることを表している。もちろん、これだけをもって労働過程が価値増殖のための過程に作り

＊2　ここで人員が増えたとしても、増員された労働者に対して、新たにプロジェクトの全体像やそれぞれの作業内容を説明する必要があるため、現場リーダーの負担は増加する。

替えられたと断定することはできないが、管理者の側は、労働者に命令しその通りに実行させるという課題を容易に達成している。このように対象者Wが命令を受容したのは、次のような事例も影響している。

別のプロジェクトですけど、課長がそのプロジェクトの人たち集めて、「こういうプロジェクトをやろうと思う。いついつまでに」って言ったときに、メンバーの１人が「それは絶対無理ですよ」って言ったら、その人もうプロジェクトから外されてましたから。そういう感じです。（対象者W）

これは、「いついつまでに」という要求に「絶対無理」と反発した労働者は、そのプロジェクトから外されている事例である。このプロジェクトを外されたからといって、別のプロジェクトチームのメンバーになる場合もあるが、必ずしも別チームが見つかるとは限らない。人員が不足しているプロジェクトが社内、あるいは客先に常にあるわけではないし、仮にあったとしても、そのプロジェクトが求めている技能と労働者の有する技能がマッチしなければ配属には結びつかない。こうした点も踏まえると、上記の事例は、「いついつまでに」という要求を拒否する選択肢が自分たちにはないと対象者Wに印象付けている。

また、同様の事態は、第6章3節で取り上げた事例にも象徴的に表れている。それは、設計書の不備を発見し、「おかしいのではないか」と疑義を呈しても、「その通りに作れ」と命じられた事例である。一見、不合理に見えるこのやりとりは、意見をしても無駄なのだと労働者たちに悟らせ、さらには、実際に意見することをやめさせる効果を発揮している。こうして、対象者Wは抵抗する気力が削がれ、言われた通りに仕事をこなすようになっていった。

これらの事例に見られるように、過大な要求であっても、上司からの指示を撥ね付けることは難しい。それでも、数は少ないが、何らかの抵抗を試みる事例も確認された。

残業も50時間以内とかに制限されていたので、それを超えそうだったら、「私はこれをやると超えてしまうので、できません」というのも言えました。（対象者L）

この事例では、経験の差や技能の保有に関わらず、労働時間の延長を求める命令に対して、36協定[*3]を盾にして、それに応じることを拒否していることがわかる。対象者Lのこのような行動は、労働組合に加入し、比較的、その労働組合の活動が活発であることも関係しているだろう。[*4]

る。

第２項　労働者による交渉と「自衛」

次に、具体的な作業量や時間を提示し、スケジュール調整の交渉を行っている事例である。

無理とは決して言わないんですけど、「現実的に無理ですよね」っていう話にはもっていくようにしています。ちょっと資料みたいなのを作って、「それをするためには、こういう作業、こういう作業、こういう作業が必要になって、このくらいの時間がかかるから、どうですかね？それでもやりますか？」っていう感じの話はします。（対象者Ｌ）

「これにこれだけ時間がかかって。なので、この人数だとこれまでには無理です」って言い方をするので。「どうやっても、かなり無理しないと（終わらせることは：筆者注）無理なんですけど、期限の調整利きますか？」って聞いて。（対象者Ｍ）

先の対象者Ｎと同様に、対象者Ｌも上司からの要求に対して、いきなり無理と言うことは「決して」ないとしたうえで、具体的な作業内容やその量、そこから計算される作業時間を算出し（この例では5日）、3日では終わらないことを伝えている。そして、「それでもやるのか?」と問うことで、相手に指示内容の変更を促している。対象者Mについても、具体的な作業量・時間とその業務に動員できる人員を示したうえで、期限を5日間に延ばすよう交渉している。これらの事例では3日で終わらない根拠を示すことで、上司からの命令をそのまま受容せず、5日の期間を与えるよう交渉に持ち込んでいる。
さらには、3日で終わる範囲内に要求の内容を抑え込む（変更する）交渉を行っている事例も確認された。

納品のレベルを段階的にしてもらって、フェーズを何フェーズか設けて、クライアントの要望に合わせて、納品物を変えていくというかたちですね。例えば、30ページのWebサイトの制作依頼がありました、それが非常に短納期であれば、フェーズ1で

＊3　法定労働時間を超えて労働させる場合、または法定休日に労働させる場合に、あらかじめ労使で書面による協定を締結し、これを所轄の労基署長に届け出なければならない。労基法第36条に規定されているため、通称「36協定」という。

＊4　労働時間など労働条件に関する何らかの不満がある場合、組合員である労働者は、労働組合にその不満や苦情を伝え、労働組合もそうした組合員の声を吸い上げ、労使協議会などの会社との交渉の場に臨んでいる。対象者Lの所属するj社の労働組合の取り組みについては、第8章を参照。

はトップページとこの数ページだけ変えましょう、と。その他のページについては、フェーズ2、フェーズ3で段階的にやっていきましょう、という感じで、調整をしてもらったりしています。（対象者U）

そういうことってそれなりにあるんですけど、その場合どうしてるかっていうと、他で何か止められる部分があるんだったら止めたい。他の作業を少しずらすことによって、無理くり押し込んじゃうっていうかたちで、「この作業、優先するんだったら、これちょっと後ろにずらさせてくれ」と。「3日にすることはできるんだが、こういう条件になりますよ」って話をしたうえで、進めてるって感じですね。（対象者O）

対象者Uの事例では、3日で作業を完了させることができるのはフェーズ1のみであることを示し、それ以降のフェーズ2・3については、指定された納期後に別途、取り組むことを提案している。Webサイトをリリース（公開）した後、バージョンアップというかたちで順に完成させていくという対応である。これは、成果物を段階的に設定し、取引先企業の要望に応じて、最も重要な部分（ここではフェーズ1）を優先して3日以内に完成させようとしている。このような対応は、先に見た対象者M（5日に期限を延長）や対象者L（期限の再考を促す）よりも、より高い次元で交渉を行っているといえるだろう。なぜなら、対象者L・Mの場合、上記のような根拠を示したとしても、それでも「3日で仕上げるように」と命じられてしまえば対応せざるをえないからである。その点、対象者Uはより現実的な案を提示している。また、対象者Oについても、指示のあった作業を3日間で完了させるのであれば、同時に進めている他の作業は一時中断し、指示のあった作業に集中できる条件整備を要求している。

さらに、現場リーダーの上司にあたるプロジェクトマネージャーもこうした交渉を行っている。対象者Pらのプロジェクトについて見ておこう。

基本的には、自分たちができないものはできない、っていう考え方があります。ただ、そうは言っても、ゼロ回答、ゼロ回答って無下に断るということではなくて、「この仕様変更を入れるなら、この件はずらしても大丈夫じゃないですか？」みたいな提案をこっちからかけていくっていうことはやっています。そういう風にして、あれもこれも詰め込んでということではなくて。それはもしかしたらプロジェクトの特性とかはあったりはするのかもしれないですけど。僕たちはある程度の知恵を持っているので、「もうちょっと水準下げらんないか」とか。1つの仕事だけをしてるんじゃなくて、複数のことを同時にやってるから「5日かかります」って言ってるんだけど、「こっち止めれば3日でできるかもしれないよね」って言うんだったら、この止める分を調整するとか。（対象者P）

最終的にそれがコストにはねたりするところがあるんで、そこに対して、その分お客様からいただけるかとか、そういうところの調整は意識してます。お客様の課長層の方と毎週1回、打ち合わせの場を設けさせていただいていて、そこでコストだとか、工数的なものの意識合わせだとか、話をする場は持たせていただいてます。その場で大きく変動がある場合は、そこで相談をして、契約をしていただくだとか。（対象者R）

対象者Pの対応は、先の対象者Oと同様である。新たな要求に対応するのに5日かかると見積もったのは、現行の体制・人員配置を維持した場合である。3日で対応しなければならないのであれば、当初の計画を変更しなければならない。例えば、別途進行中の作業を中断することで対応できるのであれば、そのことについて了承を取るのがプロジェクトマネージャーの仕事であるという。[*5] 対象者Pらのプロジェクトでは、対象者Rの事例にあるように、週に1度、取引先企業と打ち合わせをする場を設け、こうした変更への対応について日常的に交渉を重ねている。

「3日でやってくれ」とか言われても、「それそんな急がなくてもいいでしょ」っていう話もある。そっちがそう思ってたとしても、このプロジェクト全体で考えたら、「そんなの、もっと先でもいいじゃないか」ってことは闘いますよね、こっちも。（対象者Ｐ）

このような対応が可能であるのは、ｐ社がこのシステムに30年近く参画しているためであろう。先に触れたように、システムは全体で約７００名の労働者が関わる大規模なものであり、ｐ社のプロジェクトはそのうちの一部である。だが、その一部分の開発に長期に渡って関与しているため、ｐ社の側にそのシステムに関わる技術的な要素が帰属している。こうして、対象者Ｐらは、取引先企業からの要求をそのまま受け入れるのではなく

＊5　対象者Ｐの部下に当たる対象者Ｑも同様の点を指摘している。「優先度ですよね。『優先度、こっちが高いんだ』とか、そういうのを確認して、調整できるものはさせてもらうし。あとは、他社さんとか、お客さんに迷惑かけちゃうのが一番よくないんで、『迷惑かかんないレベルのとこまでは作りますよ』っていう。例えば、『インターフェースの結合のとこだけ先に出しますよ。中身のロジックは後回しにさせてください』とか、そういった調整で融通が利くケースがプロジェクト的にあるので。というのを、対象者Ｐがやってます。」（対象者Ｑ）

なく、技術的な見地から対応を検討し、それにもとづく交渉を行っているのである。

このように見ていくと、対象者L・Mと対象者U・Oとの交渉力の違いはどこから発生しているのだろうか。[*6] 一つは、前者が勤続年数4～5年であり、後者が経験年数10年以上、かつリーダー職についていることが挙げられる。対象者Uは、個人事業主としての経験から、開発工程を全般的に網羅しており、仕事の受注から納品までの全工程を一人で担える技能を身に着けている。そのため、本来指示を出す側であるディレクターに対しても、「こう動いて」と指示することがあるという。また、対象者Oも勤続年数が20年を超え、現在担当するシステムにも5年以上携わっている。対象者L・Mと比べると、相対的なものであるにせよ、システムの全体像を把握しうる立場にある。こうして、プロジェクトとして求められる成果物を切り分け、最も重要度の高い部分の開発を優先させるよう提案したり、作業を一旦中断してもそれほど支障のない工程を把握し、そこにかける予定の労力を依頼のあった作業に振り向けるよう交渉したりすることが、現実的に可能となっている。以上のように、あるシステムの開発に長年携わるなど経験を積んでいることが、より高い次元での交渉に持ち込むことを可能にしている。

それでも、対象者U・Oに比べて、開発の全体像を把握しづらく、商品知識も含めた業務に関する知識を持ち合わせていない対象者L・Mにおいても、管理者からの命令をたんに受け入れてはいないという点は重要であろう。すでに指摘したように、両者は比較的、経験が浅いことから、彼らの側に労働過程における知が備わっているといえず、そのために過大な要求を拒否することができない。業務の全体像を把握し、その技能に裏付けられて管理者に抵抗しているわけではないのである。

では、これらの事例に表れている抵抗の拠り所は何になるのだろうか。それには、これまで見てきた業務特性が関係しているのではないだろうか。すなわち、程度の差はあるものの、管理者が事前に完全な計画を立てることが難しいという、厳密に課業を適用することができない業務であることが関連している。先の例で言えば、管理者が「3日でこなすように」と指示を出したとしても、その管理者も3日で済むか正確に見積もることはできない。そのため、実際の業務に従事する労働者の側が、その仕事に実際に着手することで、5日かかると判断することも起こり得る。このことは、部分的であるが、労働者の側に生産に関する知が帰属していることを意味し、そのため管理者からの指揮命令をそのまま受容しないという行動が導き出されている。こうして、「物体として存在しないもの」を生産するという業務の性質が、管理者との交渉に持ち込みうる可能性をもたらしている

＊6　対象者Pらのプロジェクトについてはすでに指摘したため、ここでは取り上げない。

のである。

以上から、労働過程の全体像把握の困難や労働者の保有する技能に応じて、抵抗の現れにはグラデーションがあることがわかる。先の事例では、対象者U、O、Pらの場合、3日でできる範囲に要求のレベルを抑え込んでおり、抵抗の度合いは高い。一方、作業期間を5日とするよう納期を延ばす交渉を行っている対象者L、Mの場合は、抵抗の度合いは低いといえるだろう。このように、労働過程における知を獲得しているほど、抵抗のあり方はより高次に変容する。

しかしながら、これらの事例が示す抵抗のあり方は、現行の指揮命令関係を揺るがすような根本的なものではなく、消極的なものであることを指摘しておかなければならない。それは、次の2つの事例に顕著に表れている。


「それでもやれ」ということは、今まではないですね。あったらあったで、上司がそのリスクを受容してやるという風に決断したならば、我々はやるっていう感じになると思います。（対象者L）

ほんとにお得意さんみたいなお客さんに対しては、結構、無茶なスケジュールでも仕事を請ける。新規のあまりコスト的に、売上的に見込めないお客さんであれば、こちらの主張は通させてもらう、そういう分け方をしてますね。うちの会社、ビッグクライアントが多くて、なかなかこっちのわがままを通せない状況があって。（対象者U）

対象者Lの場合、「それでもやれ」と命令されれば、5日かかる作業を3日でこなすように行動するとして、最終的には当初の命令を受容している。ここで重要なのは、対象者Lは、実際にそのような命令は受けたことはないが、先の「それでもやりますか？」といった交渉の末、上司がそのように判断すれば、その命令に従わざるをえないと想定している点である。それは、より労働過程における技術的な要素を獲得している対象者Uについても同様である。継続的に取引のある大口の契約の場合には、「わがまま」を言うことはできず、3日で作業を完了させるように対応している。

とくに対象者Lの事例に象徴されるのは、その労働に従事する労働者主体が変容しているということであろう。実際に命じられたわけではないが、「それでもやれ」と命令されればやらざるをえないと認識していることは、管理者にとって好都合である。労働者は一定の抵抗は見せるものの、「それでもやれ」と命じればそれに従う。これは、資本のもとに知が移行しているために起きている事態であろう。この実質的包摂を通じて、形態的包摂の次元において労働が資本のもとに従属しているのである。

このように見ていくと、ここでの抵抗が、労働者自身が労働過程を「自律的」に統制することに結びついていないことは明らかであろう。その抵抗が、労働過程における統制権を維持したい資本にとって脅威となって現れていないからである。では、本節で見てきた抵抗は、労働者にとってどのような意味を持つのだろうか。それは、労働者たちの「自衛」にあたると考えられる。

(指示を受ける側の：筆者注) 下も下で、色々リスクとって、値段をかさ増ししてくるんで、そこの駆け引きですよね。思ってたよりも難しい問題が裏に潜んでいたりとか、かさ増しというか、リスクですよね。そういうことを考えると、やっぱりちょっとかさ増ししとかないと、いざというときに赤 (字：筆者注) になっちゃうから、とかですかね。(対象者X)

これまで見てきたように、労働過程は「資本のもの」として存立しており、そこでの知が管理者に掌握されているという客観的な状況のもとにあるため、労働者がその関わりを「自分のもの」の領域に持ち込むことは難しい。だが、この事例では、管理者からの命令(「3

日でこなすように」）に対して、想定外の問題が発生する可能性も視野に入れ、現場の労働者が5日かかると「かさ増し」して要求することもあるという。この労働者による「かさ増し」は、余裕を持った作業時間を設定することにつながり、長時間労働化を防ぐという具体的な効果をもたらしている。したがって、本節の事例を通して見てきた労働者の振舞いは、生産にかんする知にもとづいた労働過程の「自律的」統制には遠く及ばないが、自らの労働時間や業務負担をコントロールしようとするものであり、実際上、重要な振舞いである。

こうして、本稿の調査では、労働者が「自律性」を発揮するような労働過程への関わりを取り戻すほどの抵抗は確認されなかった。それでも、労働過程の全体像を把握し、業務に関する幅広い知識を身につけている場合、管理者からの要求に抵抗しうる。労働者が技能に裏付けられた交渉を行っていればいるほど、労働過程にたいして能動的に関与していることになる。このことは、労働過程を「自分のもの」として関わろうとすることを意味し、このような働きかけが絶えず行われることを通じて、労働過程は「資本のもの」としての性質を脅かされることになる。これこそまさに、資本にたいする抵抗につながるのではないだろうか。

第3節　小括

本節では、これまでの分析を踏まえて、第4章で設定した仮説を検証し、情報サービス産業の労働過程と労働者の関係について最終的な見解を示していく。ここで、本稿における仮説を再び提示しておこう。

仮説（1）：情報サービス産業では、分離された構想と実行を再統一する際に、課業を媒介とさせることが相対的に困難なのではないか。

仮説（2）：そのため、《自律性》の付与というマネジメント手法が、必然的に求められているのではないか。

仮説（3）：この《自律性》の付与というマネジメントによって、（a）か（b）のどちらかの結果が生じるのではないか。

（a）技能を形成することとなるから、経験を積むことで「自律性」へとつながる。

（b）《自律性》という性質上、労働者が知を取り戻すことには結びつかない。

まず、仮説（1）については、発注元企業との取引関係に大きく規定されるかたちで、課業の適用になじむ業務となじまない業務が存在する。生産過程に課業を適用することが「なじむ」業務は、仕事の発注元によって事前に何をすべきかが決定されている。例えば、開発業務のうち「この範囲のこの作業をすることのできる労働者が何人必要である」とあらかじめ計画・計測されており、この仕事を受注した側（企業）は、そこで言われた通りに業務を遂行するよう労働者に命じることとなる。一方、課業の適用が「なじまない」業務は、システム開発のうちのある一定範囲の工程・領域を丸ごと担当する場合や新製品・サービスを開発する場合である。さらには、既存システムの改修のように、一見どんな作業が必要か明瞭であるような業務であっても、課業を媒介させることが難しいこともある。例えば、既存システムの一部を修正する場合も、それが他の部分にどんな影響を与えるか計画段階では定かではなく、事前にどのような作業がどれほど必要となるのか、計測し、計画することができないということである。

このように、情報サービス産業における業務には、課業を媒介させることに「なじむ」・「なじまない」業務があり、これに対応して管理者のマネジメントは異なる表れを見せる。生産過程に課業を媒介させることに「なじまない」（すなわち、仮説（1）が当てはまる）業務にたいするマネジメントは、最終的に求める成果物や期限といった大枠を提示し、そのなかで労働者自身に考える余地を与えるようなものとなる。つまり、業務を包括的に受注した場合、《自律性》を付与するマネジメントが採用される。ここでの自律性が《自律性》と判断されるのは、開発業務の全体像を把握しえず、その労働者が業務に関する決定権の有していないからである。開発業務は細分化されており、労働者は自身の携わるシステムの全体像を把握することは難しい。これは、経験を積んだり、リーダー職についたりすることで解消される傾向にあるが、それは相対的なものである。また、個々の労働者はどんなソースコードを書くか、またはどの作業からこなしていくかについては決められるものの、現場のリーダー職を含め、チーム編成そのものや、トラブル発生時のスケジュール・人員調整に関する権限は有していない。

こうして、業務に関する実質的な決定権を獲得していないにもかかわらず《自律性》が付与されているために、あたかも自身に裁量が与えられたかのように労働者が認識し、実際にそうした行動が引き出されている。したがって、仮説（2）に示したように、課業を適用することに「なじまない」ような業務については、労働者に《自律性》を付与するマネジメント（Responsible Autonomy）が採用されていることが明らかとなった。

さらには、取引先企業から細分化されたかたちで業務を受注し、課業を適用することに「なじむ」業務であっても、「＋α」への対応というかたちで労働者に《自律性》の発揮を

図表7―3

業務の性質		採用されるマネジメント
課業の適用が「なじむ」	→	Direct Control
	↘	
課業の適用が「なじまない」	→	Responsible Autonomy

要求する事例も確認された。これは、仮説（1）が当てはまらないにもかかわらず、仮説（2）が当てはまるという入り組んだ状態である（図表7―3）。

これらの事例を通じて再確認されたのは、マネジメントの一環として付与される《自律性》は、資本にとっての自律性だということである。労働者は、資本の要求に応じながらその範囲内で判断し、「決定」することができる。ここで指摘しておきたいのは、この《自律性》の問題は、労働者は労働過程をコントロールするには至っていないにもかかわらず、あたかも自身に決定権があると錯覚しているという、レトリックの問題にとどまらないということである。つまり、「決定権がないのに、あるかのように見せかけられている」こと自体が重要なのではない。上記のマネジメントはそれ以上の効果を持っている。このことは、仮説（3）の検証で示されている。

何らかの製品を生産するという、①純粋な労働過程において、労働者は労働過程を「自分のもの」とするように関わる。それが、②価値増殖を目的する過程に転化することで、労働者の労働過程への関わりは、「資本のもの」としての性格を帯びる。ただし、実際に業務を遂行するにあたっては、②の次元においても、労働者は①「自分のもの」として関わりを完全に失ってはいない。したがって、労働過程において労働者は「自分のもの」と「資本のもの」としての矛盾した2つの関わりが共存する。ここに《自律性》の付与というマネジメントが加わることで⑶、「自分のもの」と「資本のもの」の絡みあいは、強く「資本のもの」へと引き寄せられることになる。それは、マネジメントが労働者の「自分のもの」としての関わりに働きかけることで、労働者の主体性やモチベーションといった要素を引き出し、それを吸収しているからである。こうして、《自律性》の付与というマネジメントを通じた労働者の労働過程への関わりの変化は、労働者主体の変容を意味しているのである。

だが、このような労働者の労働過程への関わりを通じてもなお、資本の側が労働過程を完全に掌握するには至っていない。それは、労働者によるさまざまな抵抗の事例から証明されている。労働者へのインタビュー調査では、「いつまでに、これを」といった要求が過大であった場合に、その「いつ」を延ばすか、「これ」の水準を下げるための交渉を行っていることが確認された。前者は、業務の性質上、管理者の側も「いつ」を正確に計画することができないことに起因する抵抗のあり方である。後者は、経験を重ねるなかで技能を形成し、開発の全体像を把握することで生まれる抵抗の表れである。こうして、マネジメントを通じて労働者が一方的に管理者の統制下に置かれているわけではなく、その隙間を縫って抵抗の契機は現れている。

しかしながら、ここでの抵抗は、労働者が労働過程を自ら統制することには結びついていない。すなわち、「自律性」を獲得するには至っていないのである。それは、上記のような抵抗を見せたとしても、管理者から「それでもやれ」と命令されれば、結局はその要求に逆らうことができないからである。したがって、仮説（3）について、《自律性》の発揮は労働者が知を取り戻すことには結びつかないという（b）が該当する。

第7章でこうした抵抗は、自衛としての意味合いを強く持っていると指摘したが、長時間労働の発生や決定権を喪失している状況においては、これも重要な役割を果たしている。「いつまでに、これを」という要求をそのまま受容しないということは、管理者の価値増殖運動にとって1つの足枷となっているからである。

さらに言えば、経験を積むことで、労働者がそこでの知を獲得する可能性は常に開かれている。もちろん本稿で見てきたように、取引関係やそれと関連したキャリア展開の可能性に規定されてはいるものの、「この人に聞けば、必ずわかる」というような技能を手中におさめることで、管理者が価値増殖過程として労働過程を作り上げようとすることに、より実質的な抵抗を通じて歯止めをかけることができるだろう。

以上のように、資本によるマネジメントのあり様と労働者の労働過程への関わりという両者の関係を見るなかで、資本が労働過程を実質的に包摂し、ひいては形態的に包摂することの難しさが浮かび上がる。それは、《自律性》を付与し、労働者主体を作り替えようとしている点に表れている。このことは、それほど強力に介入しなければ労働過程を「資本のもの」として成り立たせ、それを維持できないということを意味している。ここから、労働者が《自律性》ではなく、「自律性」を獲得する可能性もまったくゼロではないことがわかるだろう。業務経験を積み、生産過程の全体像に関する知を獲得しようとする取り組みによって、真に自らの決定によって労働過程を統制することにつながりうるのである。

第8章　裁量労働制と労働者の自律性

本章では、労働者の発揮する自律性について、裁量労働制との関係において考察していく。これまで見てきたように、資本主義的生産において労働者が発揮しうる自律性は、資本のマネジメント戦略の一環としての《自律性》であった。この《自律性》の付与を制度的に補完しているのが、裁量労働制である。その一方で、裁量労働制においては、業務の遂行を労働者の裁量に委ねることが前提とされている。ここで、資本が付与する自律性と、法律によって労働者にその発揮が担保されている自律性とは、どのように両立するのだろうか。また、裁量労働制によって保障されている自律性は、業務遂行における決定権や労働時間の長さにどのような実際的な影響を及ぼすのだろうか。

第6章では労働者へのインタビュー調査を通じて、自律性をめぐるミクロなやり取りを描写してきたが、本章では、裁量労働制によって自律性の発揮が保障されている労働者の働き方を量的な観点からも分析していく。第1節では、約1000人のITエンジニアを対象に行ったアンケート調査をもとに、業務上の裁量について検討する。これにより、労働者自身の自律性にたいする認識についても明らかにすることができるだろう。第2節では、裁量労働制の運用をめぐる労働組合の取り組みを紹介する。裁量労働制はその導入による長時間労働化が指摘されている。長時間労働を担わざるを得ないということは、当然、その労働者が裁量、ないし「自律性」を発揮できないことを意味している。労働時間や自律性の発揮において、労働組合がどのような規制力を発揮しているのか考察していく。

第1節　ITエンジニア1000人アンケート調査

本節では、ITエンジニアを対象に実施したアンケート調査より、主に労働時間と業務に関する裁量に関する調査結果を取り上げ、自律性の観点から分析を行う。

第1項　回答者の概要

本調査（「ITエンジニアの労働条件・労働移動に関する調査」）は、情報労連と共同して、ITエンジニアの働き方や労働条件、労働移動について把握するために実施したものである。実施期間は２０１５年４～５月で、情報労連本部より各構成組織に調査用紙を配布してもらい（約２０００票）、１０６６票の有効回答を得た。

まず、回答者の属性を見ていくと、性別は男性86・２％、女性13・８％（図表８―１）、年齢層は30歳代が最も多く37・３％、20歳代が27・７％（図表８―２）、最終学歴は大卒・大学院卒が74・５％を占めた（図表８―３）。

雇用形態は、正社員が97・７％を占め（図表８―４）、勤続年数は「10年未満（５年１ヶ月～10年）」が最も多く、約３割であった（図表８―５）。

次に、回答者が勤める企業の特徴である。従業員規模は１０００名以上が74・０％を占め（図表８―６）、資本系列では「独立系」が半数を占めた（図表８―７）。

そして、回答者の約８割は、業界内での自社の位置付け（何次請けに当たるか）を把握しており（図表８―８）、そのうちの７割が一次請け企業に属している（図表８―９）。業種では約５割が「受託開発ソフトウェア業」にあたり（図表８―10）、職種ではシステムエンジニアが57・４％を占めた（図表８―11）。

現在、従事している業務の性質について見ておくと、勤務形態は「自社内で開発業務に従事している」が63・４％を占め（図表８―12）、プロジェクトの性質は、「継続的に取引の

図表8—1　性別

	n	パーセント
男性	917	86.2%
女性	147	13.8%
合計	1064	100.0%

図表8—2　年代

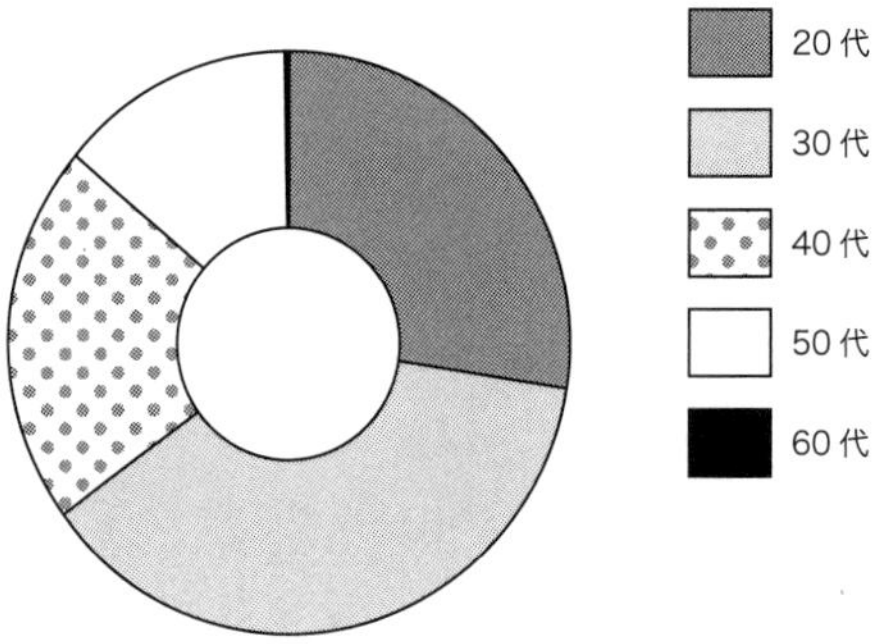

20代	30代	40代	50代	60代
27.7%	37.3%	21.3%	13.5%	0.2%

図表8—3　最終学歴

	n	パーセント
大学院卒	205	19.3%
四年制大学卒（情報系）	183	17.2%
四年制大学（理系）	221	20.8%
四年制大学（文系）	183	17.2%
高等専門学校卒	58	5.5%
専門学校卒（IT関係）	56	5.3%
専門学校卒（IT関係以外）	16	1.5%
高卒	134	12.6%
その他	6	0.6%
合計	1062	100.0%

図表8—4　雇用形態

	n	パーセント
正社員	1042	97.7%
契約社員	19	1.8%
派遣社員	4	0.4%
その他	1	0.1%
合計	1066	100.0%

図表8—5　勤続年数

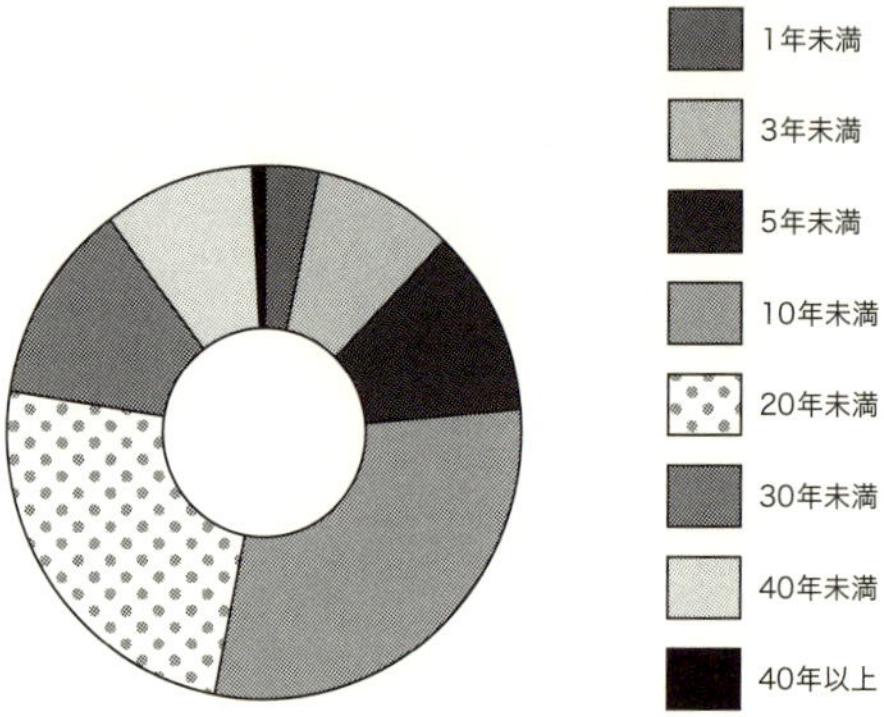

1年未満	3年未満	5年未満	10年未満	20年未満	30年未満	40年未満	40年以上
3.5%	8.8%	11.5%	29.5%	24.3%	12.3%	9.5%	0.6%

図表8—6　従業員規模

	n	パーセント
～10名	4	0.4%
～50	12	1.1%
～100	18	1.7%
～500	147	13.9%
～1000	95	9.0%
1000名以上	785	74.0%
合計	1061	100.0%

図表8―7　資本系列

	n	パーセント
メーカー系	136	12.8%
ユーザー系	60	5.6%
独立系	551	51.9%
その他	247	23.3%
わからない	68	6.4%
合計	1062	100.0%

図表8―8　分業構造の把握

	n	パーセント
何次請けか把握	877	83.4%
わからない	175	16.6%
合計	1052	100.0%

図表8―9　業界内での位置づけ

	n	パーセント
元請け	29	3.3%
1次	647	73.8%
2次	188	21.4%
3次	7	0.8%
4次	1	0.1%
5次	1	0.1%
不明	4	0.5%
合計	877	100.0%

図表8—10　業種

	n	パーセント
受託開発ソフトウェア業	551	51.7%
組み込みソフトウェア業	135	12.7%
パッケージソフトウェア業	247	23.2%
情報処理サービス業	390	36.6%
情報提供サービス業	142	13.3%
ポータルサイト・サーバ運営業	128	12.0%
アプリケーション・サービス・コンテンツ・プロバイダ	152	14.3%
インターネット利用サポート業	75	7.0%
通信業	454	42.6%
その他	23	2.7%

図表8—11　職種

	n	パーセント
アナリスト	22	2.1%
プロジェクトマネージャー	100	9.4%
プロジェクトリーダー	240	22.5%
システムエンジニア	612	57.4%
プログラマー	138	12.9%
オペレーター	77	7.2%
その他	146	13.7%
わからない	50	4.7%

図表8―12　勤務形態

	n	パーセント
自社内で開発業務に従事している	670	63.4%
取引先に常駐して開発に従事している	138	13.1%
その他	249	23.6%
合計	1057	100.0%

ある会社との案件」が31・1％と最も多かった（図表８―13）。担当工程（複数回答）は、「基本設計」が50・7％、「要件定義」は48・6％と上流工程が目立つが、「保守」も48・2％と幅広い工程に従事する労働者からの回答を得られた（図表８―14）。

第２項　労働時間

本項では、労働時間に関する調査結果を見ていく。まず、１日の労働時間について、ＩＴエンジニアの場合、平常時（「通常時」）と納期前（「納期前など忙しい時期」）とで大きな差があることが予想されるため、両者を分けた数値を出している。通常時は、「８時間」が33・９％、「７時間」が30・８％と大半を占めるが、納期前になると、「10時間」が28・１％、「12時間」が25・１％を占め、10時間以上に偏りが見られるようになる（図表８―15）。

週の労働日数を見ても、通常時は「５日」が９割以上

図表8—13　プロジェクトの性質

	n	パーセント
親会社の案件	286	27.1%
親会社ではないが、継続的に取引のある会社との案件	328	31.1%
新規の取引先との案件	94	8.9%
自社開発の案件	259	24.6%
わからない・その他	87	8.3%
合計	1054	100.0%

図表8—14　担当工程（複数回答）

	n	パーセント
要件定義	518	48.6%
基本設計	540	50.7%
詳細設計	446	41.8%
プログラミング	255	23.9%
テスト	481	45.1%
保守	514	48.2%
その他	181	17.0%

図表8―15　1日の労働時間（通常時・納期前）

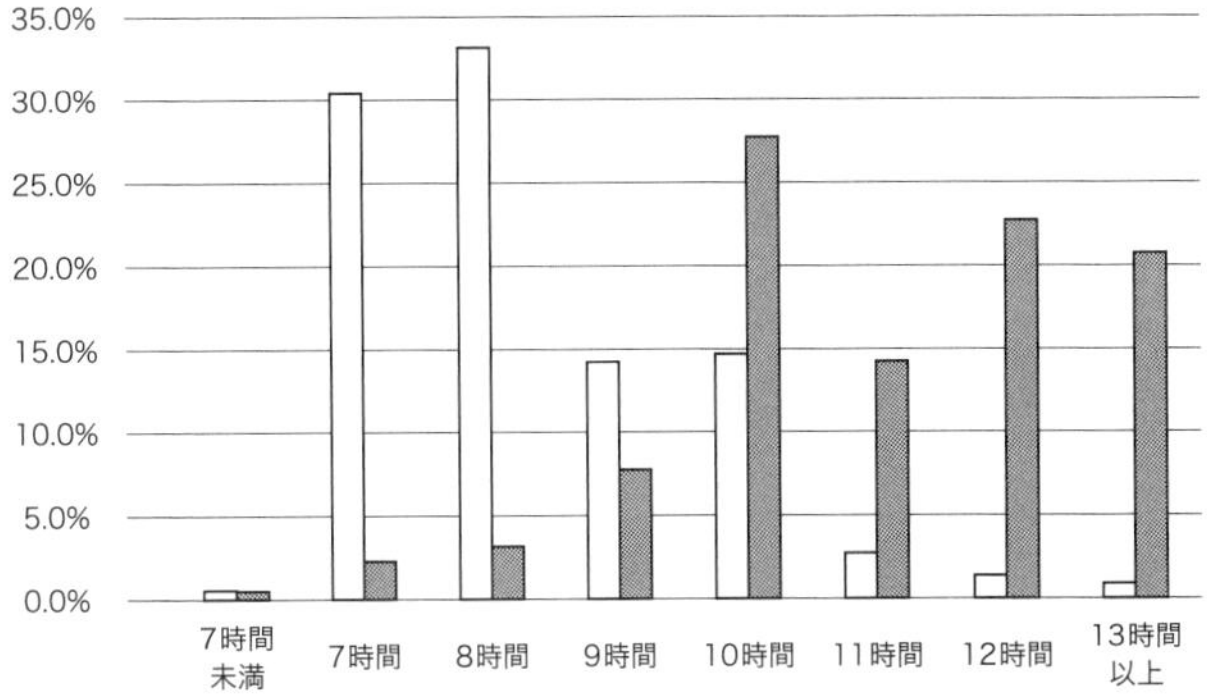

	7時間未満	7時間	8時間	9時間	10時間	11時間	12時間	13時間以上
□ 通常時	0.7%	30.6%	33.7%	14.4%	14.8%	2.7%	1.8%	1.3%
▨ 納期前	0.6%	2.3%	3.4%	7.6%	27.3%	14.4%	23.5%	20.9%

を占めるのに対して、納期前には「5日」が54・2%まで減少し、代わって「6日」が36・7%を占めるようになる（図表8―16）。

以上から、納期前になると1日の労働時間、および週の労働日数も長くなることがわかる。納期前の月労働時間について、最も割合が高いものから単純に推算すると、1日「10時間」×「6日」＝60時間で、月240時間となる。これは、月の残業時間が80時間で「過労死ライン」に相当する長時間残業となっている。

では、こうした労働者たちは、どのような労働時間制度のもとに置かれているのだろうか。図表8―17の通り、回答者のうち約4割はいずれの労働時間制度も導入されておらず、通常の労働時間管理のもと

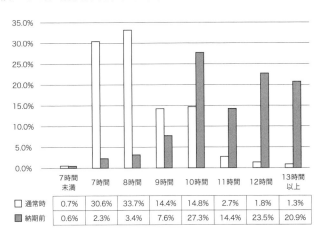

図表8―16　週あたりの労働日数

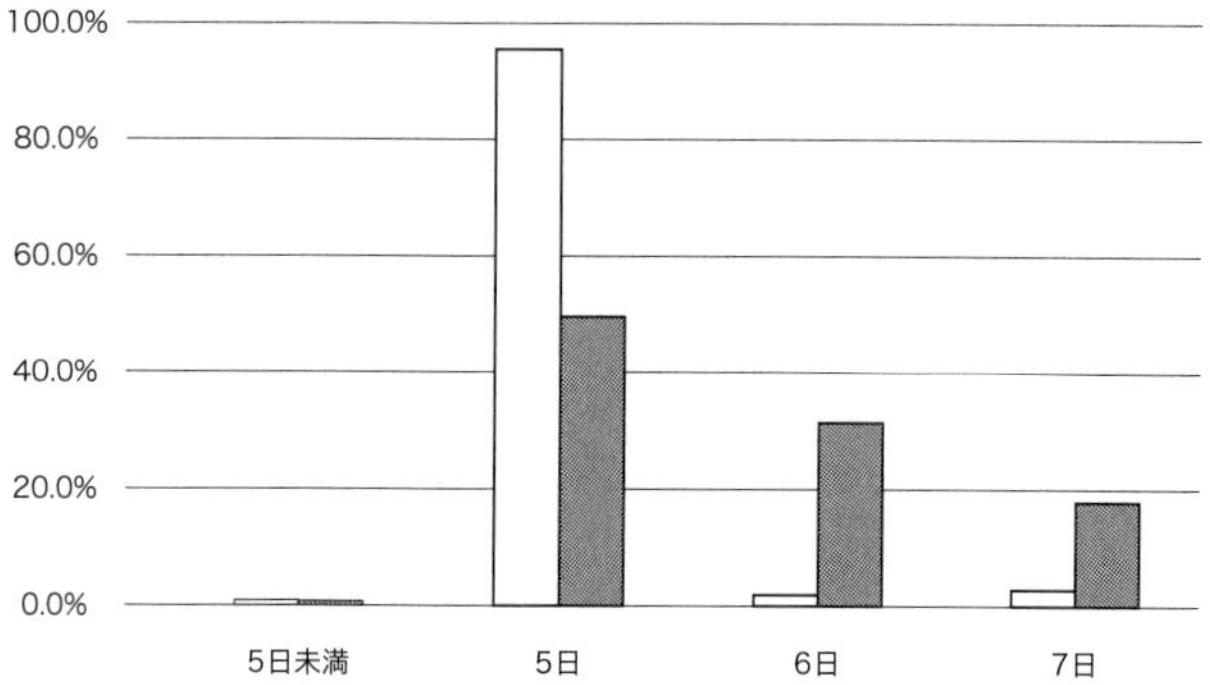

	5日未満	5日	6日	7日
□ 通常時	0.7%	94.9%	1.4%	3.0%
■ 納期前	0.1%	49.2%	33.3%	17.4%

図表8―17　労働時間制度の適用

	n	パーセント
裁量労働制	218	20.5%
変形労働時間制	156	14.6%
フレックスタイム制	245	23.0%
その他	25	2.3%
導入されていない	457	42.9%
わからない	100	9.4%

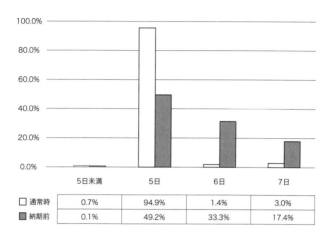

図表8—18　裁量労働制適用者／非適用者の1日の労働時間の比較（納期前）

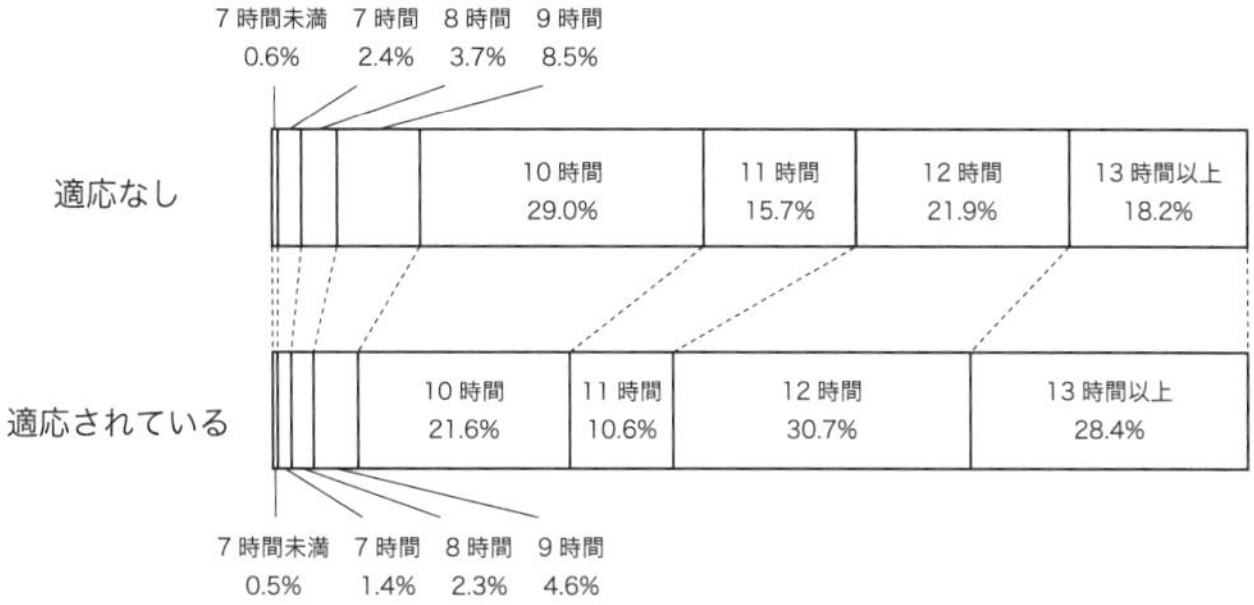

に置かれている。フレックスタイム制が適用されている者は23・4%、裁量労働制は20・8%であった。

ここで、フレックスタイム制が適用されている者とされていない者との間には、労働時間に大きな違いが見られない一方で、裁量労働制の場合には、適用者の方が労働時間が長くなる傾向にあった。とりわけ納期前の1日の労働時間を比較すると、制度適用者の「12時間」、および「13時間以上」の割合が、非適用者より約10ポイントずつ高くなっている（図表8—18）。

第3項　業務に関する決定権

本項では、裁量労働制適用者を中心に、労働者の業務に関する決定権について考察していく。業務遂行にあたっての決定権は多岐にわたるが、本調査では、①プロジェクト内の担当領域に関する決定権、②案件数に関する決定権、③業務量に対する決定権、④仕事の進め方にたいする決定権の４点について、それぞれ回答を得た。

まず、①プロジェクト内の担当領域に関する決定権（複数回答）について、「上司が決める」が最も多く、裁量労働制適用者・非適用者に差はほとんど見られない（図表８―19）。担当領域を「自分で決めた」割合は、むしろ裁量労働制適用者の方が少なく、「自分の希望が考慮」された割合もほとんど違いがない。

次に、②案件数にたいする決定権を見ると、裁量労働制適用者の方が、決定権が「ない」とする割合が５ポイント以上高く71・３％であった（図表８―20）。

関連して、③業務量にたいする決定権については、「業務量を増やす・減らすことについて、自分で決定することができる」とした裁量労働制者が14・９％となっているが、非適用者の場合も11・９％と大きな変化は見られない（図表８―21）。また、「決める・変えることができない」が、前者は26・０％、後者も25・７％と、ここでも制度適用による決定権への効果はほとんどないと言ってよいだろう。

最後に、④仕事の進め方にたいする決定権がある。決定権があるかとの設問にたいして、「そう思う」（ある）と答えた裁量労働制適用者は57・３％に上った（図表８―22）。非適用者も同様に高い数値となっているが、裁量労働制適用者との間には約５ポイントの差がある。

実際の仕事の進め方（複数回答）について見ると、「自分でやり方・進め方を考えている」

図表8—19　仕事の割り振りに関する決定権の比較

	裁量労働制適用者		非適用者	
	n	パーセント	n	パーセント
上司が決めた	171	78.4%	816	76.5%
自分の希望が考慮	56	25.7%	271	25.4%
自分で決めた	17	7.8%	134	12.6%
その他	9	4.1%	43	4.0%

図表8—20　案件数にたいする決定権の比較

	裁量労働制適用者		非適用者	
	n	パーセント	n	パーセント
ある	15	9.1%	89	10.1%
ない	117	71.3%	574	65.5%
どちらともいえない	32	19.5%	214	24.4%
計	164	100.0%	877	100.0%

図表8―21　業務量にたいする決定権

	裁量労働制適用者		非適用者	
	n	パーセント	n	パーセント
業務量を増やす・減らすことについて、自分で決定することができる	32	14.9%	126	11.9%
上司に相談し、変えてもらうことができる	127	59.1%	660	62.4%
決める・変えることはできない	56	26.0%	272	25.7%
計	215	100.0%	1058	100.0%

図表8―22　仕事の進め方にたいする裁量があるか

	裁量労働制適用者		非適用者	
	n	パーセント	n	パーセント
そう思う	125	57.3%	556	52.4%
そうは思わない	58	26.6%	277	26.1%
どちらともいえない	35	16.1%	228	21.5%
計	218	100.0%	1061	100.0%

図表8—23　仕事の進め方

	裁量労働制適用者		非適用者	
	n	パーセント	n	パーセント
上司や先輩から具体的な指示がある	98	45.2%	529	49.6%
マニュアルがある	34	15.7%	232	21.8%
自分でやり方・進め方を考えている	170	78.3%	845	79.3%
その他	7	3.2%	20	1.9%

が約８割を占め、これは裁量労働制適用者・非適用者もほぼ同じ割合であった（図表８—23）。「マニュアルがある」に該当する者は、裁量労働制適用者より非適用者の方が５ポイント以上高い数値となった。

以上から、業務に関する決定権について見ていくと、労働者の有する裁量は限定された範囲にとどまることがわかるだろう。それは、④仕事の進め方についてては自身で決定することができるが、プロジェクト内の担当領域や案件数、そして業務量（①～③）についてはほとんど決められないことに表れている。さらに、上記の結果は、裁量労働制が適用されていたとしても同様である。裁量労働制が適用されていない者との間に、①～④の数値について、それほど大きな差異は見られなかった。後述するように、裁量労働制とは本来、業務の性質上、その遂行方法を労働者の裁量に委ねる必要があり、使用者が具体的な指示を出すことが困難であることが想定されている。これだけを読めば、業務の遂行にあたって発生するさまざまな事項の決定を労働者に委ねているように見えるが、実際は労働者が決定できるのは仕事のやり方のみで、そのほかの事項は決定できないのである。

では、このような決定権のもとにある業務量、そして労働時間について、労働者たちはどのように認識しているのだろうか。現在の業務の負担感について「ちょうどよい」が53・9%と半数以上を占める（図表8—24）。

通常の業務量にたいする認識についても、半数以上が「たまに自分のキャパシティを超えた業務量を抱えている」と感じており、恒常的に業務負担が重いと感じる労働者は1割程度である（図表8—25）。

ただし、労働時間の観点から業務量を見ると、少し様相が変わってくる。通常の労働時間制度のもとに置かれている労働者が「法定労働時間を少しオーバーする業務量である」（41・9%）であるのにたいして、裁量労働制適用者は「法定労働時間を優に超える業務量である」に38・1%が該当し、非適用者に比べて約10ポイント高い割合を示している（図表8—26）。実際、先に示した図表8—18に表れているように、裁量労働制適用者の方が長時間労働を担っている（この要因については、本章第2節で触れる）。

図表8—24　現在の業務の負担感

	裁量労働制適用者		非適用者	
	n	パーセント	n	パーセント
多いと感じる	71	43.0%	364	41.5%
ちょうどよい	89	53.9%	473	53.9%
少ないと感じる	5	3.0%	40	4.6%
計	165	100.0%	877	100.0%

図表8—25　通常の業務量にたいする負担感

	裁量労働制適用者		非適用者	
	n	パーセント	n	パーセント
恒常的に自分のキャパシティを超えた業務量を抱えている	30	14.1%	139	13.2%
たまに自分のキャパシティを超えた業務量を抱えている	122	57.3%	620	58.7%
いつもちょうどよい業務量	52	24.4%	224	21.2%
たまに業務量が少ないと感じている	6	2.8%	55	5.2%
恒常的に業務量が少ないと感じている	3	1.4%	18	1.7%
計	213	100.0%	1056	100.0%

図表8—26　労働時間の観点から見た業務量

	裁量労働制適用者		非適用者	
	n	パーセント	n	パーセント
法定労働時間を優に超える業務量である	82	38.1%	294	27.8%
法定労働時間を少しオーバーする業務量である	79	36.7%	444	41.9%
法定労働時間内におさまる業務量である	54	25.1%	321	30.3%
計	215	100.0%	1059	100.0%

以上から、あらためてアンケート調査結果をまとめると、ITエンジニアは仕事の「進め方」にたいする裁量はあっても、仕事の「量」にたいするそれは限定的なものであり、実際の業務量も労働者が自ら時間配分を調整できる範囲にとどまらないことがわかる。そして、労働者の裁量に委ねる＝自律性をもって業務遂行にあたると想定された裁量労働制適用者であっても、このような決定権が制約された状態であることに変わりはなかった。

第2節　裁量労働制をめぐる労使関係

本節では、前節で取り上げた裁量労働制適用者の長時間労働化にたいして、どのように規制をかけていくことができるか検討していく。

第1項　問題の背景

本書で取り上げている専門業務型裁量労働制とは、一定の業務について、実際の労働時間数ではなく、労使協定で定めた時間数だけ労働したものとみなす制度である（労基法第38条の3）。あくまで労働時間に関する制度であるが、労働の量よりも質、すなわち成果を重視した働き方（働かせ方）を可能にする制度であると認識されている。

その一方で、裁量労働制の導入は労働時間の延長をもたらす傾向にある。前節で示したアンケート調査に加え、ＪＩＬＰＴ（2014）では、通常の時間管理をされている労働者よりも制度適用者の方が労働時間が長いことが示されている。１ヵ月の実労働時間について、通常の労働時間制のもとにある労働者の場合、「１５０時間以上２００時間未満」は61・7％、「２００時間以上２５０時間未満」が26・5％であるのに対して、専門業務型裁量労働制の適用者は前者が42・1％、後者が40・9％であった（図表8―27）。

こうした長時間労働化をもたらす制度の導入にあたっては、重要なアクターの介在を見落としてはならない。それは、労働組合である。裁量労働制の導入にあたって、使用者は労働組合との間で書面による労使協定を締結し、労働基準監督署長に提出しなければならない。つまり、裁量労働制を労働者に適用するにあたっては、法律が直接に労働組合の関与を要件としているのである。

図表8—27　1ヵ月の実労働時間（適用労働時間制度別、厚労省抽出分）

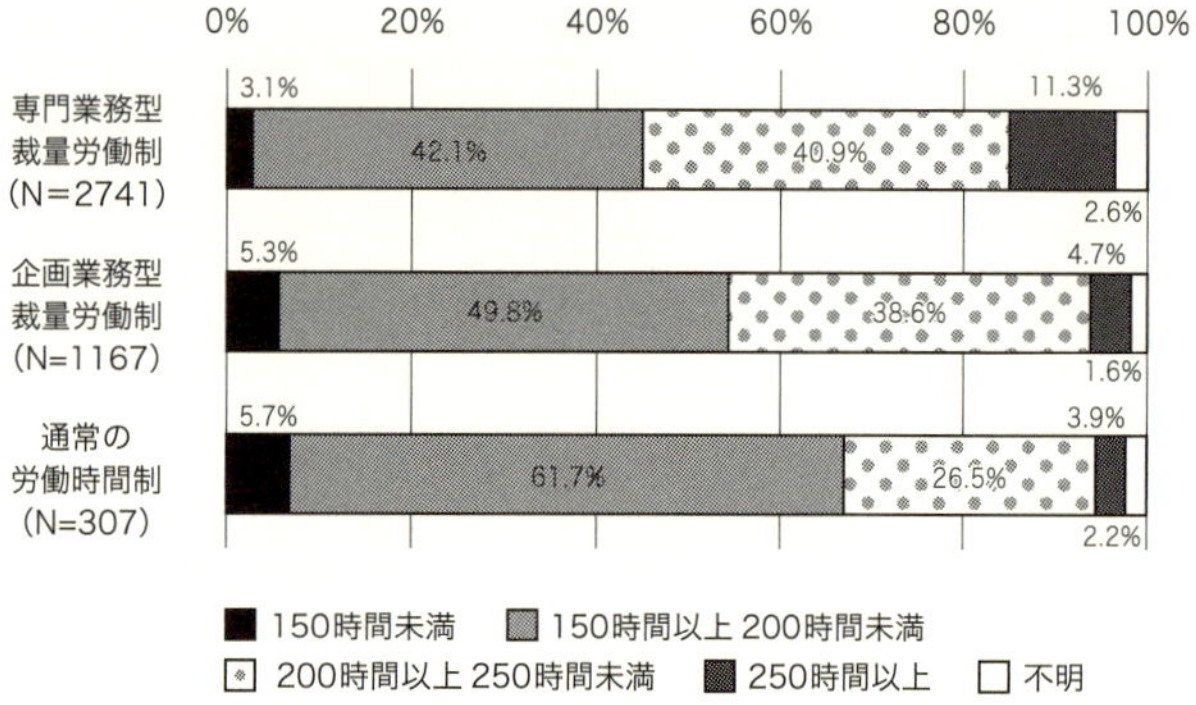

出典：JILPT（2014）、p.22より

労使協定では、①対象業務、②みなし労働時間、③業務の遂行手段・時間配分の決定に関して指示をしないこと、④健康・福祉の確保、⑤苦情処理手続きを定めなければならない。①の対象業務は、前節でも触れたように「業務の性質上その遂行の方法を大幅に当該業務に従事する労働者の裁量にゆだねる必要があるため、当該業務の遂行の手段及び時間配分の決定等に関し使用者が具体的な指示をすることが困難なもの」とされる業務である。専門業務型裁量労働制を導入することができるのは、法令等で定める19業務であり、そのうちの一つにシステムエンジニア業務がある。②みなし労働時間は、対象業務に従事する労働者の労働時間として算定される時間を指す。冒頭で触れたように、裁量労働制においては、

実際に労働した時間数ではなく、この労使協定で定めたみなし労働時間数だけ労働したものと算定されることになる。③は、対象業務に従事する労働者に対して、使用者が対象業務の遂行の手段や時間配分の決定等に関する具体的な指示をしないことを指す。もちろん、使用者がまったく指示を出してはいけないということではない。④は、対象業務に従事する労働者の労働時間の状況に応じた健康・福祉を確保する措置であり、⑤は、制度適用に伴う苦情処理の手続きである。

これらを定めた労使協定が労基署長に届け出られていない場合、裁量労働制の適用は認められない（手続要件）。また、上記の対象業務やみなし労働時間などが、就業規則や労働協約などを通して労働契約の内容となっていない場合も、制度の適用は認められず、労働者には通常の労働時間管理が適用されることとなる。

さらに、次のような実体要件を欠く場合も制度の適用は認められない（塩見、2013）。すなわち、（i）対象業務外の業務を恒常的に行わせた場合、（ii）就労実態に裁量性が認められない場合、（iii）みなし時間から乖離した実労働時間である場合である。

（i）は、例えばシステムエンジニア業務以外に、当該制度の対象業務ではないプログラミング業務を恒常的に行わせた場合がこれにあたる。比較的、容易に判断することができるだろう。（ii）については、「使用者は、業務の基本的目標・内容を指示したり、業務の途中で必要な変更を指示することは許容されるが、対象労働者に対し具体的指揮命令をしてはならない」（塩見、2013：29）ないとされている。本書で見てきたように、システム開発業務の多くは複数人から成るチームによって遂行されているが、そのチームリーダーが時間配分を具体的に指示するなどして、労働者が自身の裁量によって働けない場合がこれにあたる。前掲のＪＩＬＰＴ（2014）では、「上司の業務指示の出し方をみると、『通常の労働時間制』では『具体的な仕事の内容について指示がある』割合が相対的に高いが（27・2％）、『専門業務型』『企画業務型』では『業務の目的等基本的事項についてのみ指示がある』割合が高い（それぞれ67・3％、74・7％）」（JILPT, 2014：26）と指摘されており、詳細な指示を受けずに業務を遂行しているかというように、この点についても比較的判断しやすいだろう。[*1]

ここで注目したいのが、(iii)である。本来、労使協定で定められたみなし時間を超えて労働したとしても、みなし時間数の分労働したものとみなすのが当該制度の趣旨である。だが、実際の労働時間がみなし時間から著しく乖離した場合に、制度の適用は許容されるのだろうか。学説ではこのような場合、裁量労働制は適法性を失い、通常の労働時間制が適用されるようになるとする説が有力である（盛、1997）。だが、塩見（2013）よれば、実際の裁判においてこの点が明確にされたことはないという。すなわち、「実労働時間がみなし労働時間から乖離して長時間となっているという事実をもって裁量労働制の適用を否定することができるかは、現在の裁判例・行政実務においては不明という状況である」（塩見、2013：32）ということである。ここから、みなし時間と実際の労働時間の間に大幅な乖離が見られた場合、制度の適用・運用にあたって労働組合はどのように機能しているのだろうか。

第2項　調査の概要

上記の問題を明らかにするために、専門業務型裁量労働制を導入している企業の労働組合にたいしてインタビュー調査を実施した。対象は、情報労連加盟組合の役員[*2]、および一般組合員である（図表8—28）。半構造化インタビューにより、主に労使協定の中身、運用にあたっての問題とそれへの労組の対処について聞き取りを行った[*3]（1回あたり40分から1時

＊1　ただし、裁量労働制においては、「業務遂行の手段や時間配分の決定は労働者自身に委ねられるが、最も重要な意味をもつ労働の量や期限は使用者によって決定されるので、命じられた労働が過大である場合には、労働者は事実上長時間の労働を強いられ、しかも時間に見合った賃金は請求しえないという事態が生じる。また、伝統的にグループ作業が中心の日本企業において、個々の労働者が真に業務遂行の手段や時間配分について裁量をもちうるのかということも問題となる」（西谷、2013：311）との指摘もあり、より厳密には別途検討が必要であろう。

＊2　各企業の従業員規模については、匿名性担保のため明記しない。

図表8—28　調査対象者の概況

対象	内訳
A組合（2名）	2名：組合役員
B組合（4名）	2名：組合役員、2名：一般組合員
C組合（2名）	2名：一般組合員
D組合（3名）	2名：組合役員、1名：一般組合員

間の聞き取り。調査時期は2016年4～6月）。

ここからは、裁量労働制を導入するにあたって締結された労使協定の内容として、対象者とみなし労働時間について見ていく。

まず、対象者についてである。裁量労働制の適用を受ける対象者は、聞き取りを行ったすべての企業において、管理職一歩手前の役職に就く者であった。

（対象者は：筆者注）グレード15のシステムエンジニアといったところです。…（中略）…グレード16を課長とみなすと、その手前の係長クラスですかね、イメージ的に言うと。そこに対して適用します。（A組合）

グレードっていうのが、入社したら5で、それが4に上がって、3に上がっていくんですけど。グレード5って、入社してエントリーのグレードの人は適用外にします。それを1個上がったところから、主任級という格がつくんですけど、主任の格以上の方は基本的には適用できる。「適用できる」というのは、あくまで適用できるというだけで、やるかどうかっていうのは、個別判断にはなるんですけど。（B組合）

基本的には、役職が管理職の一歩手前の人間は原則。それから、その下の人間、もう一ランク下の役職の人間は、希望者。（C組合）

C3とC4ですね、任意でなれるっていうかたちです。C5は、もう強制的に裁量労働制者っていうかたちになります。1年以内にマネージャーになるとか、そのぐらいのレベルの人がC5だと捉えていただければ……。（D組合）[*4]

＊3　インタビューに際し、聞き取りで得られた内容は、研究発表、および研究論文の執筆以外には使用しないこと、企業名・組織名・個人名などはすべて匿名とし、個別企業や個人が特定されないよう配慮することを確認したうえで、録音することの同意を得た。

＊4　後述するように、D社では2016年4月から対象者の変更があり、ここでの聞き取り内容は2016年3月までのものである。

ただし、BおよびC組合では、労組が実施するアセスメントを通過しなければ制度の導入を認めない仕組みを整備している。B組合が実施するアセスメントの流れを見ておこう。(1)組合が用意した設問に、導入を検討しているチームメンバー全員が回答する。「仕事のやり方・時間配分について、上司から工夫の余地がないほど細かい指示がなく、自分で決めることができる」、「実労働時間と乖離があった場合、上司とコミュニケーションをとることができる」等である。(2)回答者全員が◯(できる)、あるいは△(改善すればできる)と回答した場合のみ裁量労働制を導入することができる。(3)1つでも×(できない)がある場合は、職場改善の活動を促し、再度アセスメントを実施する。C組合の場合、B組合ほど体系化されてはいないものの、労働組合が制度適用にあたって審査を実施している。

組合の本部の方で、各管理職の長の方が「うちは裁量労働入れたいよ」って言ってきたのを、「いや、こんなの専門職じゃないでしょ」とか……っていうふるいをまずかけて……。(C組合)

したがって、当該制度の適用対象となる役職に就いたからといって、すべての対象者に一律に制度が適用されるのではなく、その適否に労組が関与していることがわかる。

ところで、「管理職一歩手前の労働者」に対象者が設定されているのは、その役職に就く者であれば、自身の裁量を発揮して働くことができるほどの経験を積んでいるだろうと想定されているためである。こうした設定をとることで、実体要件（ⅱ）の「就労実態に裁量性がある」ことが担保されている。[*5]

裁量を持って、要するに自分の判断で働けるっていう人は、例えば、新卒で入って１年目でそういう働き方ができるかっていったら、それはできないだろうと。じゃあ、その「自分で考えてできる」っていったら、それは管理職一歩手前くらいになれば、そういった判断はできるだろうっていう、会社の判断ですね。（A組合）

毎年、年度の頭ですね、…（中略）…本人と上長の課長との間でやり取りをして、「君

＊5　ただし、次のように必ずしも役職と裁量性とが結びついていないとの指摘もある。「あまりリンクしてないですね。裁量労働適用・非適用なのかと、業務の内容とが。業務の内容というか、進め方とか。裁量（労働制の適用者：筆者注）であろうとなかろうと、上司は『この業務やっといてね』くらいしかいわない」（C組合）。したがって、就労実態に裁量性があるか否かについてのより実質的な判断は、別途分析が必要となるだろう。

図表8—29　対象企業のみなし労働時間とみなし残業時間

	みなし労働時間（1日）	みなし残業時間（1ヶ月）
A組合	7.5時間→8時間	25時間
B組合	7.5時間	30時間
C組合	7.5時間	29時間
D組合	7.3時間	40時間→30時間

の働き方であれば、裁量的に働ける見通しがあるので、やってみないか」っていうようなオファーがあって、『じゃあ、やります』、『やりません』とかっていうので、裁量労働を適用していたと。（D組合）

次に、みなし労働時間である。図表8—29で示したように、ほとんどの企業で、1日7・5時間前後に設定されている、これは、制度導入前の、あるいは制度の適用を受けない労働者の所定労働時間をそのままみなし労働時間とするところからきている。

みなしは7・5（時間：筆者注）と、いわゆる労働契約と同じ時間に設定しています。それは記録書にも載ってるんですけど……労働契約っていうのをベースにしてこの制度を作り上げていきたいっていうのがあったらしくて。7・5ってすることで、（労使で：筆者注）お互い何の不利益も生じない状態でうまく移行できると。（A組合）

また、裁量労働手当の基となる想定された残業時間は、制度導入前の平均的な残業時間から設定されている。それは、労働者が受け取る手当が制度導入以前に比べて遜色ないようにすることで、スムーズに制度導入を進めるための時間数となっている。

第３項　制度運用

それでは、これらの１日のみなし労働時間や残業時間は、実際の労働時間からして適切なのだろうか。聞き取りでは、想定された時間をオーバーするケースが多いことがわかった。

（7・5時間：筆者注）以下ってのは、なかなかないケースだと思ってます。（B組合）

トータルでいうと、本当に厳しいプロジェクトですと、たぶん裁量にすると、みなし以上に働いているのが実態だと思います。（B組合）

みなしは７・５時間なんですけど、それ以上の方が多いですね。１ヶ月で29（時間：筆者注）のみなし残業がついているっていうのは、組合員みんな知っているんですけど、「それよりも私はやってますよね」って思っている方も、結構いっしゃると思います。そういう方たちが不満を持っているわけですよね、目減りだということで。（C組合）

このように、みなし労働時間を超えて長時間にわたる残業が発生するのは、業務量の多さが直接的な要因である。加えて、当該産業においては、納期の短さや仕様変更による突発的な業務の発生等がこれを助長している。例えば、法改正に伴い行政関係のシステムが変更される場合、その法改正がどの時期に決まったとしても、次年度の始まりにはそのシステムを完成させておく必要がある。これに対応するために残業が発生することは容易に想像できるだろう。

やっぱりどうしても法律の改正とか、制度の改正とかで直前にきたりして。結構バタバタ、急に忙しくなっちゃったりとか。だいたい2月の途中に省令が形になって、4月にやれよ、とかいう話になると、それがどんときますよね。そういうのも結構あったり。（D組合）

また、「物体として存在しないもの」を開発するために、必ずといっていいほど開発途中で仕様変更が発生するという。

システム規模に応じて受注をして、人を揃えて進めるっていうことはできるんですけど、でも簡単にできないんですよ、システムって。必ず順序立てて設計してっても、ある程度作ると、「何か違う」っていう風になっちゃう。形が見えない世界なので。「何か違う」っていって仕様変更があって色々やっていくうちに、どんどんどんどん齟齬が広がっていって動かない。なので、徹夜で直しまくるみたいな状況になりがちなんですよね。（D組合）

先述したように、システムをあらかじめ計画し尽くすことは難しく、開発途上で必ず追加的な業務が発生し、またそれがどれほど必要となるのかは計画段階では定かではない。こうして、みなし時間内におさまらない業務に対応する状況が生みだされている。

では、上記のように、みなし労働時間を大幅に超えて残業せざるをえないような状況が発生した場合、労組はそれにどのように対応しているのだろうか。聞き取りでは、一定の基準を設けて該当者を裁量労働制の適用除外とする対応が確認された（図表８―30）。Ｂ〜

図表8—30　適用除外の条件

	みなし労働時間（1日）
A組合	・裁量を発揮できないような仕事量を抱えている場合 ・毎日、終電帰りが続いている場合 ※明確な基準は設けていない
B組合	・チーム：平均で、月間総労働時間が200時間を超える場合 ・個人：2ヶ月連続で、月間総労働時間が200時間を超える場合 ・深夜勤務が月10回以上、発生する場合
C組合	・３ヶ月連続で、月75時間以上の残業が続く場合
D組合	・３ヶ月連続で、月93時間以上の残業が続く場合

D組合では、月の総労働時間や残業時間数で判断している。

A組合は他の組合のように明確な基準を設けていないものの、裁量性の発揮という観点から、長時間労働をしている場合に当該労働者は制度の適用から外れることになっている。

具体的に、よくある例としては、裁量がないとみなされる、要するに、自分の裁量でできる量でない仕事を振られてしまっている、とかですね。あと、お客さんに合わせた働き方をしなきゃいけないとか、そういう方々に対しては外しています。そういった業務がなくなったらまた復帰じゃないですけど、裁量労働制に戻るといったかたちで、解除と再開の運用もしています。（A組合）

他の労組において残業時間の長さに応じて制度の適用の適否を判断しているのは、裁量性の発揮という観点に加え、労働者の健康にたいする配慮からきている。「月間総労働時間が200時間を超える場合」と比較的厳格な条件を設けているB組合、および「3ヶ月連続で、月75時間以上の残業」と設定しているC組合では、「過労死ライン」が意識されている。

対象社員の健康への影響を考慮して設定しています。具体的には、厚労省の通達[*6]において、定型勤務で月間45時間を超える時間外労働が認められる場合は、健康障害防止措置を講じることが定められていることを勘案して、1ヶ月の所定内労働時間の最大値と所定外労働時間45時間相当の総和を意識し、おおむねそれを超える総労働時間となる場合には、健康への悪影響に対する何らかの歯止めが必要な状況にあるとみなして、裁量労働制の適用についても馴染まないとしています。（B組合）

＊6　厚生労働省「過重労働による健康障害防止のための総合対策」（改正、基発0401第72号、平成28年4月1日）。

導入前の取り決めで、健康配慮の観点から過労死認定基準の80時間を目安にして、「3ヶ月連続で75時間超となる場合は適用除外となる」というように、労使間で話し合って決定したように思います。（C組合）

実際に、第4章でも触れたように、情報通信業におけるメンタルヘルス不調の問題は深刻である。「過労死ライン」を明確に意識した、B組合とC組合の基準からは、裁量労働制適用者の心身の健康確保、さらには過労死防止に労組が重要な役割を果たしていることがわかる。BおよびC組合では、制度導入時からこのような適用除外の条件を設けていたが、D組合では、制度導入後に労使間の交渉を図表8―30に示した条件を設定することとなった。

毎月、人事部と労使協議会で実態調査を確認していて。「最低限のこととして、毎月毎月100時間残業しているような人は裁量的に働けてないから、解除してあげてください」みたいなやり取りをずっとしていました。昨年は、それで会社も動いてくれて、「3ヶ月連続で93時間[*7]以上残業した場合に、強制的に解除します」っていう運用を始めてくれたんですね。それで、裁量労働の強制解除の運用をして、本当に危な

い人を水際で防ぐ、救うっていうことをやっていた……。（D組合）

この実態調査とは、裁量労働制適用者の残業時間のデータを踏まえ、彼ら彼女らの働き方の裁量性についてのヒアリング調査を会社側に実施させたものである。

残業時間のデータは、弊労働組合の場合はもらえるので、毎月、裁量労働者の人の時間とかを見ていくと、１００時間以上やっている人が何割っていうのは出せるじゃないですか。それを突きつけていけば、やっぱりノーとは言えないですよね。それをもう毎月くり返していて。例えば、「１００時間超えた人は全員、裁量的に働けているのか、次回の中央労使協議会までにヒアリングしてきてください」っていうのをずっとやって。で、翌月、ヒアリング結果がくるじゃないですか。まぁ、色々言ってくるんですけど、「違うよね」っていうのをずっと言い続けると、やっぱり会社も「そ

＊7　93時間以上という基準の設定については、次のように説明されている。「本当は、いわゆる法定内残業時間が80時間なんですね。うちの会社って、17時20分が定時なので、18時までの40分っていうのがあって、そこの40分ぶんを足していくと、1ケ月で93時間なんです」（D組合）。つまり、ここでもB組合、C組合のように、「過労死ライン」が意識されていることがわかる。

うだよね」って言わざるを得ないっていうのがあるので。継続的に実態確認をしていくっていうのが、一点ですよね。（D組合）

さらにD組合では、次項で見るような事態が発生し、制度適用対象者を変更するに至った。

第４項　《自律性》の悪用と労使関係による規制

D社においては、等級のC３、C４が任意で、C５が強制的に、当該制度の適用対象として設定されていたが、制度運用のなかで次のような事例が確認されたという。

適用除外になる経緯ですね。結果的に、C３、C４、C５で裁量労働になってる人にものすごく仕事の負荷が偏ってしまったっていう現象が、ここ４〜５年、ずっと続いていたんですね。…（中略）…やっぱり36協定の時間を（通常の：筆者注）時間管理の人が守るために、本当にぎりぎりになったところで、裁量労働の人に仕事を全部回すっていう習慣が生まれちゃってたんですね。（D組合）

ひどい話でなかなか言いづらいんですけど、例えば、C３の一人前にやっとなったかなくらいの人間が36協定違反しそうになったんですね、もともと時間管理で。本部長クラスの人が「36超えそうだから、裁量（労働制適用者に代わりに残業：筆者注）させてくれ」ってお願いしにくるんですよね。それは、会社のもっと上にかけあって「やめてくれ」ってお願いして、止めてもらったんですよ。（D組合）

このような制度運用に対しては、当然、適用者から多くの不満や苦情が労組に寄せられた。こうした事情を踏まえ、先の交渉によって「3ヶ月連続で、月93時間以上の残業」が続く場合に制度の適用から外れるという条件が設けられるようになった。ところが、この条件が設けられた後も、次のような問題が生じた。

結局、そのしきい値にいかない人にまた回るんですよね、負荷が。…（中略）…仕事があふれそうになったら、できる人に。時間管理は36（協定：筆者注）上限まで仕事させよう、と。で、あふれたら裁量（労働制の適用者：筆者注）にやらせよう、と。93時間以上いくなら、違う裁量に任せようって感じで。とにかくできる人によせることになる。（D組合）

こうした現場レベルの運用を受けて、Ｄ組合はさらに会社との交渉を重ね、次のように対象者の範囲を変更させている。

実態を確認すると、Ｃ３、Ｃ４のレベルの人間では、プロジェクトの状況によっては裁量的に働けない可能性がある、と。であれば、まず選べないようにしようと。Ｃ５の人も本当にプロジェクトを統括する人間で、本当に自分の裁量で時間を管理できる人だけに限定しようっていうかたちになったので、厳密にはＣ５の人も裁量を選べるようになったんです。（Ｄ組合）

これまで強制的に適用対象となっていたＣ５も任意での対象者となり、Ｃ３とＣ４についてはそもそもの対象から外れることとなった（図表８―31）。

この制度変更によって、元制度適用者には実際の残業時間数に応じた残業手当が支給されることとなった。このような変更は、会社との２〜３年にわたる交渉を経て実現している。

労基署の指導もかなり効いたらしいんですけれども、やっぱり組合としてはずっと言

図表8—31　D組合における制度適用対象者の変更

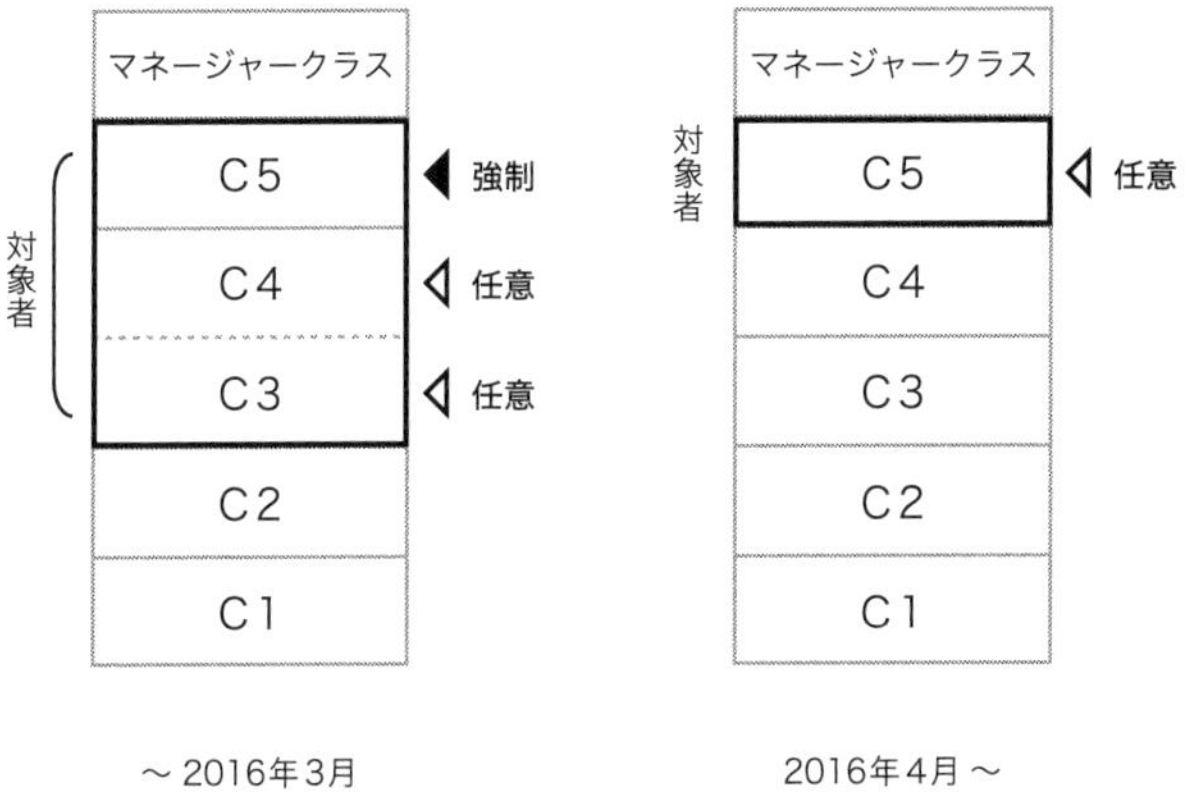

い続けてきていて。会社に納得してもらうところに運んだのはやっぱり労使協議会とかの場だと思うんですよね。一番効いたのは、（労働時間の：筆者注）データと管理職がどういう悪い動き方をしたのか、という2点をつめていく形ですよね。（D組合）

以上のように、インタビュー調査からは、みなし時間と実労働時間との間に大幅な乖離があった場合、次のような対応がなされていることが明らかとなった。第一に、一定の条件を設け、制度からの適用除外の手続を行う。これは、長時間労働をせざるをえない状況においては裁量を発揮することができないとの判断から、すべての労組において実施されている。このとき「過労死ライン」が一つの基準となっている事例も確認された。そして第二に、制度の適用を受ける対象者の範囲そのものを変更させるというものである。D社では、制度適用者の範囲を変更する以前は〈36協定の規制を受ける労働者→裁量労働制の適用者（93時間以内）→別の裁量労働制の適用者→……〉というかたちで、長時間労働が押しつけられる事態が発生してしまった。これは、法律や時間の制約を受けずに働くことのできる、いわば使い勝手のいい労働者は誰なのかをめぐって労働者同士が競争させられる関係に置かれていたことを意味している。できるだけ長時間働いてほしい使用者と、基準を設けることでそれに抵抗する労組という両者のせめぎ合いのなかで、労働者間競争を規制する主体として労組が機能しうるといえるだろう。労使交渉を通じて労組による労働時間規制が顕在していることが明らかとなった。

第3節　小括

本章では、これまで検討してきた自律性を裁量労働制との関係において検討するために、アンケート調査、およびインタビュー調査を通じた分析を行った。一般に、裁量労働制が適用されていれば、裁量を持った働き方が保障され、労働時間ではなく成果で評価されるようになると認識されている。つまり、法律が自律性の発揮を担保していると想定されている。だが、本書で見てきたように、労働者が発揮する自律性の中身が重要である。裁量労働制のもとであっても、「資本の制約」と無関係に自律性を発揮することはできないだろう。アンケート調査では、裁量労働制の適用者を中心としつつ、ＩＴエンジニアの発揮する自律性の中身を特定した。

まず、納期前の労働時間について、制度の適用如何を問わず、長時間労働化していることが明らかとなった。さらに、裁量労働制適用者の方が、より納期前に労働時間が延長している（その理由の一端は、後述するインタビュー調査から推察することができる）。

次に、ＩＴエンジニアの決定権は、大幅に制限されている。多くの労働者は、自身が担当している業務の進め方（「仕事のやり方」）については、自身で決めることができると認識している。だが、担当するプロジェクト内の領域や案件数、抱える業務量については決定権を持っていない。このうち、業務量については約６割の労働者が「上司に相談し、変えてもらうことができる」としているが、プロジェクト内で自身が何を担当するか、そしてどれほどの案件数を担当するかについて、７～８割の労働者は自身に決定権がない。これらの結果は、裁量労働制適用者であっても変わらず、むしろ適用者の方が業務に関する決定権が制限されている項目も多い。これは、第６、７章の分析とも一致している。

図表8―32　裁量労働制による自律性の縮減

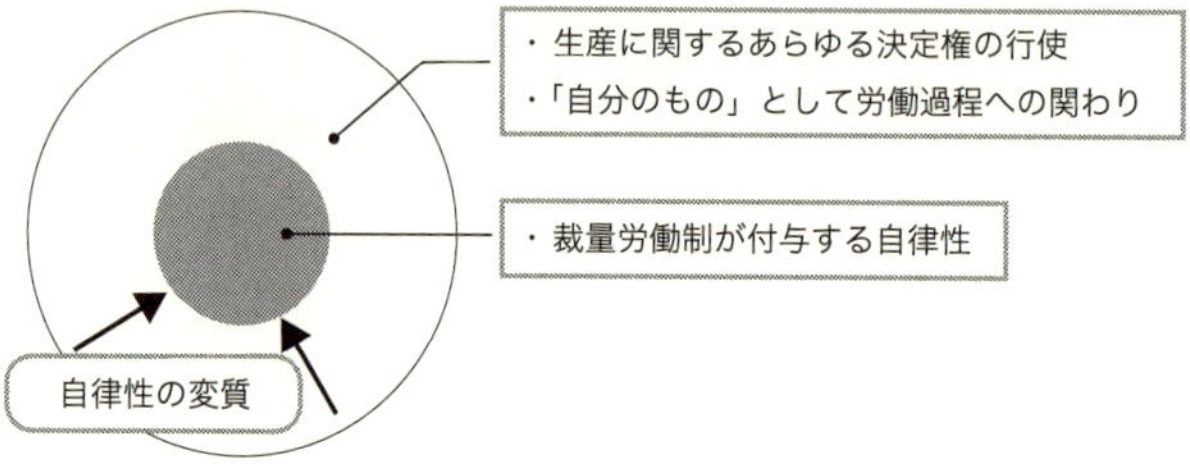

したがって、裁量労働制のもとで労働者が発揮する自律性は、《自律性》であることがわかる。法律という制度に下支えされているとはいえ、あくまで資本から付与された自律性に過ぎないということである（図表8―32）。

そして、インタビュー調査からは、裁量労働制の導入という《自律性》の付与が、資本によって悪用されているケースも確認された。裁量労働制は労働時間を「みなす」制度であるから、実際の労働時間数はさしあたっては問題とされない。そのため、36協定の規制を受ける通常の労働時間制度のもとにある労働者よりも、長時間働くことが実質的に可能になっている。すなわち、残業することが直接に残業手当の発生につながらない、時間の制約もなく働かせることのできる「都合のよい労働者」として実質的に位置づけられているのである。資本のもとでの《自律性》が、このような結果をもたらすといえよう。

ただし、インタビュー調査からは、労使関係によってこのような長時間労働化とそれをめぐる労働者間競争を規制しうることも確認された。聞き取りを行ったすべての労働組合において、裁量労働制適用者が「過労死ライン」に匹敵するような長時間労働をしている事実が確認された場合、それは労働者が裁量をもって働いているとはいえないため、制度の適用から外すという対処がなされていた。これは、誰が長時間労働を引き受けるのかめぐる労働者同士の競争を防ぐことに寄与している。もちろん、このような労働組合の対処によって、《自律性》が「自律性」に転化することはないが、少なくとも《自律性》の悪用に歯止めをかけているといえよう。

このように、長時間労働の実態が確認された場合に、制度適用の可否を判断するという労組による柔軟な制度運用は非常に重要であり、かつ労使関係においてしか実現しえないものである。ただし、このような主体的な取り組みをもってもなお、次のような課題がある。それは、インタビューのなかで聞かれた、適用除外は「事後的な対応だ」との指摘である。業務量や納期から逆算して忙しくなることが見込まれているのであれば、事前に裁量労働制の適用から外し、通常の労働時間管理をすべきではないかとの意見である。たしかにすでに見たように、業務量の多さや突発的な業務の発生への対応という長時間労働が発生する要因そのものを解消しなければ、長時間労働の根本的な解決とはいえない。また、制度適用者が長時間残業を担っているという現状は、すでに触れたように、裁量性を発揮した働き方というそもそもの前提が崩れていることを表している。長時間労働規制の観点からは、制度の導入そのものや業務量の問題を交渉の俎上に載せることが労組に求められている。参考になる事例として、D組合では、会社にたいして、今いる人数からして明らかに業務過多となるような仕事は受注しないよう要求している。残業が発生する直接的な要因としてある業務量の多さ（JILPT, 2016：180）について、それをどのように抑制するかは、労組が力を入れて取り組むべき課題といえよう。

このように、裁量労働制という一つの制度をめぐって、その運用と労組の関与の関係を捉える試みは、集団的な労使関係の存在感が薄らいでいる今日こそ、重要性を増しているのである。

第９章　ＡＩの導入と労働過程の変容

本章では、これまでの理論編・実証編における分析で得られた知見を踏まえて、ＡＩと労働との関係について検討し、今後の展望を示したい。本書の実証編で分析対象としてきたＩＴエンジニアをめぐっては、その人材不足がたびたび指摘されている。経済産業省のシナリオでは、２０３０年に最大で約79万人のＩＴ人材が不足するといわれており[*1]、なかでも深刻なのは、近年のデジタル化に対応した人材の不足である。本書が対象としてきたＩＴ業界を指す「従来型ＩＴサービス市場」は減少していく一方、代わって「IoT／ＡＩ市場」の拡大が予想されている[*2]（図９―１）。

＊１　経済産業省商務情報政策局情報処理振興課（2016）「参考資料　ＩＴ人材育成の状況等について」https://www.meti.go.jp/shingikai/economy/daiyoji_sangyo_skill/pdf/001_s03_00.pdf

図9—1　ITサービス市場の中朝的な構造変化予測

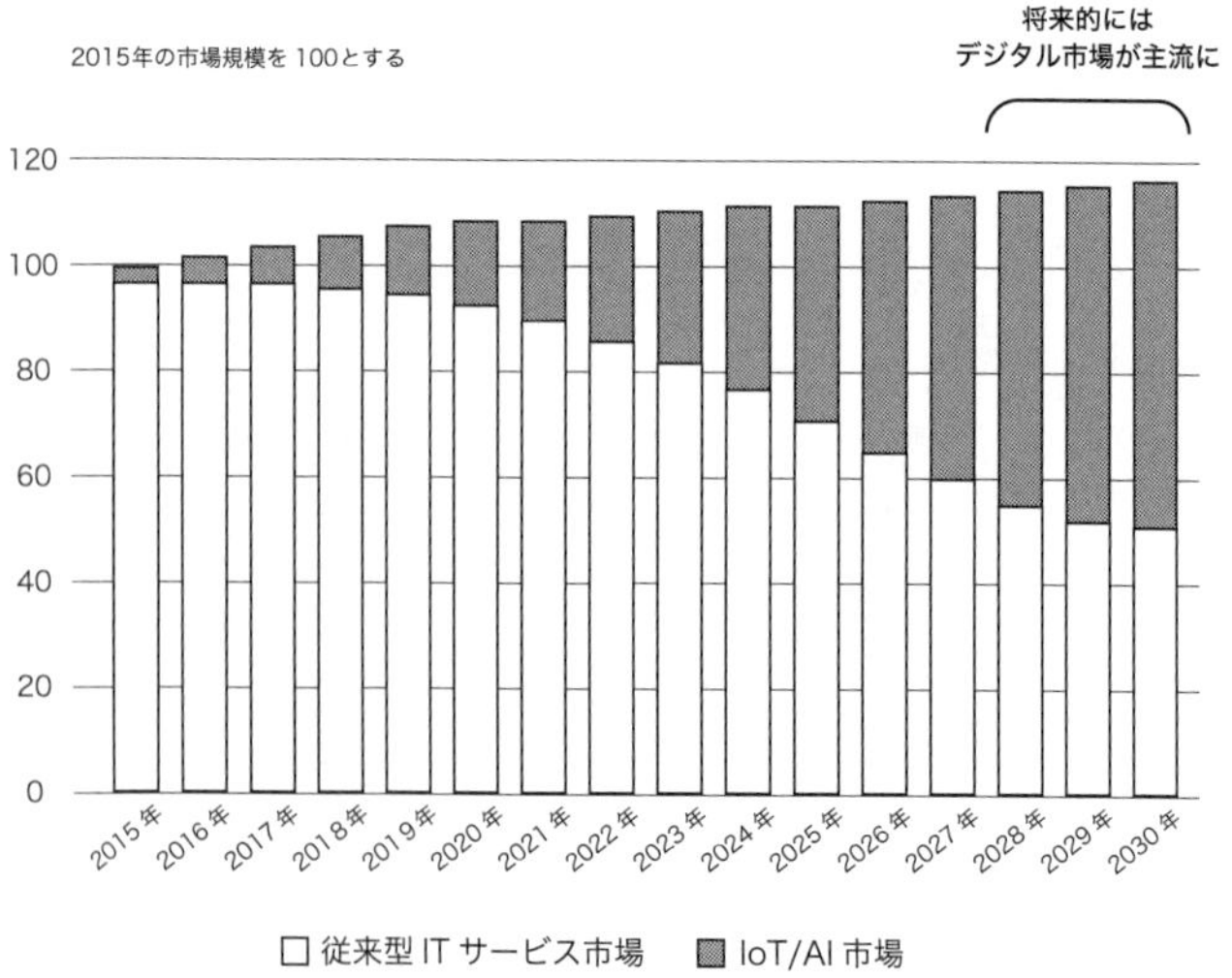

出所：桂本（2018）

こうした需要の増大にともなう市場拡大の議論においては、きまってそれが雇用にどのような影響がもたらされるかが論争の的となっている。ただし、その際、雇用の「量」をめぐる議論がほとんどで、働き方の変化など「質」に関する議論は少ない。労働現場へのＡＩ（Artificial Intelligence：人工知能）の導入が、労働者の負担軽減につながる可能性がある一方で、生産にかかわるデータの蓄積が進み、労働の単純化や過密化が促進されることも考えられる。こうした近年のテクノロジーの適用は、人間の労働における「構想」と「実行」部分にどのような変化をもたらすのだろうか。

本章では、マルクス、およびブレイヴァマンの労働過程論を踏まえ、近年の労働現場におけるＡＩの導入が、労働過程やそれへの労働者の関わりにどのような変化をもたらすのか、具体的な導入事例を参照しながら検討していく。結論を先取りすれば、ＡＩの導入は、本書で検討してきた資本主義的労働過程において決定的な役割を果たしてきたマネジメントを不要にする点で、非常に大きな影響を与えていると考えられる。

第１節　ＡＩの導入と「構想と実行」の分離

本節では、具体的な事例検討の前に、画像診断の例を用いて、ＡＩに何ができるかを簡単におさえていこう。ここで扱うＡＩは、「推論、認識、判断など、人間と同じ知的な処理能力を持つコンピュータシステム」（人工知能学会編、2017：2）との定義にもとづいている。[*3] 特定の目的のために「蓄積されたデータを最適化したり、学習したものを再現する」

＊2　桂本真由（2018）「デジタルトランスフォーメーション（DX）の成功に向けて」https://www.mizuho-rt.co.jp/publication/column/2018/itss0420.html

AI技術である。そのうえで、AIについてまずおさえるべきは、課題の枠組みが決まっていない限り、適切に働かないという点である（新井、2018：24-37）。とりわけ日本では、AIにたいする期待が高く、これを導入しさえすれば、何か目覚ましい効果を享受できると認識されている向きもあるが、当然ながらAIは万能ではない。人間が設定した枠組みのなかで、何らかのミッションが与えられてそれを遂行するという仕組みである。

AIがその効果を最も発揮しやすい例の一つが、医療現場における画像診断である。人間に替わって、過去に蓄積された膨大なデータから、画像のなかに腫瘍があるかどうかをAIが判断する。例えば、他のがんと比べて、自動診断が難しいとされてきた胃がんの画像診断に関して、次のようなAI技術が開発されている。

医師によるがんなどの医用画像の診断を人工知能（AI）によって支援する試みが進んでいる。…（中略）…AIの学習用データに独自の加工をすることでモデルの性能を上げ、専門医のレベルに迫る正確さで判断できる技術にメドをつけた。…（中略）…約1万枚のテスト用画像による試験で、早期胃がんの陽性と陰性を識別する「正解率」は87・6%に達している。…（中略）…早期の胃がんは、ポリープから悪化することが多い大腸がんなどと比べて、形の特徴や色の変化が少なく、AIによる自動診断が難しいとされてきた。研究グループは、多層の人工ニューラルネットワークによる深層学習（ディープラーニング）を使い、画像診断システムを構築した。国立がんセンターの専門医が、内視鏡画像でがんの有無、がんがある場合には患部の「境界」を診断してもらい学習用の正解データを作った。[*4]

こうした画像診断においてＡＩ技術を適用する場合、事前にどの画像に何が映っているのかをラベル付けした「正解データ」[*5]を作成する。このとき、画像のどの位置に、どの色が、どの輝度で写っているのかを「０、１」で表現し、腫瘍のかたちや色のコントラストなどできる限りの特徴を検出する。そのうえで、腫瘍が映っているデータとそうでないデータを数値化し、特徴量の総和が大きければ、その画像には腫瘍が映っていると判断する、といった流れとなる。この特徴量をどのように設計するかが重要になるが、[*6]近年では、

＊3　ただし、ＡＩの定義をめぐっては、専門家の間でも意見が分かれており、明確な定義は存在しない。
＊4　日経産業新聞「理化学研究所と国立がん研究センター、ＡＩ、早期胃がん正確診断、学習データを増量加工」、2020年3月9日。
＊5　教師データともいう。

ディープラーニングの発達によって、どの特徴に目をつけるべきかをＡＩ自身に検討させることが可能となっている。この技術の進展により、近年、再びＡＩが注目を集めている。

以前には、専門的な知識を身につけた医師が目視によって画像から腫瘍があるかどうかを判断していたが、ＡＩがその仕事を代替、ないし補助するように機能している。また、どの特徴に目をつけるべきかという点についても、医師によらず、ＡＩ自身が過去に蓄積されたデータから自律的に学習し、導き出すことも可能となりつつある。

以上のように、画像診断へのＡＩ技術の適用は、医師の労働のあり方を変化させている。ただし、ここで漠然とＡＩによる変化を捉えるのでは不十分である。ＡＩは労働における構想と実行をいかに変化させているのだろうか。画像診断の例でいえば、画像を見て考え、判断するという過程をＡＩが代替するようになると、人間の労働はたんにそれに従って実行するだけのものとなるのだろうか。

第２節　テクノロジーと労働過程の再編

本節では、ＡＩが労働過程に与える影響について分析するための前段として、労働過程におけるテクノロジーの役割を確認しておこう。

すでに見てきたように、資本主義的生産においては、価値増殖のために労働過程は作り替えられるが、その際に欠かせないのが実質的包摂であった。そして、この労働過程における知と労働者の切り離しは、大工業において完成する。

> すべての資本主義的生産にとっては、労働者が労働条件を使用するのではなく、逆に、労働条件が労働者を使用するということが共通しているが、しかし、この転倒は、機械とともにはじめて技術的な一目瞭然の現実性をもつものとなる。労働手段は、自動装置に転化することによって、労働過程そのもののあいだ、資本として、生きた労働力を支配し吸収し尽くす死んだ労働として、労働者に相対する。生産過程の精神的諸能力が手の労働から分離すること、および、これらの力能が労働に対する資本の権力に転化することは…（中略）…機械を基礎として構築された大工業において完成される。

＊6　こうしてAIの登場によって、「正解データ」を作成する仕事が新たに創出されている。だが、この仕事は「ここに〇〇が映っている」、「ここには〇〇が載っている」と、対象物に印をつけるだけの非常に単純な作業である。したがって、AIによって新たに仕事が生み出されるといっても、それは膨大な数の単純作業の創出なのである（小林、2020：18-23）。

（MEGA II/6, S.410）

こうして、生産に関する知は労働者の手中から離れ、テクノロジーという近代科学として体系化されていく。このテクノロジーは、実際に生産に従事する労働者を考慮することなく、絶えず生産方法を変革していく。ブレイヴァマンも、科学技術革命を通じてはじめて、労働過程の資本主義的再編が完成することを指摘している。

技術的観点から考察すれば、すべての生産は素材の物理学的、化学的および生物学的な属性とそれらに基礎づけられうる過程とに基づいている。管理者側は、労働の組織者としてのその活動において、生産のこの側面を直接に取り扱うことはなく、たんに生産過程の形式的枠組みを提供するにすぎない。だが、生産過程はその内容、すなわち技術の問題を欠いては完全ではない。この技術は、…（中略）…最初は技能や熟練のそれとして存在するが、のちに自然法則の知識が豊かになり、熟練技に関する断片的知識と固定的な伝統に取って替わるようになるにつれ、ますます科学的な性格を帯びるようになる。このようにして、技能の基盤から科学の基盤への労働の変換は、科学技術革命のもたらす内容を、資本主義的なマネジメントが好む労働の厳格な分割と

細分化によってもたらされる形式に組み込むことだといえよう。（Braverman, 1998：107）

そして、このテクノロジーを用いた労働過程の再編は、エンジニアという人格的担い手によって遂行される。この点を分析したクラフトは、ブレイヴァマンの分析にもとづき、次のように指摘する。

現代のエンジニアは、19世紀末に出現して以来、労働過程を標準的なかたちに従ったものへと再設計するために、所有者やマネージャーに雇われてきた。彼らの仕事は、他の人々の仕事を細分化された課業に分解することだった。細分化されたそれぞれの課業は、集合的に置き換えられる元の仕事全体に比べると、その遂行のために必要とされる技能がより低いものとなった。こうしたエンジニアの仕事が成功してゆくにつれ、それまで熟練労働によって行われてきた多くの仕事が、より未熟練な労働者に、もしくは機械にさえ移行されることが可能となった。後者のケースでは、エンジニアは論理的に、さらに進んで人間の労働を置き換える機械を設計し、作り上げ、改良していった。かくしてエンジニアたちは、ハリー・ブレイヴァマンの表現を用いると、構想の実行からの分離に管理者が影響を与えるための道具となった。もちろん、構想は管理者側が確保しておき、実行部分が生産労働者に割り当てられた。結果的としてエンジニアは、雇用主に求められて、他の従業員をより未熟練に、そしてより非専門的にするための熟練した専門家となった。（Kraft, 1977：19）

このように、全体としての労働過程を分割し、機械を導入するなどしながら、未熟練の労働者でも実行できるように労働過程を再編するのが、エンジニアと呼ばれる技術者の役割である。つまり、労働過程における知の移行は、資本の「手先」としてのエンジニアの存在によって促進される。ここから、エンジニアは技術革新を推し進める主体として位置付けられるのだが、その技術革新の目的が資本の価値増殖に向けられていることは明白である。

このとき労働者の側に目を向けると、労働過程に近代科学が用いられるようになるなかで、[*7]すでに見た労働者の客体化は確実なものとなり、労働過程にたいして主体的に関わることはますます困難なものとなる。

資本主義的生産様式のもとでは、新たな方法と新しい機械とは、労働者が主導する過程としての労働過程を解体し、それを管理者が主導する過程に再編成しようとする管理者の努力のうちに組み込まれる。分業の最初の形態において、資本家は熟練を分解し、それをバラバラに断片化したうえで労働者に戻すので、総体としての過程は、もはやいかなる個々の労働者の領域にも属さないものとなる。次に、…（中略）…資本家は個々人の作業を掌握しようとして、労働者の間に配分した個々の課業の分析を行う。管理者側が総体としての過程を掌握し、その全構成要素を例外なく統制するという課題を自らに課すのは、科学技術革命の時代においてである。（Braverman, 1998：118）

科学技術革命の時代において、資本による労働過程の分解はより実質的なかたちで進められ、個々の労働者は断片化されたものとしての労働過程に関与せざるをえなくなる。そのため、「総体としての過程は、もはやどのような労働者個人の領域にも属さないもの」と

＊7　「科学は、資本の付属物へと転化させられる最後の――そして労働に次いでもっとも重要な――社会的財産である。はじめは、資本家は科学を無料で利用できる。なぜなら、彼は自然科学の蓄積された知識をただ利用するにすぎないからである。だが後には、資本家は、彼に直接帰属するか、あるいは資本家階級全体が税収入のかたちで支配する膨大な社会的剰余生産物のなかから、科学教育、研究、研究室等に金を出し、科学を体系的に組織し利用することになる。以前は比較的自由になされていた社会的努力が、生産と市場のうちに統合される。」（Braverman, 1998：107f）

なるのである。

ＡＩ技術とその労働過程への適用についても、こうした資本による科学技術の利用という観点から捉えることができる。資本は、生産過程を通じた価値増殖という目的を達成するためにあらゆる手段をここに振り向けるわけだが、ＡＩ技術もそのうちの一つの手段に過ぎない。ＡＩはさまざまな分野への応用可能性から大きなインパクトをもって受け止められている。だが、特定の目的のために「蓄積されたデータを最適化したり、学習したものを再現する」という機能からすれば、生産過程を作り替えるという、これまでにも用いられてきた他のテクノロジーと地続きの存在である。そして、生産過程へのＡＩの導入も、やはりエンジニアによって遂行されているのである。

第３節　ＡＩの導入事例とその機能

本節では、新聞報道から確認しうる労働現場へのＡＩ導入事例を参照する。[*8] 事例を見ていくと、ＡＩの機能を①探求、②アラート、③熟練技能の不要化の３つに分類することができる。本節では、①と②として機能するＡＩの導入事例を取り上げる。

第1項 AIによる探索

まず、①探索機能には、コールセンターと弁護士業務が挙げられる。両者は、AIが「探索」としての役割を発揮している点では共通しているものの、労働者の労働過程への関与という点では大きな違いが見られる。この点を意識しながら、順に事例を見ていく。

> 電話による問い合わせでは音声認識技術がAIを支援する。顧客の声を同技術がテキスト（文章）に変換。それをAIが解読し、大量のデータから最適な「答え」を見つけ、オペレーターのパソコン画面に示す。…（中略）…従来は会話の中から問い合わせ内容を聞き、「FAQ（よくある質問と答え）」や顧客データを検索しながら答えていた。ただ人手不足で会話と検索を同時にこなせる職人の育成は難しくなっている。そこでトランスコスモスは検索をAIに任せた。まだ実証実験段階だが、女性オペレーターは「現場の負担は大幅に減ると思う。早く全事業所で使えるようにしてほしい」と期待する。*9

＊8 総務省「通信利用動向調査（企業編）」（2022年）によると、日本企業のAIの導入率は13・5％と依然として少ない（「導入していないが導入予定がある」は10・5％、「導入していない」が62・4％である）。そのため、具体的な事例研究は今度の課題である。

この事例からは、コールセンターのオペレーターは、顧客との会話から問い合わせに対する答えを考えたり、探し出したりするのではなく、ＡＩが見つけ出した最適な答えを顧客に伝達する役割を担うようになることがわかる。つまり、オペレーターの仕事は、顧客対応にあたってＡＩが導き出した答えを伝えることに限定される。ここでは、ＡＩが「構想」の大部分を担うものとして機能し、オペレーターはたんなる「実行」者となっている。[*10]

次に、専門的かつ高度な業務であり、一見するとＡＩの導入は馴染まないのではないかと思われる弁護士業務である。弁護士業務の大きな部分を占める証拠集めにおいては、ＡＩの導入が進んでいる。

> これから結ぶ契約書をＡＩに読み込ませると自社が不利になるような抜け漏れの指摘や、追加すべき文例などが自動で示される。結ぶ前の契約書をチェックして不利な内容や紛争リスクを摘み取るのは、企業の法務部門や弁護士の主な仕事の一つだ。ＡＩの点検では契約のタイプ別に自社や他社の契約書データを読み込ませ、新たに結びたい契約書と比べる。定型の契約書はＡＩによるチェックになじみやすく、ヒトが数十分かける作業を短時間で完了させる。…（中略）…ベテラン弁護士20人の平均所要

時間が92分、正答率85％に対し、ＡＩは所要時間26秒で94％、圧倒的な差を見せつけた。[*11]

フロンテオはＡＩを活用したレビュー事業を２００５年から提供しており、…（中略）…同社が雇った専門スタッフなどが弁護士の説明を受け、証拠になりそうな文章を目視で探している。今回新たに始めたサービス…（中略）…では、ＡＩが優先度を決めて、レビュー作業をしやすくした。…（中略）…証拠開示との関連性が低いメールを切り分ける機能だ。関連度が高そうなメールを点数付けして高得点順に並べ替えた後、証拠開示に結びつかなそうなメールを「関連性無し」として分類する。これまでスタッフはすべてのメールを読み込んでいた。…（中略）…現在のレビュー作業ではスタッ

＊9　日経産業新聞「静寂のコールセンター　ＡＩ・音声認識で露払い、需要増救う相棒、最後は人の出番」、２０１７年11月１日。

＊10　ただし、コールセンター業務においては、顧客からのクレームに対応することもあり、労働者にとっては精神的な苦痛であることが多い。伝達者としての役割に徹することは、オペレーターの負担軽減に寄与する側面も有しているといえるだろう。

＊11　日本経済新聞「『リーガルテック』契約書をＡＩ点検　紙中心の日本、導入に遅れ」、２０１９年６月４日。

フ1人1時間当たり資料30〜50件を確認しているが、……（中略）……確認の速度は倍近くになる見込みだという。[*12]

これらの事例は、画像診断と同様にＡＩの機能を最も発揮しやすい分野の一つであると考えられる。新たに結ぶ契約書の不備の有無について、過去に蓄積されたデータから点検する作業を人間ではなくＡＩが代替している。あるいは、集められた証拠が問題となっているものか、ＡＩが点数を付け、ランク付けしていき、関連性の有無によって振り分ける。こうした代替によって、非常に短い時間、かつ正確な業務の遂行が実現している。作業時間が短くなるだけでなく、こうした骨の折れるような作業を人間に替わって進めることができるという点は、ポジティブに評価されるだろう。

ここで、コールセンターの事例との比較において重要であるのは、証拠集め業務をＡＩが代替したとしても、弁護士は自身の労働過程における「構想」部分を手放してはいないという点である。コールセンターにおいては、顧客からの問い合わせにどう応答するかがＡＩの「探索」機能によって置き換えられ、オペレーターはそれを伝達する、たんなる実行者としての役割を果たしている。一方で、弁護士の場合は、業務の一部をＡＩの探索機能に委ねてはいても、構想部分は弁護士自身が握ったままである。このように、①探索としてのＡＩにおいては、労働者の労働過程、とりわけ構想部分への関与について、業種による違いもみられるのである。[*13]

第2項　アラートとして機能するＡＩ

本項では、ＡＩが②アラートとして機能している事例を見ていく。これは、介護や保育などのケア分野において用いられており、介護現場では次のようなＡＩ技術が開発されている。

＊12　日経産業新聞「フロンテオ、米国訴訟の資料、ＡＩで証拠探し、メール絞り込み、確認作業効率化、日本企業の負担減に一役」、２０１９年３月15日。

＊13　これらの①探索の事例では、人間が担う場合には大きな負荷がかかるような業務をＡＩが代替することによって、その負担を軽減し、かつ作業時間の大幅な削減を実現することができるという側面を読み取ることができる。ただし、このように労働者の長時間労働を緩和することにつながりうるとしても、実際にそれが実現するかは、職場の力関係に規定されている。そのため、ＡＩの導入が長時間労働の解消に結びつくと、短絡的に考えることはできない。後述するように、ある業務がＡＩによって置き換えられ、負担が軽減されたとしても、その分、労働者は別の業務に従事することになるケースは容易に想像することができるからだ。先に取りあげたコールセンターの事例でいえば、顧客からの問い合わせに対する「解」がＡＩを通じて短時間で見つかることによって、その分だけ多くの問い合わせに対応しなければならなくなるという負の効果がもたらされることも懸念される。

要介護者の動きや表情をカメラで撮影し、人工知能（ＡＩ）で解析。排せつが近づくと施設職員らに通知し、人手不足が深刻な介護現場の負担を減らす。……（中略）……排せつ前の行動や表情を自動撮影し、ＡＩにパターン学習させる。表情の変化や手足の動きなどから排せつを予測し、介護士のスマホなどに伝える。[*14]

人工知能（ＡＩ）を活用して要介護者の排せつのタイミングを予測するシステムを開発した。撮影した映像から心拍数を測定し、心拍数の変化から推定する。介護施設で夜間の見回りなどが減り、スタッフの負担軽減につながる。データをさらに蓄積して精度を上げ、３年後の実用化を目指す。ベッドに寝ている要介護者の皮膚をカメラで撮影し、血液中のヘモグロビンの反射光を解析して心拍数を測定する。心拍数の変化から排せつの欲求やストレスを感じているかどうかを割りだす。運動などの要因からくる変化と区別するため、ＡＩを使って判断する。同社の実証実験で健康な80歳代の被験者に試してもらったところ、70％の精度で排せつしたくなる10分前に通知できたという。[*15]

これらの事例からわかるのは、要介護者へのケアを行おうとする契機が、人間ではなくＡＩによって発現していることである。人手不足が深刻な介護現場においては、労働者の負担軽減の一翼を担う可能性が高い。また、保育の分野でも、同様の動きがみられる。

保育士の負担軽減を図る「スマート保育園」を実証実験している。戸田市や川口市の保育園計10カ所で、IoTやＡＩを駆使。昼寝中の子どもの身体の動きや向きを検知する「ルクミー午睡チェック」…（中略）…で保育士の業務を補助する。…（中略）…午睡チェックはバッジのようなセンサー機器を園児の衣服に取り付けて使う。睡眠中の身体の向きを自動でタブレット端末に記録し、記入の手間を省ける。うつぶせの状態が1分以上、体動の停止が20秒以上続くと警告が鳴り、安全性の向上にもつながられる。…（中略）…保育士の一人は、新機器の活用は「精神的な安心感につながっている」と話す。[*16]

＊14　日経ＭＪ（流通新聞）「介護施設入居者、排せつを予測、アプリがシステム」、２０１９年11月29日。

＊15　日本経済新聞「排せつ時期、ＡＩ予測、永和システム、要介護者向け、夜間見回り、負担軽減、3年後の実用化めざす」、２０２０年7月17日。

このように、高齢者や子どもから読み取ったデータから排せつや安全性に問題があると判断されれば、介護者・保育者にアラートが発せられ、それにもとづき必要なケアが実施されるという流れが確認できる。ただし、AIによって代替できるのは、この「アラート」の部分に限定されている。つまり、AIは要介護者や子どもの発する助けを求めるサインや変化を読み取り、アラートを出すことはできるが、身体的な接触をともなう介護や保育そのもの、あるいは高齢者や子どもとコミュニケーションをとるなどのいわゆる感情労働の部分を代替することは当然できない。

したがって、ケアの領域においては、アラートとして機能するAIによって、専門的な職業訓練を受けた有資格者としての介護者・保育者の労働が「補助」されるという関係が見てとれる。そのため、ここでは構想部分を握っているのは、やはり介護者・保育者である。専門的な技能に裏付けられた有資格者による観察や事故防止、ケアが前提とされ、そこに補助としてAIが導入されることは、労働者の負担軽減という観点から歓迎されるものだろう。だが、介護・保育分野では、人手不足の問題を背景として無資格者の労働市場への参入も進んでいる。AIをはじめとした機械の導入と引き換えに、無資格者の採用拡大や有資格者の切り捨てといった規制緩和が進められるのであれば、それは当該分野における構想部分を労働者の手から奪っていくことを意味している。この点は、どのような労使関係を形成し、どのような労働者で構成されている職場であるのかによって、ＡＩの導入が労働過程に与える影響が異なることを示唆している。

また、こうしたＡＩ技術の導入により、四六時中、利用者を観察しなくてもよくなる反面、その浮いた時間に別業務に従事することを余儀なくされることは想像に難くない。実際、先の事例でも、「実現すれば見回りの回数を減らせるため、介護スタッフは別の業務をする時間を確保できる」と紹介されており、これでは労働者の負担軽減には必ずしも結びつかない。さらに言えば、ＡＩの導入は、端的に人員削減をもたらす側面を有している。アラートが鳴ったときだけ動ける人員を確保しさえすればよいというように、ＡＩの導入が、本来のケアとは真逆の運用や人減らしのきっかけとなることも考えられるのである。

ただし、労働対象が人間であり、その安全や生命にかかわる業務は、それに携わる労働者に大きな心理的負荷を与える。部分的にでも、要介護・保育者を集中して観察すること

＊16　日本経済新聞「県内、官民で保育士負担軽く、昼寝記録をIoTで、戸田市、転職支援と提携」、２０２０年１月16日。

から労働者を解放することは望ましいことであろう。保育の事例で証言があるように、「アラート」としてのＡＩが、労働者に安心感を与え、負担軽減につながることは、労働過程の（再）編成という観点からは重要な要素である。

第４節　労働過程におけるＡＩと実質的包摂

第１項　熟練技能の不要化

前節では、膨大なデータ・資料を読み込み、①探索、②アラートとして機能するＡＩの導入事例を見てきた。ここからは、製造業を中心に、③熟練技能の不要化として機能するＡＩの導入事例について考察していく。まず、２つの事例を紹介する。

ニチレイフーズは…（中略）…日立製作所の人工知能（ＡＩ）技術を使った新システムを自社工場で導入したと発表した。生産に必要な人員の配置計画を自動で立案する。従来は熟練の担当者が経験に基づき計画を立てていたが、作業時間を10分の１に短縮。…（中略）…日立のＡＩが過去の生産計画や担当者の勘に頼っていた細かな判断までデータとして取り込む。商品ごとに効率のよいラインや、生産の順序、従業員の習熟度といった複合的な条件を総合して、最適な配置を示す。[*17]

以前は、生産計画を作る時に（ソフトウェアで）最適化エンジンを入れて制約条件を熟練者からヒアリングしてモデル化し、コンピューターで最適化計算して答えを出して操業することが多かった。しかしながら、熟練者の考えているすべてをヒアリングするのは現実的に不可能である。例えば、年月が経つにつれて、操業条件が変化し、対象となる製品も変わっていく場合に、その都度ヒアリングできるわけではない。そこでオペレータが実際計画した結果を蓄積して、データベース化し、これをＡＩ（マシンラーニング）にかけることで、変化に対応させる。…（中略）…熟練作業者にヒアリングしなくても学習したロジックを適用して、操業計画ができる。あとは変化していっても、定期的に回してやると徐々に学習する。素人でも、熟練者と同じような答えを出す。スピードは全然違う。（岩本、2018：196）[*18]

＊17　日経産業新聞「人員配置、ＡＩが立案、ニチレイフーズ、４工場導入、日立と連携」、２０２０年２月５日。
＊18　新日鐵住金（現日本製鉄）の事例である。

ここでは、「熟練者」が一つのキーワードとなっていることに注目したい。[*19] これらの事例に共通しているのは、生産計画、言い換えれば労働過程を編成するために、以前は熟練者からのヒアリングが必要であったが、ＡＩの導入がこれを不必要なものにしているという点である。熟練者がこれまでの経験や自らの保有する知識にもとづき生産計画を立てていた（「構想」）ところから、ＡＩの導入は彼らの存在を不要にしている。さらに、操業するだけで過去の生産をデータとして蓄積し、ＡＩがそれにもとづき計画を立てることが可能となっている。先に確認した通り、ＡＩは過去の積み重ねから与えられた課題を解決することを得意としているため、実際に操業を行うこと（「実行」）が、ＡＩによる判断の正確さをより高めることにつながっている。

以上は製造業における例であるが、熟練者を不要とする同様の事例は、タクシー業界にも当てはまる。

各社から乗車走行の履歴データを収集・分析する。場所、時間帯や天気に応じて、潜在的な乗車ニーズを予想する。ドライバーは、タブレット端末に表示された地図にマッピングされた方面を走るといった運用を想定する。……（中略）……「経験が浅い若手ドライバーも、需要予測によってベテランと同じように効率よく収入を増やせる」と期待する。*20

ここでも、「熟練」の存在がＡＩを導入する大きな動機となっていることがわかる。ベテランのドライバーであれば、「何時ごろにどの道に行けば、客が拾える」ということを、知識や経験として身につけている。企業の側は、それをヒアリングするなどして、労働者の側にある知を自らの側に移そうとする。こうした試みはこれまでにも実施されてきたが、ＡＩの導入を通じて、これまでに蓄積された膨大なドライブ記録（データ）から客が拾えそうな場所を解析することができるようになった。つまり、たんにタクシーを走らせ客を乗せることで、その結果が蓄積され、その解析を通じて「今どの道に行けばよいか」が予測

*19　そのほか、キリンビールでは、「ＮＴＴデータらと共同開発したシステムでは、最適なろ過計画を立案するにあたって、今まで熟練者が最大6・5時間程度かけて立案していたろ過計画が最短30分に短縮」（本橋、2019：44）しており、サントリーも、日立製作所と開発した生産計画の自動立案システムにおいて、「複数の熟練者がさまざまな要件を考慮して平均毎週約40時間かかっていたのを約1時間で自動立案できた」（本橋、2019：44）といった事例が挙げられる。ここでもやはり、「熟練者」の存在が、ＡＩの導入と関係していることがわかる。

*20　日経産業新聞「ソニーなど、タクシー需要、ＡＩで予測、時間帯・天候…客集まる方へ誘導、センサー活用、運転支援も」、２０１８年11月7日。

され、それがカーナビゲーションに表示されるのである。[*21] こうして、ＡＩによるデータ解析は、ベテランドライバーからのヒアリング、ないし熟練技能を不要とする。[*22] さらに言えば、このようなデータの蓄積とＡＩによる解析は、以前の熟練者からのヒアリング以上の効果を発揮していると考えられる。次項で詳しく検討していく。

第２項　実質的包摂としてのＡＩ

ここまで、①探索（コールセンターや弁護士の証拠集め）、②アラート（介護や保育などのケア労働）、そして③熟練技能の不要化（製造業における生産計画）といった、ＡＩの３つの機能を確認してきた。

①探索は、過去に蓄積された膨大なデータから、顧客の問い合わせに答えるための解を見つけ出し、証拠として関連性の高いものを探し出す。②アラートでも同様に、要介護者・保育者の心拍数などのデータから変化の兆しを読み取り、労働者にそれを伝える役割を果たしている。①探索、および②アラートとしてのＡＩは、どちらも人間の労働の「補助」として位置付けることができる。①探索においては解を導き出すという点で、②アラートにおいても何らかのケアが必要であるとの信号を出すという点で、人間の労働を補助している。

だが、③熟練技能の不要化というＡＩの機能は、①および②とは性質が異なる。*23 製造業の事例では、以前は熟練者からのヒアリングを通じて生産計画を立てていたところから、ＡＩの導入によって、ヒアリングをしなくとも操業することでデータが蓄積され、それをもとに生産計画を立てることが可能となっている。

したがって、労働過程の変化を読み取るうえでとりわけ重要であるのは、③熟練技能の不要化であろう。それは、生産過程にＡＩが導入されることを通じて、労働者から生産

＊21　ただし、このように実行をくり返し行うことを通じて得られる「解」は、労働者の経験や知識に裏付けられた知、ないし構想とは似て非なるものである点には注意が必要である。パターン学習によって生産計画や需要予測が導き出されたとしても、それは、技能を背景とした労働者の論理的思考による「構想」とは、明確に区別されなければならない。

＊22　さらに、GPS等を通じて「実行」（タクシー走行）を自動的に分析していけば、今後の変化についても対応可能となるだろう。このことは、一貫して熟練者からのヒアリングが不要となることを意味している。

＊23　AIと労働過程との関係について論じた、数少ない研究の一つである友寄（2019）は、AIによる業務の一部代替、あるいは人間の決定を「支援」するという機能について指摘しており、本稿の分類でいえば、①探索、および②アラートの機能である。だが、③熟練技能の不要化という機能が労働過程にもたらす質的な変化については十分に論じられていない。すなわち、本項で分析するように、生産を通じた労働者から資本の側への知の移行と、それによる労働者の資本への従属の強化という側面である。

に関する知がはぎ取られ、熟練が解体される様子が浮かび上がってくるからである。このことは同時に、労働過程そのものが変質することを意味しており、そのなかで労働者は労働過程において構想部分に関与することを制限され、たんなる実行者に成り下がるのである。

第2章で見たように、これまでにも資本は労働過程における統制権を確立するために、労働者の有する知識や経験を奪い、自身のもとで編成しようとしてきた（実質的包摂）。現代の生産現場においては、資本によるテクノロジーを用いた労働過程のコントロールはますます進行し、労働者の側に熟練がほとんど残されていないことも多い。それでも、労働者が何らかの業務に従事するなかで蓄積した生産に関する知は、資本によって完全には剥奪されえない。いわゆる暗黙知の存在がそれを証明しているし、なにより生産における知の大分が資本によって奪われているとはいえ、実際に生産に従事しているのは労働者である。労働過程においては、そうした「属人」によらざるをえない領域が少なからず存在していると考えられる。

このように考えると、資本が労働過程にＡＩ技術を導入するのは、この部分への挑戦であるといえよう。主に第2章および第6章で触れてきたが、これまで労働過程における知の移行を実現するためには、熟練者を中心とした労働者からのヒアリングを必要としてきた。だが、これには当然、反発が生じ、容易に進行するとは限らない。そのために、資本は「マネジメント」を通じて実質的包摂を進めてきた。この点を踏まえれば、熟練者からのヒアリングを不要とするＡＩを用いることの効果は大きい。上記の事例は、労働者の手を借りずに学習したロジックを適用して、資本自身が操業計画を立てられるようになることを示している。

また、こうした直接的なヒアリングを不要にするだけでなく、操業を行うことそれ自体が、データを蓄積し、生産の隅々まで資本が把握することを可能にしている。これによって、生産において労働者の「属人」にもとづく（ないし、もとづかざるをえない）部分を可能な限り省くことができるようになる。ここから、製造業における生産計画など、労働過程そのもののデザインにおいて導入されるＡＩは、「資本のもとへの労働の実質的包摂」そのものであるといえるだろう。

つまり、抵抗される可能性の高い熟練者からのヒアリングを不要にし、また操業することがＡＩの解析にとっての「肥やし」になるという点で、労働過程へのＡＩの導入は、労働者から資本の側への知の移行を円滑に実現している。このことは、ＡＩが労働過程における統制権を労働者の側から資本の側に移すための「マネジメント」を不要にしていることを表している。資本主義的労働過程において、知の移行にあたっての軋轢を緩和する媒介としてマネジメントが必要とされてきたわけであるが、生産・操業によって不可避的に知が移行していくことを見れば、その媒介がなくとも実質的包摂が実現している。こうして、生産における労働者の熟練を不要化するかたちで機能するＡＩは、実質的包摂そのものなのである。

第5節　小括

本章では、ＡＩの導入が労働者の労働過程への関わりにどのような変化をもたらすのかを分析してきた。労働過程における「構想」部分について、製造業の事例ではＡＩによる構想部分の代替が確認された。だが、弁護士やケア労働の事例では、必ずしもＡＩが構想部分を人間から奪っているとはいえないだろう。弁護士業務においては、多くの時間・労力のかかる契約書のチェックや証拠集めの大部分を代替することはできるが、逆にいえば、ＡＩはその部分しか担うことはできず、弁護士は自身の労働過程における「構想」をＡＩに明け渡してはいない。また、ケア労働においては、主に就寝時の排せつのタイミングを察知し、介護者に伝えるという機能についてみてきたが、これは食事や移動、入浴や着替えの介助など、多岐にわたる一連の介護のなかのほんの一部が代替されているだけのことである。介護者は、要介護者の体調や様子などを日常的に観察し、状況に応じてどのような介護・援助が必要であるかを判断（構想）しており、ＡＩによってこのすべてが代替されているわけではない。

したがって、とりわけ製造業の現場において、熟練者からのヒアリングを不要にし、労働者から資本の側への知の移行（「資本のもとへの労働の実質的包摂」）を円滑に行うＡＩこそが、雇用の「質」という点では大きな変化をもたらしている。生産計画を立てるにあたって、熟練者を必要としなくなるということは、労働者の側に生産に関する知が不在となり、管理者からの指揮命令に抵抗する基盤が失われることを意味している。そして、くり返し述べてきたように、この知の移行を大きな軋轢をともなわずに成し遂げる点に、実質的包摂としてのＡＩの特筆すべき機能を見出すことができる。

以上から、ＡＩが労働過程に適用されると、その効果・影響は、資本と労働者とでは全く異なる表れをとる。資本にとってＡＩの導入は、労働者側からの抵抗を回避したかたちで自らの側への知の移行を実現できるという効果を持つ。この点で、ＡＩは「資本のもとへの労働の実質的包摂」そのものであると分析した。一方で、労働者にとっては、自身の労働を通じて、不可避的に知が奪われてしまうこととなる。製造業やタクシーの事例で見たように、労働を行うことそれ自体が、データの蓄積に貢献することになるからである。そのデータをもとに、資本が操業計画を立てたり、運転手が車を走らせるべき場所を指し示すというように、労働者の労働が、資本による構想部分の独占を再生産している。こうした現象は、実質的包摂がますます深化していることを意味しているといえよう。

結論

本書では、ブレイヴァマンの労働過程論にもとづき、労働過程が価値増殖過程に作り替えられる際に、労働者の労働過程への関わり（自律性）がどのように変質するのか、理論面・実証面から分析してきた。

最大限の剰余価値を生み出すためには、資本は労働過程を形式的にも、実質的にも包摂し、自らのもとで編成する必要がある。マルクスが明らかにしたように、資本は労働者を自身の指揮命令に従わせなければならないが（形態的包摂）、それは資本が生産にかんする知を独占（実質的包摂）していない限り達成できない。労働者が生産にかんする知を持ち合わせている場合、価値増殖を目指す資本の命令に従うとは限らないからである。つまり、形態的包摂と実質的包摂は段階的に進行するものではなく、労働者からの知の剥奪という実質的包摂がなされなければ、資本の命令に労働者を従わせるという形態的包摂も真には成立しえないのである。

そして、資本が労働過程を再編するにあたっては、労働者からのさまざまな抵抗に直面する。ブレイヴァマンはこの点を正確に捉え、資本が実質的包摂を進める際にそのための「媒介」が必要であることを導き出した。それが、テイラーの科学的管理に象徴されるマネジメントである。このマネジメントを通じて、労働者と労働過程の技術的な関係は切り離される。労働過程における構想と実行が分離されることで、労働者は労働過程にとっての客体と化す。この点で、テイラー主義の現象面（ストップウォッチの使用やスピードアップの要求など）にのみ注目し、それが実際の労働現場に適用されているか否かによってテイラー主義の有効性を判断することは誤りである。こうした理解は、ブレイヴァマンの労働過程論はおろか、テイラーが導き出した「普通のマネジメント」を超えた「科学的マネジメント」の特質さえも見過ごしている。くり返し述べてきたように、ブレイヴァマンはテイラーの科学的管理にたいする分析を通じて、実質的包摂の実際的な表れを明瞭に描き出したのである。

このように、資本主義的生産関係においては、実質的包摂によって知が剥奪されているために、労働者は労働過程を自らコントロールすることができない。知を独占した資本によって編成された労働過程において、労働者は資本の指揮命令に従属せざるを得ず、ここから長時間労働やハラスメントなどさまざまな労働問題に直面する。生産にあたって必要とされるさまざまな事項を自ら決定できないために、労働者は労働時間の延長を求める資本の命令に従わざるを得ない。また、資本が何をどこまで命令でき、それは業務範囲を逸脱していないかといった点についてチェック機能が働かず、管理者からの過度な要求に耐えなければならない。こうして、生産における知を持ち合わせておらず、自律性を発揮できない労働者は、資本との関係において常に劣位に置かれるのである。

労働者と資本のこうした関係を反転させるためには、資本によって独占されている生産にかんする知を労働者が取り戻さなければならない。情報サービス企業を分析の対象とした実証編で見たように、労働者がある工程について熟知しており、「この人がいないと、開発が成り立たない」といった状況が作り出されていれば、労働過程における労働者の発言力は増す。つまり、生産にかんする知を移行させよう（実質的包摂）とする資本への抵抗となるのである。その点で、近年、プラットフォームワーカーを中心に、自らの労働を支配するアルゴリズムの管理権を引き渡すよう求める動きは、生産にかんする知を取り戻す動きとして重要である。

しかしながら、労働者が知を取り戻すだけでは、実は資本への抵抗は不十分なものにとどまることも同時に指摘しておかなければならない。それは、その取り戻す対象である「知」

そのものが、資本のもとで作り替えられてしまっているからである。資本主義的生産関係における知識や技術は、資本が価値増殖を追求し、また労働者を支配するためのそれへと変質している。つまり、資本主義的生産のもとで発展した知識や技術は、労働者がそれを取り戻したとしても、資本主義的な文脈においてしか使用できないのである。仮に、大量生産を目的として導入された機械の管理権を労働者が手にしたとしても、資本家とは異なるかたちで生産を組織することができるといえるだろうか。機械を奪取したとしても、それだけで生産者に適合的な、使用価値を目的とした生産を組織することはできないのである。

さらに言えば、商品生産から販売までは、近年ますます多層的になっており、多くのアクターが登場する。ある一面において改善がみられたとしても、価値増殖を目的とした生産のあり方から簡単に逃れることはできない。例えば、ファストファッションの生産を思い浮かべてみよう。短期間に大量の衣服を生産・販売する経営戦略のもとでは、捨てられることを前提に、限りある資源が浪費されている。また、衣服に使用される多くの化学繊維は、廃棄の過程で有害物質を発生することが指摘されており、そうした「ロス」はグローバル・サウスに押し付けられている。さらに、ファストファッションの生産にあたっては、児童労働に象徴される過酷な労働が蔓延している。バングラデシュで２０１３年、大規模な繊維工場が詰め込まれていたラナ・プラザが倒壊した事故は有名だが、日本の繊維産業においても、事実上、最低賃金を下回る時給で、技能実習生たちに長時間労働を強いている事例がたびたび告発されている。そして、このようにして生産された商品を販売する段においても、その矛盾が労働者に押し付けられている。非正規労働者は低賃金で不安定な雇用のもとに置かれ、正社員であっても長時間労働により心身を壊しながら販売に従事している。このように、地球の資源や人間の事情を一切考慮しない商品生産のもとでは、仮にその職場の自主管理を労働者が勝ち取ったしても、それだけではこの多層的な問題を解決することはできない。販売の場面で、非正規雇用者の賃上げや正社員の長時間労働を解消できたとしても（どちらも重要なことであるのは言うまでもない）、生産の場面で発生する資源浪費の問題は残されたままである。もちろん、それぞれの場面で労働運動を中心とする「抵抗」が組織されればよいのだが、ここでは生産にかんする知を代表する機械や生産現場の奪取それだけでは不十分であることをおさえておきたい。

また、すでに指摘したように、現在広く用いられているテクノロジーは、労働者（ひいては消費者）を従属させる目的で利用されているために、その所有権を挿げ替えるだけでは、これもまた不十分なのである。ここで具体例を挙げておこう。新型コロナウイルスの感染拡大にともない、密を避けるために労働者を一堂に集めることが少なくなるなか、従業員にスマートウォッチを配布し、テレワーク時の業務や労働時間の管理、そして睡眠時間など生活時間を把握しようとする動きが広がった。もちろん、自社内で労働時間を管理したり、労働者の健康状態を把握したりすることができないために、こうしたテクノロジーが利用されているのだが、そうしたデータの蓄積は、結局は労働者を監視し、選別するために利用されている。ある企業では、スマートウォッチで把握される労働者の睡眠時間と他のデータを組み合わせることで、その労働者が精神疾患を罹患する可能性があるか、または離職しやすい人物であるかを割り出しているという。以前よりも労働者に関するさまざまなデータを収集し、監視・評価していることがわかるだろう。このようなテクノロジーの運用は、当然、労働者から企業への従属を引き出している。したがって、そうした知の所有権の移行を求めるだけでは、労働者が労働過程を自律的にコントロールすることには直接に結びつかず、資本主義的生産関係を乗り越えることはできない。

もとより生産にかんする知は、本来的に所有になじまないものである。マルクスが知をコモンとしたように、知識や経験は特定の個人に帰属するのではなく、社会的に蓄積される。それは、資本はもとより、労働者も例外ではない。生産における知は、それにかかわる生産者の間の相互行為を通じて共有され、蓄積され、またその時々の文脈に応じてその内容は変質しうる。最近、Amazonの配達員を組織する労働組合の活動家から聞いた話では、配達員たちのなかには「ルートを育てる」ことを意識しながら働き、またそれを他の配達員に共有している人もいるという。アルゴリズムによって指示される配送ルートでは、1日に200個もの荷物が割り当てられることも珍しくない。配達員たちが試行錯誤の末、このノルマを達成してしまうと、その配送の軌跡がデータとして蓄積される。すると、その過大であったノルマも、実現可能な「通常のノルマ」としてアルゴリズムが学習していくことになる。そのため、配達員のなかには、アルゴリズムが設定したノルマは、通常のスピードでは配達しきれないという「正しい」データを蓄積するために、ルートを育てる動きもみられるのである。こうしたアルゴリズムとの駆け引きとそれによって得られた知は、個別の配達員が秘匿しておくべきものではないことは明らかであろう。自分たちの働き方をより良い方向へ改善していくうえでは、他の配達員との情報共有が欠かせない。このような意味で、生産にかんする知とは、人々の相互行為のなかで形成され、その意味内容はそのときどきに誰がその情報を用いるかによって変わり得るのである。

一方で、労働者を管理・監視するために用いられているデジタルテクノロジーは、労働者たちが交流し、情報を共有するためのツールとして利用することも可能である。上記の配達員たちは主にSNSを通じて情報交換を行い、配送における知を共有しているという。このようなテクノロジーの2つの側面については、アンドレ・ゴルツも指摘している。

ゴルツは、資本主義における技術発展の危険性を指摘するなかで、「開放的技術」と「閉鎖的技術」を区別している。前者は、インターネットなど、他者とのコミュニケーションや交流を促進するような技術を指し、後者は、人々を分断し、生産物やサービスの供給を独占するような技術である。一瞥してわかるように、閉鎖的技術は、その性質上、民主的な管理になじまない。原子力がその典型である。たとえ労働者が閉鎖的技術を手中におさめ、自らのもとで管理しようとしても、その扱いには限界がある。

加えて、資本主義的生産関係のもとに置かれている現代の労働者は、実質的包摂によって生産にかかわる創造力や構想力を奪われて久しい。このような不利な状況のもとで労働者に必要なのは、その所有権の移行ではなく、生産における知そのものを転換させることではないだろうか。資本に独占され、従属のために使われていた知を、これまでとは全く異なるかたちで創り直さなければならない。

とはいえ、知のあり方そのものを変質させるとは、具体的にどのように考えればよいのだろうか。ここではひとまず、生産にかんする知が比較的、労働者の側にある場合を想定してみよう。保育や介護などのケア分野においては、その労働を完全にマニュアル化することができない。労働対象が人間であるために、そのときどきに必要とされる労働内容や関わりのあり方が変化するからである。そのため、資本が生産にかんする知を簒奪することはできず、労働者の側に一定の知が残されている。こうしたポテンシャルを考慮すれば、ケア分野を担う労働者たちが事業所を自主管理・運営を行うことの意義は大きい。営利を目的としたものではなく、子どもの命や発育、高齢者の安全や満足度に配慮したかたちで労働を組織しやすいのである。実際、ケア分野で働く労働者たちと話していると、自身の労働条件を超えて、利用者の視点からみた事業所の運営や働き方（働かされ方）の問題点が挙げられることが多い。「もっと子どもがのびのびとできる保育をしたい」、「もっと高齢者に寄り添った介護をしたい」など、ケアの専門家として社会性のある不満や怒りが表明されることが、他産業に比べて圧倒的に多いのである。このことは、労働者自身が生産にかんする知を形づくる土台をなしているといえるだろう。

このように、生産者（労働者）自身が労働のあり方を、労働者や消費者にそったかたちで編成することは、すなわち生産にかんする知そのものを、使用価値の生産を目的としたものに変質させる。逆に言えば、そのような労働者たちの内発的で、自発的な意志にもとづくアソシエーションによってしか、新たな知の創造は実現できないだろう。ブレイヴァマンの労働過程論を引き継ぎ、資本主義を超えた社会における新たな労働過程を構想しようとする私たちは、資本主義的に変質してしまった知そのものの変革をどのように成し遂げるか、さまざまな角度から検討していかなければならない。以上のように、本書に残された課題は多い。本書が主な分析対象として扱った情報サービス業の労働対象は「データ」であるが、それが製造業などの労働対象とどのような点で異なるといえるのか、その質的な部分については深く分析することができなかった。また、関連して、近年、その広がりや社会的必要性という点で検討が急務であるケア分野(保育や介護、教育)などサービス労働の理論的な分析も、今後の研究課題として取り組んでいきたい。

あとがき

本書は、２０１８年に提出した博士論文「情報サービス産業における労働過程の編成とマネジメントに関する実証研究――労働者の労働過程への『関わり』と自律性に着目して」を大幅に加筆・修正したものである。博士論文の提出から５年も経ってしまったが、本書が刊行される２０２４年は、ハリー・ブレイヴァマンの『労働と独占資本』が出版された１９７４年から50年の節目の年でもある。

大学院の博士課程に在籍していた２０１４年ごろから本格的にブレイヴァマンの研究を始め、その卓見に富み、資本主義的労働過程を深部から捉える分析力には私自身、感嘆し続けている。ときにブレイヴァマンは、その当時の製造業を対象にした研究であるから、非製造業やそもそも現在の労働過程には当てはまらないのではないかとの声も聞かれる。だが、本書の分析から明らかなように、ブレイヴァマンの労働過程分析、とりわけテイラーの科学的管理分析は、鋭い資本主義批判である。資本主義的に労働過程を作り替えるためには、どのような規定性のもとに、資本も労働者も置かれるのかを明らかにしているのであり、いわば労働過程を分析する際の前提となっている。このような視角がなければ、たんに労働現場を描写するだけで、真に労働過程を分析したことにはならない。この点は、現代のＡＩ等のテクノロジーが適用された労働過程においても当てはまることから、ブレイヴァマンの有効性が証明されているだろう。もちろん、第9章でも展開したように、ＡＩが実質的包摂そのものであるとすれば、マネジメントが不要になるという点で、労働過程の変容とともにブレイヴァマンの分析もブラッシュアップする必要があるだろう。だが、このことはブレイヴァマンの分析の意義が損われたことを決して意味しない。現代の労働過程を分析し、生産にかんする知を取り戻し、労働運動を前進させるような研究を欲するのであれば、私たちはブレイヴァマンの労働過程分析をさらに発展させなければならない。それが、彼の分析を真に継承することになるだろう。

＊

本書は、多くの方々の助けを受け完成させることができました。木下武男先生は本書の執筆状況をいつも気に掛けてくださり、定期的にご指導・ご助言をいただきました。年に数回、木下先生とじっくり議論させていただく時間はとても貴重で、研究者としての生き方も教わっていると実感しています。佐々木隆治先生には、マルクス研究の視点からご指導いただき、本書の理論編の分析は佐々木先生のマルクス研究がなければ成立しえなかったといえます。また、本書の草稿段階から何度も目を通してくださり、佐々木先生のアドバイス（宿題）に応答するなかで内容的な躍進があったと言えます。今野晴貴さんには、大学院時代からさまざまな研究会を通してお世話になっており、博士論文提出後も理論的にあいまいな点を鋭く指摘いただきました。本書の理論編の再考は、今野さんの感じた違和感からスタートしたと言っても過言ではありません。

博士論文の執筆にあたっては、西野史子先生、ならびに倉田良樹先生が終始熱心なご指導と有益なご助言を与えてくださいました。あらためてここに深く感謝申し上げます。

情報サービス企業の経営者の方々へのインタビュー調査は、中小企業家同友会全国協議会、ならびに東京中小企業家同友会のご協力のもと、実施することができました。ここに御礼申し上げます。

ＩＴエンジニアの方々へのインタビュー調査は、情報産業労働組合連合会の対馬洋平さん、浦早苗さん、齋藤久子さん、松岡康司さんのご協力のもと、実施することができました。なかでも対馬さんには、関係単組・調査対象者への依頼につきまして、長期に渡りご尽力いただき、深く感謝申し上げます。

そして、本研究の趣旨を理解し、快く調査に協力してくださいました、調査対象者の皆様、関係者の皆様に心から感謝いたします。皆様のご協力がなければ、本論文は完成しなかったといえます。

最後に、諸先輩方、同窓・後輩の皆様からも、さまざまな読書会や研究会の場で多くのご指摘・刺激をいただきました。実践的な問題意識を維持し、意味ある研究を行うために、非常に重要な場でありました。心より御礼を申し上げます。

＊

本研究は、科学研究費助成事業・若手研究（課題番号２２Ｋ１３５４１）の助成を受けたものである。

２０２４年３月　三家本里実

参考文献

Aloisi. Antonio, De Stefano. Valerio, 2022, *Your Boss Is an Algorithm: Artificial Intelligence, Platform Work and Labour*, Hart Pub Ltd.

Braverman. Harry, 1998, Labor and Monopoly Capital: The Degradation of Work in the Twentieth Century, 25th Anniversary Edition, New York: Monthly Review Press.（富沢賢治訳『労働と独占資本――20世紀における労働の衰退』岩波書店、1978年）

Brooks. Frederick, 1975, The Mythical Man-Month: Essays on Software Engineering, Addison-Wesley.（滝沢徹、牧野祐子、富沢昇一訳『人月の神話 新装版』、丸善出版、2014年）

Burawoy. Michael, 1979, *Manufacturing Consent: Changes in the Labor Process under Monopoly Capitalism*, University of Chicago Press.

Edwards. Richard,1978, “The Social Relations of Production at the Point of Production”, *Insurgent Sociologist*, Vol.8, No.2.

Elwell. Frank, 2009=2016, “Harry Braverman and the Working Class”, Knottnerus, David and Phillips, Bernard ed, *Bureaucratic Culture and Escalating World Problems*, Rpitledge.

Foster. John,1994, “Labor and Monopoly Capital Twenty Years After: an Introduction”, *Monthly Review*, Vol.46.

Foster. John, 1998, “Introduction to the 1998 Edition of Monopoly Capital”, In Harry Braverman, *Labor and Monopoly Capital: The Degradation of Work in the Twentieth Century*, Monthly Review Press.

Friedman. Andrew, 1977a, *Industry and Labour: Class Struggle at Work and Monopoly Capitalism*, Macmillan Press, Ltd.

Friedman. Andy, 1977b, “Responsible Autonomy versus Direct Control over the Labour Process”, *Capital and Class*, Vol.1.

Friedman. Andrew, Dominic. Cornford, 1987, “Strategies for Meeting User Demands: An International Perspective”,

International Journal of Information Management, No.7.

Friedmann. Georges, 1955, *Industrial Society: The Emergence of the Human Problems of Automation*, edited and with an introduction by Sheppard. Harold, Glencoe: Free Press.

Hardt, Michael・Negri, Antonio（2017）*Assenmbly*, New York: Oxford University Press.（水島一憲、佐藤嘉幸、箱田徹、飯村祥之訳『アセンブリ――新たな民主主義の編成』岩波書店、2022年）

Hoxie. Robert, 1966, *Scientific Management and Labor*, Mew York: A.M.Kelly.

Kraft. Philip, 1977, *Programmers and Managers: The Routinization of Computer Programming in the United States*, New York: Springer-Verlag.（下田博次訳『ソフトウエア労働の変貌――変わりゆくコンピュータ・プログラマの作業と管理』、コンピュータ・エージ社、1980年）

Kraft. Philip, 1999, "To Control and Inspire: U.S. Management in the Age of Computer Information Systems and Global Production", in Wardell. Mark, Thomas Steiger and Peter Meiksins ed., *Rethinking the Labor Process*, State University of New York Press, 17-36.

Marx. Karl, 1987, *Marx-Engels Gesamtausgabe II/6*, Berlin: Dietz Verlag.

Marx. Karl, 1988, *Marx-Engels Gesamtausgabe II/4.1*, Berlin: Dietz Verlag.

Means, Alexander., Sojot, Amy., Ida, Yuko., Hardt, Michael. 2020. A dialogue with Michael Hardt on revolution, joy, and learning to let go, *Educational Philosophy and Theory*, vol.54, 10 Aug, Published Online

Saito, Kohei. 2022. *Marx in the Anthropocene: Towards the Idea of Degrowth Communism*, Cambridge University Press.（斎藤幸平、竹田真登、持田大志、髙橋侑生訳『マルクス解体――プロメテウスの夢とその先』、講談社、2023年）

Sharpe. Richard, 2001, "'Globalization': The Next Tactic in the Fifty Year Struggle of Labor and Capital in Software Production", in Baldoz. Rick, Charles Koeber and Philip Kraft ed., *The Critical Study of Work: Labor, Technology, and Global Production*, Temple University Press.

Taylor. Frederick, [1911] 2011, *The Principles of Scientific Management* (TREDITION CLASSICS), tradition.（中谷彪、中谷愛、中谷謙訳『科学的管理法の諸原理』、晃洋書房、2009年）

Thompson. Paul, 1989, *The Nature of Work: An Introduction to Debates on the Labour Process*, 2nded., Macmillan.（成瀬龍夫他訳『労働と管理――現代労働過程論争』、啓文社、1990年）

阿部修一（1979）「日本的『自主管理』批判」『ジュリスト　増刊総合特集』14：202-207
新井紀子（2018）『ＡＩ vs. 教科書が読めない子どもたち』東洋経済新報社
伊原亮司（2003）『トヨタの労働現場――ダイナミズムとコンテクスト』桜井書店
伊原亮司（2016）『トヨタと日産にみる〈場〉に生きる力――労働現場の比較分析』桜井書店
今野浩一郎、佐藤博樹（1990）『ソフトウェア産業と経営――人材育成と開発戦略』東洋経済新報社
岩本晃一（2018）『ＡＩと日本の雇用』日本経済新聞出版社
岩本純（1992）「ソフトウェア開発の労働過程と労働条件」『情報研究』13：97-132。
梅澤隆（2000）『情報サービス産業の人的資源管理』ミネルヴァ書房
大谷禎之介（2001）『図解　社会経済学――資本主義とはどのような社会システムか』桜井書店
大野威（1994）「労働過程論争における主体概念の検討」『ソシオロゴス』18：15-29
大野威（1996）「職場の自律性管理のメカニズム――コントロールからディシプリンへ」『大原社会問題研究所雑誌』452：44-62
大野威（1997）「X自動車における職場の自律性と自律性管理のメカニズム――X自動車における参与観察の結果から」『社会学評論』48：143-157
大野威（1998）「A自動車の労働過程――A自動車における参与観察に基づいて」『大原社会問題研究所雑誌』470：14-40
奥林康司（1991）『増補　労働の人間化――その世界的動向』有斐閣
尾高邦雄（1977a）「小集団自主管理体制をめざして――（一）職場レベルの経営参加指針」『日本労働協会雑誌』19(10)：2-15
尾高邦雄（1977b）「小集団自主管理体制をめざして――（二）職場レベルの経営参加指針」『日本労働協会雑誌』

19(11)：21-34

尾高邦雄（1977c）「小集団自主管理体制をめざして――（三）職場レベルの経営参加指針」『日本労働協会雑誌』19(12)：2-16

加藤哲郎（1993）「ポスト・フォーディズムかウルトラ・フォーディズムか」、加藤哲郎、ロブ・スティーブン編『国際論争　日本型経営はポスト・フォーディズムか？』窓社

加藤哲郎、ロブ・スティーブン（1993）「日本資本主義はポスト・フォード主義か？」、加藤哲郎、ロブ・スティーブン編『国際論争　日本型経営はポスト・フォーディズムか？』窓社

木下武男（1997）「日本型新福祉国家戦略と社会労働運動」渡辺治、後藤道夫編『講座現代日本4　日本社会の対抗と構想』大月書店

木下武男（2007）『格差社会にいどむユニオン――21世紀労働運動原論』花伝社

木下武男（2021）『労働組合とは何か』岩波新書

キャシー・オニール著、久保尚子訳（2018）『あなたを支配し、社会を破壊する、ＡＩ・ビッグデータの罠』、インターシフト

熊沢誠（1977）「配置の柔構造と労働者の競争――小池和男『わが国労資関係の特質と変化への対応』によせて」『日本労働協会雑誌』214：2-10

熊沢誠（1978a）「対抗的参加の可能性――現代における労働運動の課題」『世界』386：150-165

熊沢誠（1978b）「階級的労働運動への模索　第十六回　日本的労働者参加論批判」『月刊労働問題』248：68-80

熊沢誠（1993）『新編　日本の労働者像』筑摩書房

経済産業省（2002）「ＩＴ産業における新たな雇用システムの方向――外部労働・再教育市場の整備強化が重要」『労働と経済』1302：27-35

経済産業省情報処理振興課（2015a）「ＩＴ人材を巡る現状について」

経済産業省情報処理振興課（2015b）「ＩＴ産業における下請の現状・課題について」

経済産業省商務情報政策局情報処理振興課（2016）「ＩＴ人材に関する各国比較調査結果報告書」（委託先：みずほ情報総研株式会社）
後藤道夫（2001）『収縮する日本型〈大衆社会〉――経済グローバリズムと国民の分裂』旬報社
小林雅一（2020）『仕事の未来――「ジョブ・オートメーション」の罠と「ギグ・エコノミー」の現実』講談社現代新書
今野晴貴（2020）「ポストキャピタリズムと労働組合運動――ＡＩ、シェアリング・エコノミーは労働組合運動にどのような変化を迫るのか」『季刊経済理論』57(2)：55-65
今野晴貴（2020）『ストライキ2.0――ブラック企業と闘う武器』集英社新書
今野晴貴（2021）『賃労働の系譜学――フォーディズムからデジタル封建制へ』青土社
斎藤幸平（2020）『人新世の「資本論」』集英社新書
佐々木隆治（2016）『カール・マルクス――「資本主義」と闘った社会思想家』ちくま新書
佐々木隆治（2021）『マルクスの物象化論――資本主義批判としての素材の思想〔新版〕』堀之内出版
佐々木隆治（2022）「『新しい資本主義』とはなにか――レント資本主義と『資本論』の射程」『世界』958：144-155
塩見卓也（2013）「裁量労働制」『労働法律旬報』1793：27-33
シドニー・ウェッブ、ベアトリス・ウェッブ著、高野岩三郎監訳（1969）『産業民主制論』法政大学出版局
下田博次（1986）『ソフトウェア工場――見えない工業製品の生産と労働』東洋経済新報社
人工知能学会編（2017）『人工知能学大事典』共立出版
菅野和夫、諏訪康雄（1994）「労働市場の変化と労働法の課題」『日本労働研究雑誌』418：2-15
鈴木和雄（2001）『労働過程論の展開』学文社
鈴木良始（1994）『日本的生産システムと企業社会』北海道大学出版会
隅谷三喜男（1955）「賃勞働の理論について――勞働經濟學の構想」『經濟学論集』23(1)：22-69
竹地潔（2019）「人工知能による選別と翻弄される労働者――法は何をすべきか？」『富山経済論集』65(2)：

91-110
伊達木せい、八幡成美、松本真作（1987）「情報処理技術者の能力開発とキャリア形成」『雇用職業研究』27：19-67
田中博秀（1984）『解体する熟練――ＭＥ革命と労働の未来』日本経済新聞社
田中博秀（1988）『日本的経営の労務管理』同文舘
谷花佳介、野田哲夫（2012）「情報サービス産業における生産構造――階層的企業間関係と『連結』の観点から」『経済科学論集』38：93-119
戸塚秀夫、梅澤隆、中村圭介（1988a）「情報サービス産業における経営と労務管理（一）――Ａ社の事例――」『社会科学研究』39(6)：123-158
戸塚秀夫、梅澤隆、中村圭介（1988b）「情報サービス産業における経営と労務管理（二）――Ｂ社の事例――」『社会科学研究』40(1)：187-214
戸塚秀夫、梅澤隆、中村圭介（1988c）「情報サービス産業における経営と労務管理（三）――Ｃ社の事例――」『社会科学研究』：40 (2)：225-262
戸塚秀夫、梅澤隆、中村圭介（1989a）「情報サービス産業における経営と労務管理（四）――Ｄ社の事例――」『社会科学研究』40(3)：157-180
戸塚秀夫、梅澤隆、中村圭介（1989b）「情報サービス産業における経営と労務管理（五）――Ｅ社の事例――」『社会科学研究』40(5)：151-166
戸塚秀夫、中村圭介、梅澤隆（1990）『日本のソフトウェア産業――経営と技術者』東京大学出版会
戸塚秀夫、兵藤釗編（1991）『労使関係の転換と選択――日本の自動車産業』日本評論社
友寄英隆（2019）『ＡＩと資本主義――マルクス経済学ではこう考える』本の泉社
永田瞬（2006）「トヨタ生産システムは構想と実行の『再統合』か？――労働者の『熟練』化の批判的検討をつうじて」『季刊経済理論』43(2)：47-57
中田喜文（2017）「日本のソフトウェア技術者の働き方、生産性そして処遇を相対評価する――アメリカ、ド

イツ、フランス、そして中国と較べると――」『電機連合NAVI』62：36-44
中村圭介（1990）「ソフトウェア産業の管理様式――Direct ControlとResponsible Autonomy」『組織科学』23(4)：66-76
西谷敏（2013）『労働法　第2版』日本評論社
仁田道夫（1978a）「『自主管理活動』の登場と生産・労務管理」、社会政策学会年報第22集『戦後体制と労使関係』御茶の水書房
仁田道夫（1978b）「鉄鋼業の『自主管理活動』――動員型生産・労務管理の分析」『日本労働協会雑誌』20(9)：13-33
仁田道夫（1988）『日本の労働者参加』東京大学出版会
日本労働協会編（1976）『経営参加の論理と展望――西欧的潮流と日本的土壌』日本労働協会
日本労働研究機構（2000）「情報産業の人的資源管理と労働市場」調査研究報告書No.134
野原光（1992）「日本の『フレキシブル』生産システムの再検討」、社会政策学会年報第36集『現代日本の労務管理』御茶の水書房
野原光、藤田栄史編（1988）『自動車産業と労働者――労働者管理の構造と労働者像』法律文化社
野村正實（1993）『熟練と分業――日本企業とテイラー主義』御茶の水書房
ピエール・ヴィットーリオ・アウレーリ著、北川佳子訳（2018）『プロジェクト・アウトノミア――戦時期イタリアに交錯した政治性と建築』鹿島出版会
ヒラリー・ウェインライト、デイヴ・エリオット著、田窪雅文訳（1987）『ルーカス・プラン――「もう一つの社会」への労働者戦略』緑風出版
兵藤釗（1992）「総括　現代日本の労務管理――論点サーベイ」、社会政策学会年報第36集『現代日本の労務管理』御茶の水書房
フランコ・ベラルディ（ビフォ）著、廣瀬純、北川眞也訳（2010）『NO FUTURE――イタリア・アウトノミア運動史』洛北出版

松村淳（2013）「働き過ぎる建築士とその労働世界」『労働社会学研究』14：37-69
マイケル・ハート、斎藤幸平編（2019）「第1部　マイケル・ハート」、マルクス・ガブリエル、マイケル・ハート、ポール・メイソン、斎藤幸平編『未来への大分岐――資本主義の終わりか、人間の終焉か？』集英社新書
マーティン・ケニー、リチャード・フロリダ（1993）「大量生産を超えて――日本における生産と労働過程」、加藤哲郎、ロブ・スティーブン編『国際論争　日本型経営はポスト・フォーディズムか？』窓社
丸山惠也（1995）『日本的生産システムとフレキシビリティ』日本評論社
三家本里実（2016）「開発プロセスの決定における労働者の自律性に関する考察――ソフトウェア開発の中・下流工程を対象として――」『社会政策』8(2)：148-160
三家本里実（2019）「保育現場における虐待と保育士の離職――保育のあり方や質を求めて」『福祉労働』164：134-143
三菱ＵＦＪリサーチ&コンサルティング（2017）「ＩｏＴ・ビッグデータ・ＡＩ等が雇用・労働に与える影響に関する研究会報告書」（厚生労働省委託）
宮地弘子（2012）「ソフトウェア開発現場における自発的・没入的労働の相互行為論的考察――『人々の社会学』の視角から」『社会学評論』63(2)：220-238
宮地弘子（2013）「現代のソフトウェア開発現場における労働問題背景――ライフストーリーの現象学的分析から描出する固有の常識的知識」『理論と動態』6：37-55
宮地弘子（2015）「ソフトウェア開発現場における自発的・没入的労働のエスノメソドロジー――X社開発部門で働くエンジニアたちの語りから――」博士論文（筑波大学）
宮地弘子（2016）『デスマーチはなぜなくならないのか――ＩＴ化時代の社会問題として考える』光文社新書
三輪卓己（2014）「ＩＴ技術者の人的資源管理の事例分析――成果主義・市場志向の人的資源管理は一般的なのか」『京都産業大学論集社会科学系列』31：29-56
三輪卓己（2020）「ＩＴ・ＡＩの進歩による仕事と働き方の変化――知識労働・感情労働・定型労働のマネジ

メントの展望」『日本経営学会誌』44：74-81
盛誠吾（1997）「年俸制・裁量労働制の法的問題」『日本労働法学会誌』89：53-84
山田鋭夫（1993）『レギュラシオン理論——経済学の再生』講談社現代新書
湯浅良雄（1997）『現代の労働過程——リストラクチュアリングと生産システムの改革』柏書房
吉田誠（1994）「労働過程における主体分析の枠組——統制・抵抗パラダイムを超えて」『一橋研究』19(1)：131-160
労働政策研究・研修機構（2014）「裁量労働制等の労働時間制度に関する調査結果　労働者調査結果」（JILPT調査シリーズNo.125）
労働政策研究・研修機構（2016）「働き方の二極化と正社員——JILPTアンケート調査二次分析結果」（労働政策研究報告書No.185）

三家本里実

（みかもと・さとみ）

1988年生まれ。福島大学経済経営学類准教授。一橋大学大学院社会学研究科博士後期課程修了。博士（社会学）。単著論文に「労働過程論における自律性概念の再解釈——ブレイヴァマンの労働過程分析を通して」（『季刊経済理論』第53巻第4号）など。

AI時代の労働の自律性と資本の統制

ブレイヴァマンの労働過程論をめぐって

2024年12月25日　初版第一刷発行

著　者　三家本里実

発　行　株式会社 堀之内出版

〒192-0355　東京都八王子市堀之内3-10-12フォーリア23 206
TEL 042-682-4350 ／ FAX 03-6856-3497
http://www.horinouchi-shuppan.com/

装　丁　川名 潤

組　版　江尻智行

印刷製本　中央精版印刷株式会社

ISBN978-4-911288-07-8